MARCIAL MAÇANEIRO (Org.)

Teologia em Questões

DIREÇÃO EDITORIAL:
Pe. Marcelo C. Araújo, C.Ss.R.

COORDENAÇÃO EDITORIAL:
Ana Lúcia de Castro Leite

COPIDESQUE:
Leila Cristina Dinis Fernandes

REVISÃO:
Luana Galvão

DIAGRAMAÇÃO:
Bruno Olivoto

CAPA:
Mauricio Pereira

CONSELHO TEOLÓGICO:
Pe. Marcelo C. Araújo, C.Ss.R.
Pe. Marcial Maçaneiro, SCJ
Pe. Márcio Fabri dos Anjos, C.Ss.R.
Pe. Edvaldo Manoel de Araújo, C.Ss.R.
Pe. Ferdinando Mancilio, C.Ss.R.

Dados Internacionais de Catalogação na Publicação (CIP)
(Câmara Brasileira do Livro, SP, Brasil)

Teologia em questões / Marcial Maçaneiro (Org.). – Aparecida, SP: Editora Santuário, 2014.

Vários autores.
ISBN 978-85-369-0328-6

1. Cristianismo 2. Igreja Católica 3. Teologia I. Maçaneiro, Marcial.

13-11210   CDD-230

Índices para catálogo sistemático:
1. Teologia: Cristianismo 230

Todos os direitos reservados à **EDITORA SANTUÁRIO** - 2014

Composição, CTcP, impressão e acabamento:
EDITORA SANTUÁRIO - Rua Padre Claro Monteiro, 342
12570-000 - Aparecida-SP - Fone: (12) 3104-2000

Sumário

Siglas..5

Apresentação 7
    Marcial Maçaneiro (org.)

1. O que a Bíblia diz sobre humanidade e ecologia?.....................11
    Um estudo a partir de Gênesis 1–11
    Mariano Weizenmann

2. Qual o sentido antropológico da Eucaristia?.........................39
    Sacrifício, refeição, encontro, comunhão
    Osmar Cavaca

3. Os presbíteros: funcionários ou profetas?...........................65
    A dimensão profético-existencial do ministério presbiteral
    José Knob

4. Qual a relevância ecumênica da Sagrada Escritura?...................87
    Uma leitura da exortação apostólica Verbum Domini
    Rui Luis Rodrigues

5. Por que a pessoa humana está no centro da moral cristã?.........109
    Uma leitura do Documento de Aparecida
    Mário Marcelo Coelho

6. O que a Igreja diz sobre mídia, família e juventude?.................125
    Análise das cartas papais para o Dia Mundial das Comunicações
    Cirlene Cristina de Sousa
    Denise Figueiredo Barros do Prado

7. Como educar bons pregadores? 147

A comunicação que desafia a Igreja
José Fernandes de Oliveira

8. Nova evangelização: novos evangelizadores? 163

O perfil dos evangelizadores a partir da Conferência de Aparecida
Djalma Lopes Siqueira

9. Unidade dos cristãos e pentecostalismo:

quais as perspectivas? 191

Cenários, sujeitos e práticas
Walter Kasper

10. Diálogo Inter-Religioso: o que dizem

os documentos da Igreja? 219

Princípios e proposições
Marcial Maçaneiro

Siglas

Documentos do Concílio Vaticano II:

AA   *Apostolicam actuositatem*
AG   *Ad gentes*
CAT   *Catecismo da Igreja Católica*
CD   *Christus Dominus*
ChL   *Christifideles laici*
CT   *Catechesi tradendae*
CTI   *Comissão Teológica Internacional*
DA   *Diálogo e anúncio*
DAp   *Documento de Aparecida*
DCE   *Deus caritas est*
DD   *Dies Domini*
DE   *Diretório Ecumênico*
DGC   *Diretório geral catequético*
DH   *Dignitatis humanae*
DI   *Dominus Iesus*
DP   *Documento de Puebla*
DSD   *Documento de Santo Domingo*
DV   *Dei Verbum*
DZ   *Denzinger – Compêndio do magistério da Igreja*
EAm   *Ecclesia in America*
EE   *Ecclesia de eucharistia*
EN   *Evangelii nuntiandi*
ES   *Ecclesiam suam*
EV   *Evangelium vitae*
FR   *Fides et ratio*
GE   *Gravissimum educationis*

Siglas

GS   *Gaudium et spes*
IM   *Inter mirifica*
LG   *Lumen gentium*
MMCLL   *Missão e ministérios dos cristãos leigos e leigas (CNBB Doc 62)*
NA   *Nostrae aetate*
NMI   *Novo millennio ineunte*
OE   *Orientalium ecclesiarum*
OT   *Optatam totius*
PAMP   *Projeto de ação missionária permanente (CNBB / Regional Sul 1)*
PC   *Perfectae caritatis*
PDV   *Pastores dabo vobis*
PG   *Patrologia Graeca*
PL   *Patrologia Latina*
PO   *Presbyterorum ordinis*
RMi   *Redemptoris missio*
SC   *Sacrosanctum concilium*
TMA   *Tertio millennio adveniente*
UR   *Unitatis redintegratio*
UUS   *Ut unum sint*
VD   *Verbum Domini*

Apresentação

"*Teologia* em questões" partilha com você, caro leitor e leitora, uma série de estudos sobre temas atuais, pertinentes para o pensar e o agir cristãos: ecologia, sacramentos, ministérios, bíblia, comunicação, juventude, ética, pentecostalismo, diálogo inter-religioso e nova evangelização. Seguindo o método das *quaestiones* (questões), nesta obra a Teologia é dinamizada por dez perguntas que iluminam o discernimento, provocam a reflexão e propõem respostas. Daqui resulta o duplo caráter – reflexivo e prático – que atravessa o conjunto dos capítulos: vai-se das fontes aos contextos, da análise à aplicação, das críticas às propostas.

À base de cada questão, contamos com um elenco seleto de autores e autoras, todos envolvidos na área do tema abordado. Sua plataforma acadêmica e profissional inclui agendas culturais, eclesiais e científicas, de formação internacional (Brasil, Portugal, Colômbia, França, Alemanha, Estados Unidos, Bélgica e Itália):

Mariano Weizenmann, teólogo sistemático e bíblico, apresenta as perspectivas ecológico-teológicas do Gênesis, num diálogo inspirado entre Revelação e Ciência, Espiritualidade e Cuidado Ambiental.

Osmar Cavaca, teólogo de sensibilidade humanística, esclarece a dimensão antropológica da Eucaristia, com solidez conceitual e direcionamentos práticos.

José Knob, teólogo de ampla experiência docente e pastoral, indaga criticamente sobre a identidade atual dos presbíteros, relendo as Escrituras e a História, à luz do sacerdócio messiânico de Jesus Cristo.

Apresentação

Rui Luis Rodrigues, historiador, de confissão evangélica, apresenta a relevância ecumênica das Sagradas Escrituras a partir da exortação apostólica *Verbum Domini* de Bento XVI.

Mário Marcelo Coelho, teólogo moralista e perito em bioética, demonstra como e por que o Documento de Aparecida reafirma a centralidade da pessoa humana para a Moral Cristã.

Cirlene Cristina de Sousa e *Denise Barros do Prado*, peritas em Comunicação Social, fazem fina análise das Cartas Papais para o Dia Mundial das Comunicações, focando a interface entre mídia, juventude e família.

José Fernandes de Oliveira, escritor, compositor e pastoralista, conhecido como "Pe. Zezinho, scj", não poupa sua verve ao avaliar o desempenho dos pregadores atuais, numa reflexão perspicaz e pontual.

Djalma Lopes Siqueira, missiólogo, trata do perfil dos evangelizadores a partir da Conferência de Aparecida, em vista da nova evangelização.

Walter Kasper, teólogo e cardeal, colaborador de João Paulo II e Bento XVI, brinda-nos com suas perspectivas sobre o cenário ecumênico em tempos de pentecostalismo.

Marcial Maçaneiro, teólogo e organizador desta obra, apresenta os princípios teológicos do diálogo inter-religioso, com notas de informação e metodologia, à luz do magistério da Igreja.

Além de seu valor intrínseco, próprio de cada tema, "Teologia em questões" celebra a colaboração entre a Faculdade Dehoniana (Taubaté, SP) e a Editora Santuário (Aparecida, SP), que – desde a publicação do livro "As janelas do Vaticano II" em 2013 – tende a crescer e produzir mais frutos. A partir da presente obra, queremos estreitar a colaboração científica e editorial das duas instituições em vista da publicação conjunta de um periódico para o Brasil e exterior: a revista "Teologia em Questão", que prosseguirá este tipo de produção, com um volume por semestre.

Enquanto se preparam os futuros volumes, desejamos que a presente obra sirva a você, caro leitor e leitora, como fonte de formação e informação – não só em chave conceitual, mas também avaliativa e prática.

Com estima.

Marcial Maçaneiro
(organizador)

1 – O que a Bíblia diz sobre humanidade e ecologia?

Um estudo a partir de Gênesis 1–11

Mariano Weizenmann[1]

Introdução

$\mathcal{C}$omecemos esclarecendo uma questão de ordem exegética: aqui veicularemos as conquistas da História das Tradições (*Überlieferungsgeschichte* ou *Traditionsgeschichte*), embora sabedores de que suas convicções são, hoje, amplamente questionadas. Adiantamos, outrossim, que limitaremos a abordagem do tema da criação aos relatos *sacerdotal* (P) e *jahwista* (J) de Gn 1–11. Contudo, os textos afins, por conteúdo e convicção, sobretudo o Sl 104 e a prece de Sb 9,1-12, servir-nos-ão de oportuno respaldo. Para entendermos a criação como dom e tarefa, precisamos antes: conhecer quem é Deus, doador que fez bem todas as coisas; saber quem é a pessoa humana, agraciada-missionada à tarefa de mantê-la boa e bela; para, depois, apreciarmos a criação propriamente dita como dom recebido e tarefa a ser cumprida.

---

[1] Doutor em teologia sistemática pela Pontifícia Universidade Gregoriana de Roma. Mestre em teologia bíblica pela mesma universidade. Religioso presbítero da Congregação dos Padres do Coração de Jesus (dehonianos).

1 - O que a Bíblia diz sobre humanidade e ecologia?

1. Quem é Deus? – O único Criador, Benfeitor e Doador

Ambas as "tradições" (*J* e *P*), cada uma a seu modo, insistem na transcendência e soberania divinas na criação.[2] O texto sacerdotal, mais recente e de reflexão aprofundada, explicita melhor tais aspectos. O processo criador desenvolve-se em quatro passos:

1) Introdução ao comando: – וַיֹּאמֶר אֱלֹהִים - "E Deus disse".
2) O comando propriamente dito: יְהִי – "faça-se".
3) Sua realização: וַיְהִי־כֵן – "e assim se fez".
4) A avaliação divina: וַיַּרְא אֱלֹהִים כִּי־טוֹב – "e Deus viu que era bom".

Diversamente das narrações mitológicas (nas quais nosso autor se inspirou, desmitizando-as), no ato criacional não há geração, luta ou emanação. Os comandos criacionais são feitos ao "nada", donde, com sua palavra criadora, Iahweh "tira" tudo.

Este operar criativo (ברא) tão eficaz e soberano é único e, portanto, exclusivamente atribuível ao Deus único: "Eu, Iahweh, é que tudo fiz, e sozinho estendi os céus e firmei a terra..." (Is 44,24). A exclusão de outros deuses é uma inovação impressionante da fé bíblica, porque Israel sabe: "Foi a ti que ele mostrou tudo isso, para que soubesses que Iahweh é o único Deus. Além dele não existe outro" (Dt 4,35). Aqui reside o rigoroso monoteísmo e a vigorosa transcendência do Criador propalada pelo escrito sacerdotal. Deus é o totalmente outro e único: Iahweh é o único Deus, tanto no alto do céu como cá embaixo na terra. Não existe outro, não há outro Deus fora dele (cf. Is 45,21).

Em Deus, nome e agir coincidem plenamente. Ele é santo e santo é seu nome (cf. Sl 111,9). Por falar em nome, no Sl 8 o *Nome* (שֵׁם) constitui o elemento mais específico do louvor. É a própria pessoa de Deus. Ainda que seja o templo o lugar e a fonte de todo louvor, aqui a liturgia torna-

---

[2] A sigla *J* indica os textos de tradição jahwista. *P* indica os textos de tradição sacerdotal. PL refere-se à série Patrologia Latina e PG à série Patrologia Grega, ambas editadas por J. P. Migne.

-se cósmica. Deus, cujo nome é santo, é também aquele que dá nome às criaturas. Para o antigo Oriente, a imposição do nome significa o exercício de um direito de soberania. O Criador que dá nome a suas criaturas, feitas por ele e como ele as quis, mantém sobre elas um domínio absoluto. Seu domínio, porém, caracteriza-se por dar a vida e conservá-la. Assim, além de onipotente criador, Deus é providente conservador de toda a vida. Por isso, com a genuína tradição eclesial "chamamos *providência* aquela solicitude de Deus por todos os seres existentes. Aquele que criou os seres e Aquele que deles cuida deve ser o único e mesmo Deus. Não seria nem conveniente, nem admissível que Aquele que é providente seja diferente daquele que cria. Deus Criador é providente. Sua força criadora, conservadora e providente não é coisa diversa de sua vontade".[3] Deus "é bom para todos, compassivo com todas as suas obras" (Sl 145,9), é a graciosa proposta divina que, por parte da pessoa humana, requer laboriosa resposta.

O poeta orante do Sl 104 canta Deus como Benfeitor universal, pois vê toda a criação totalmente dependente de seu sopro vitalmente benéfico: todos os viventes "esperam de ti que a seu tempo lhes dês alimento: tu lhes dás e eles o recolhem, abres a tua mão e se saciam de bens. Escondes a tua face e eles se apavoram, retiras sua respiração e eles expiram, voltando ao seu pó. Envias o teu sopro e eles são criados, e assim renovas a face da terra" (Sl 104,27-30). O Sl 8 ajuda-nos a compreender a magnífica providência divina. Para tanto, o v. 5 emprega dois verbos de grande densidade teológica, "זכר" (recordar) e "פקד" (com significado, entre outros, de visitar): o primeiro indica bem mais real do que o simples "recordar", pois indica a ação eficaz de Deus que dá vida e existência, que dá ao homem a capacidade de ser sua imagem, senhor e patrão da inteira criação. O segundo termo mostra o interesse, o cuidado que Deus tem pelo homem, presente no destino humano. Oportuna, pois, torna-se nossa oração:

---

[3] JOÃO DAMASCENO. *De fide ortodoxa* 2,29: PG 94, colunas 963-964.

1 - O que a Bíblia diz sobre humanidade e ecologia?

Vós que tudo criastes com vosso poder,
e tudo conservais com a vossa providência,
ajudai-nos a descobrir a vossa presença em todas as criaturas.[4]

A bênção (ברכה) de Deus é assegurada pela aliança (ברית) de vida para a humanidade e a inteira criação. Trata-se, em princípio, de um dom exclusivo e unilateral de Deus que também compreende a fragilidade da pessoa humana e decide nunca mais abandoná-la, e não mais a amaldiçoará, nem por sua causa castigará os demais viventes (cf. Gn 8,21). O Senhor, portanto, garante a bênção e a continuidade da vida de que o arco-íris é sinal (cf. Gn 9,13). Mas o Criador é também justo que exige a fidelidade humana. Nessa perspectiva a narração jahwista (cf. Gn 2,16) insere as proibições que, no quadro da paterna solicitude de Deus pelo homem, apresentam os limites do jardim que lhe foi entregue.

Todavia, também em caso de infidelidade humana, Deus não abandona a criatura a si mesma. Testemunha disso é o cuidado com que reveste o humano transgressor (cf. Gn 3,21; 4,15; 7-9). Também diante da, à primeira vista desconcertante, atitude de Adonai (Ihwh), por ocasião do dilúvio, o texto mostra o duplo papel das águas: elas não apenas destroem, mas – à semelhança de batismo cósmico – também purificam. Na renovação pós-diluviana é notável que o *vento* ou *espírito*, a "רוח", de Gn 8,1, recorda aquela de Gn 1,2. Destruído o mal, o universo é novamente libertado do caos e feito cosmos, a imundice é superada pela "mundidade" e a possibilidade de vida na terra é restaurada. Além do mais, Deus renova a bênção, "ברכה", de Gn 1,28, em favor de Noé, de sua família e de todos os seres que o haviam acompanhado na arca (cf. Gn 9,1-7). A superação do caos diluviano é garantida pela aliança, "ברית". É dessa aliança que recomeça a transmissão da imagem de Deus, de geração em geração (cf. Gn 9,8-17). Aliás, as genealogias evidenciam que o futuro da vida está também na unidade dos homens, sem, no entanto, sacrificar a diversidade (cf. Gn 10–11).

---

[4] Oração da *Liturgia das Horas*, vol. III, sexta-feira da segunda semana do saltério.

2. O que é o ser humano?
– Agraciado, responsabilizado e missionado

A gratuidade de Deus criador é absoluta e plena. Em consequência e dependência, a mais profunda característica do ser humano é a da criatura agraciada por excelência. Se a vida é o dom primeiro e fontal, a consciência e consistência de tal grandeza fundamentam-se, principalmente, no fato de que o homem é imagem e semelhança de Deus. O texto bíblico é de uma eloquência ímpar: "Deus disse 'façamos o homem a nossa imagem, como nossa semelhança; domine sobre os peixes do mar, as aves do céu, os animais domésticos, todas as feras e todos os répteis que rastejam sobre a terra'. Deus criou o homem a sua imagem, à imagem de Deus ele o criou, homem e mulher ele os criou" (Gn 1,26-27) e "revestiu-os de força como a si mesmo, criou-os a sua imagem" (Eclo 17,2). Em ambos os textos (*J* e *P*) a pessoa humana é apresentada como rei: coroamento-ápice da criação concluída (*P*); centro-soberano para o qual todo o criado converge (*J*). A ordem do mundo apresenta-se em função da vida humana que, por sua vez, é responsabilizada a conservar a ordem originária.

Notável é que, ao criar as pessoas humanas, não se diga como para os outros animais, que são criados segundo a sua espécie (cf. Gn 1,21.24.25). Do ser humano predica-se que é criado "a nossa imagem, como nossa semelhança" (בְּצַלְמֵנוּ כִּדְמוּתֵנוּ), isto é, de Deus (cf. Gn 1,26). Quando da criação dos animais, os pronomes possessivos referiam-se a eles próprios, ao passo que na criação humana os pronomes possessivos referem-se a Deus. Isso significa que os seres humanos não têm o ponto de referência em si mesmos, mas em Deus. A espécie humana é feita para remeter a Deus. As demais criaturas são referidas à terra, ao ar e ao mar. Mas o ser humano é referido a Deus[5] e por isso lhe é próprio afirmar: "Senhor, criando-nos, Tu nos colocaste no caminho que conduz a ti e nosso coração está inquieto enquanto não repousa em ti".[6]

---

[5] Cf. Van Wolde, E. *Racconti dell'inizio*. Brescia: Queriniana, 1999, p. 27.
[6] Agostinho. *Confissões* 1,1: PL 32, coluna 661.

1 - O que a Bíblia diz sobre humanidade e ecologia?

Pessoa humana, ser em relação

A pessoa humana é marcada pelo radical vínculo com Deus. Mais importante que qualquer obra anterior, a criação do homem representa uma decisão divina sem precedentes. O agir exclusivo e característico de Deus, indicado por "ברא", alcança significado pleno. Usado por três vezes em Gn 1,27, ressalta que, nessa criatura, o agir criador de Deus atinge o vértice.[7] Ao chegar à criação do homem, a palavra de Deus não é mais uma ordem, mas enuncia uma resolução: "Façamos o homem a nossa imagem, como nossa semelhança" (Gn 1,26). O escrito jahwista, por sua vez, refere-se quase exclusivamente à origem humana. A criação propriamente dita aparece somente como *terminus a quo*. Encontramo-nos numa perspectiva decididamente antropocêntrica, em que o liame entre *homem* e *terra* (אדמה e אדם) é vital. Mas há, na pessoa humana, algo absolutamente original e diferente que é o *sopro vital* (נפש), que a torna *ser vivente*. Esse ser vivente caracteriza-se por múltipla relacionalidade, observável em cinco dimensões:

– relacionalidade criatural com Deus Criador: "Iahweh Deus chamou o homem: onde estás?" (Gn 3,9);

– relacionalidade esponsal: "Por isso o homem deixa seu pai e sua mãe, une-se a sua mulher, e eles se tornam uma só carne" (Gn 2,24);

– relacionalidade familiar: "Onde está o teu irmão Abel?" (Gn 4,8);

– relacionalidade de proximidade/humanidade: as genealogias de Gn 5,10-11;

– relacionalidade com o mundo animal: "Iahweh, Deus, modelou então, do solo, todas as feras selvagens e todas as aves do céu e as conduziu ao homem para ver como ele as chamaria: cada qual deveria levar o nome que o homem lhe desse" (Gn 2,19).

---

[7] Cf. VON RAD, Gerard. *Genesi: la storia delle origini*. Brescia: Paidea, 1993, p. 63.

Em Gn 2,18 Deus toma a iniciativa de dar ao homem uma auxiliar adequada. O termo "עזר", em si, não indica inferioridade nem superioridade. Em nosso texto, ele vem acompanhado de uma qualificação: "כנדו", composição de "נגד" (apropriado ou contra) e "כ" (como), que significa um auxílio apropriado, que corresponde, à altura, adequado. Também o termo "צלה" (costela ou lado) de Gn 2,21 é prenhe de significação: eis uma auxiliar à altura do homem, que não foi tirada de sua cabeça para não estar acima dele; não foi tirada de seus pés, para não lhe estar subjugada; mas foi tirada de seu lado, para lhe estar na mesma altura e dignidade. A esse casal vem dado o mesmo nome, embora nas formas masculina "איש" e feminina "אישה".

Efetivamente, a criação humana é completa somente com a existência de homem e mulher. Gn 2,24 é uma declaração sobre a força elementar do amor entre homem e mulher que independe de todas as instituições existentes, "porque forte como a morte é o amor: uma faísca de Adonai [Ihwh]" (Ct 8,6). A plenitude do conceito humano encontra-se, portanto, no *homem e mulher* juntos. No ser homem/mulher, e só então está ínsita no humano a capacidade de procriar e multiplicar-se. É importante notar, porém, que a capacidade procriadora do ser humano é distinta da semelhança com Deus e enunciada em forma de bênção.

Como "אדם", o ser humano é terrenidade, tirado da terra para a qual, conforme Gn 3,19, há de voltar. À terra há de retornar para procurar seu sustento e, mais radicalmente, quando concluir seu peregrinar temporal. "O Senhor criou o homem da terra e a ela o faz voltar novamente" (Eclo 17,1). Se "נפש" avizinha o homem a Deus, "אדם" torna-lhe possível a vida na terra. Embora frágil e limitado "אנוש" (cf. Sl 8,5; 90), o homem é criado na liberdade (cf. Gn 2,16-17; 3,2-3) e é dotado de responsabilidade (cf. Sl 8,6-7; Gn 3,17), realidades essas que lhe possibilitam o pecado (cf. Gn 3,1-7). Justamente nesse contexto é que devem ser vistas a grandeza, liberdade e responsabilidade da pessoa humana. Segundo a narração sacerdotal, "ao final, a criação

1 - O que a Bíblia diz sobre humanidade e ecologia?

aparece única e perfeita, enquanto o texto de Gn 2 inclui uma dupla possibilidade: a paz na obediência à proibição ou as consequências imprevisíveis, mas trágicas da desobediência".[8]

O pecado é uma realidade a que o autor jahwista não quer fugir. "O homem pode errar, pode fazer o mal, cometer um crime, pode perder-se. A Bíblia leva muito a sério essas limitações do homem, e por isso a narração da desobediência a seu Criador é ligada à narrativa da criação humana. Embora saiba viver em virtude dos dons de seu Criador, ele se opõe àquele ao qual tudo deve. Não é possível separar esta falibilidade do homem de sua criaturalidade."[9] Pelo fato de ser livre, a pessoa humana – vocacionada a ser garante da criação – além de poder afastar-se de Deus, pode corromper a criação. É trágico constatar que o próprio Deus, que tinha visto como tudo era muito bom (cf. Gn 1,31), depois se dê conta da corrupção da terra (cf. Gn 6,12), da grande malvadeza do homem e da depravação de seu coração e pensamentos (cf. Gn 6,5). Por isso, se haverá um dilúvio de água para destruir o mal, é porque antes houve um dilúvio de corrupção que destruía a vida.

Mesmo que seja para a glória do Senhor, o sábado (שבת) é também bênção para a pessoa humana:

> O homem, "criado à imagem de Deus, segundo sua semelhança" (Gn 1,26), imita Deus até em seu trabalho mais profano. Mas não realiza sua vocação de "imagem de Deus" mais do que quando entra em diálogo com ele no descanso religioso e na oração que o acompanha: tal é a finalidade do sábado. Todo o lado profano da existência – relação do homem com a natureza e relação dos homens entre si – está orientado então ao louvor e à glorificação do Criador.[10]

---

[8] GIBERT, P. *Bibbia, miti e racconti dell'inizio*. Brescia: Queriniana, 1993, p. 24.
[9] WESTERMANN, Claus. *Teologia dell'Antico Testamento*. Brescia: Paidea, 1983, p. 129.
[10] GRELOT, Pierre. *Hombre, ¿quién eres?* Estella: Verbo Divino, 1993, p. 30. Concernente à dimensão comunitária e social do sábado, é oportuna a nota a Êx 16, da edição pastoral da

Se para o homem é exemplar o operar de Deus, não menos o é seu repouso. Esse descanso expresso num antropomorfismo não se refere a uma eventual inatividade de Deus, pois o Pai opera sempre (cf. Jo 5,17). Revela, sim, a plenitude da obra *muito boa*, à qual o Senhor dirige um olhar *contemplativo*, pleno de alegria e prazer. A *imitatio Dei*, portanto, consiste, também, no repousar prazeroso para contemplar a obra da parceria divino-humana, para um dia de explícita oração-gratidão, para renovar a consciência de que tudo é de Iahweh, que a ele pertencem o cosmos e a história, para celebrar a comunhão com o Deus da Aliança.[11]

Também o homem tem o "poder" de *dar nome*: "cada qual seria chamado com o nome que o homem lhe desse" (Gn 2,19b). Mas essa *potestas* lhe é concedida por Deus, o único *Omnipotens*. Quando o homem chama por nome, é apenas um eco do chamar por nome que tem Deus por autor. Trata-se de um "poder" delegado, derivado e dependente daquele do Senhor. É um ato de criação secundária com o qual o homem se "apossa" das demais criaturas e organiza seu ambiente, mas sempre qual imagem de Deus.

Diversamente dos animais, o homem não encontra tudo pronto. Ele "sai para sua faina, para seu trabalho até o entardecer" (Sl 8,23). O pão ainda não está na mesa. Mas se o homem colaborar com Deus, cobrirá a mesa e o alimentará. O vinho ainda não enche as taças. Mas com a contribuição humana o fruto da videira transformar-se-á em vinho que alegra seu coração. Os olivais com seus frutos são apenas esperança de azeite. Dependerá do ser humano a transfiguração desses, para dar sabor a seus alimentos e

---

Bíblia Sagrada: "*O sábado* marca a passagem de uma vida escrava para uma vida livre: todos têm direito ao descanso, e o dia de Javé é o dia em que o homem se refaz dentro do projeto da liberdade e da vida. Na véspera do sábado, todos podem colher quantidade dupla de maná, pois o povo tem *direito de comer também no dia de descanso*".

[11] Cf. JOÃO PAULO II. *Dies Domini*, 16-17. Ainda: "Portanto, o dia do repouso é tal, primeiramente porque é o dia *abençoado* por Deus e por Ele *santificado*, isto é, *separado* dos demais dias para ser, dentre todos, o *dia do Senhor*" (idem, 14). Portanto, o repouso divino nada tem a ver com ócio ou falta de atividade do Senhor em consequência de cansaço. Muito menos trata-se de um abandono da obra criacional. "Pois não sabes? Por acaso não ouviste isso? Iahweh é um Deus eterno, criador das regiões mais remotas da terra. Ele não se cansa nem se fatiga, sua inteligência é insondável" (Is 40,28).

1 - O que a Bíblia diz sobre humanidade e ecologia?

brilho a seu semblante. O mar, grande e cheio de vida, não é espaço proibido aos humanos. Mas eles precisarão fabricar naves para sulcar suas águas e beneficiar-se de seus dons.

O ser humano é o *homo faber* "dentro da natureza", que trabalha e transforma o mundo, com os mais distintos tipos de atividade. O salmista enaltece também o *homo contemplativus* "diante da natureza". Ele é mais que observador e catalogador que se detém nos fenômenos. Ultrapassa os fenômenos da criação e se comunica com o Criador. Contempla as obras e bendiz quem as fez: "Elevai a voz em canto de louvor, bendizei ao Senhor" (cf. Eclo 39,14). Justamente a ele a criação é confiada como graça e tarefa.[12] A este ser humano (contraditório, sim, mas não menos responsável pela transformação da terra e vocacionado à comunhão com Deus) é destinado o dom criacional para que, nele e com ele, exerça sua tarefa comunional.

A criação como dom recebido e tarefa a ser cumprida

O modo de receber o dom e exercer a missão requer da pessoa humana fidelidade a si mesma e a Deus, para cuidar da criação. Isso significa mantê-la em sua bondade original, desenvolver suas potencialidades e, em comunhão com o Senhor, efetuar a própria realização. Por isso mesmo o fiel ora:

> Deus dos Pais, Senhor de misericórdia,
> que tudo criaste com tua palavra
> e com tua sabedoria formaste o homem
> para dominar as criaturas que fizeste,
> governar o mundo com justiça e santidade
> e exercer o julgamento com retidão de vida,
> dá-me a sabedoria contigo entronizada
> e não me excluas do número de teus filhos (Sb 9,1-4).

---

[12] Cf. SCHÖKEL, L. A.; CARNITI, C. *Salmos* II. São Paulo: Paulus, 1996, p. 1.282-1.285.

Ao *dom* divino como *proposta* corresponde a *tarefa* humana feita *resposta*. Ei-la, pois, explicitada em três dimensões:

a) *Para dominar as criaturas feitas por Deus* – Aqui deparamos com uma clara referência a Gn 1,26-28. Criado à imagem de Deus, o homem pode sujeitar toda a terra e dominar sobre animais, peixes e aves. Mas seu domínio não se estende sobre seus semelhantes, porque somente Deus é Senhor do homem. Submeter o próprio semelhante equivaleria a um pecaminoso abuso de poder que não escaparia ao castigo divino.

b) *Para governar o mundo com justiça e santidade* – A genuína autoridade provém de Deus e, por essa razão, dos governantes exige-se uma conduta perfeita em ordem a Deus (santidade), tributando-lhe o culto devido e sintonizando-se com sua vontade (justiça).

c) *Para exercer o julgamento com retidão de vida* – Se Deus julga retamente, também o homem (porque criado à imagem de Deus e porque agindo com um poder derivado de Deus e exercido em seu nome) deve atuar um juízo reto, de acordo com as leis divinas.

Após cada ato criador, "Deus viu que era bom" (טוב), refrão este retomado por seis vezes no relato sacerdotal (cf. Gn 1,4.10.12.18.21.25). Após a criação do homem e da mulher (cf. Gn 1,31), a criação é vista como *muito boa* (טוב מאד). "Justamente todas as obras são louvadas juntas, ao fim, quando é criado o homem: é, de fato, para o homem que foram feitas todas as coisas que existem sob o firmamento do céu, e de todas as coisas o homem contém em si mesmo as essências. É justo, por isso, que as coisas todas juntas agradem e sejam julgadas 'muito boas' naquele ao qual todas estão submetidas (cf. Sl 8,7) e sobre todas é excelso em dignidade."[13]

---

[13] RUPERTO DE DEUTZ. *De Trinitate et operibus eius*: PL 167, coluna 257.

1 - O que a Bíblia diz sobre humanidade e ecologia?

Deus cria porque ama. E as obras que, ao amar cria, são boas: "Sim, tu amas tudo o que criaste, não te aborreces com nada do que fizeste; se tivesses odiado alguma coisa, não a terias feito" (Sb 11,24). A bondade criacional inclui também a beleza. O termo "tov" significa *bom*, mas também *belo*. E em resposta a uma obra assim boa e bela, a própria criação não pode deixar de glorificar o Criador. Que as criaturas todas louvem o nome de Iahweh, pois ele mandou e foram criadas. Ele que as fixou e lhes deu uma lei perene (cf. Sl 148,5-6). "Vós todas, obras do Senhor, bendizei o Senhor: louvai-o e exaltai-o para sempre" (Dn 3,57).

A grandeza humana consiste, antes de tudo, em seu ser imagem de Deus. Tradicionalmente sustentou-se a ideia de que *imago Dei* significa a semelhança espiritual entre os seres humanos e Deus. Hodiernamente, porém, não pensamos mais a pessoa humana em termos de dicotomia entre espírito e corpo, nem é razoável projetar o moderno dualismo corpo/espírito em Gn 1. Segundo a ideia bíblica de "imagem", afirma-se que os seres humanos são "imagem de Deus" pelo fato de subjugarem a terra e dominarem sobre as criaturas. Passa-se da semelhança ontológica àquela funcional. Entre os múltiplos significados atribuíveis à *imago Dei*, optamos por ressaltar o termo no contexto do relato sacerdotal. Justamente em Gn 1,26.28, está em correlação com as tarefas do homem no mundo. Enquanto imagem de Deus, cabe-lhe sujeitar a terra e dominar sobre as criaturas, isto é, mantê-las boas e belas, do jeito de Deus.

Voltemos ao inspirador salmo 104: "Fazes brotar relva para o rebanho e plantas úteis para o homem, para que da terra ele tire o pão e o vinho, que alegra o coração do homem; para que ele faça o rosto brilhar com o óleo e o pão fortaleça o coração do homem" (Sl 104, 14-15). Iahweh não somente oferece o indispensável pão cotidiano, mas também vinho e óleo, dons do bem-estar e da festa. Aqui se ressalta, com admiração, o que a terra é capaz de produzir de bom e belo quando está sob a bênção do bom Deus da vida. Os bens da criação, por Deus criados e sustentados, alegram o coração e a face do homem, pois podem fazê-lo forte, belo e feliz. Como para o escritor sacerdotal de Gn 1,1–2,4a, também para o Sl 104, o Criador quer a terra como uma "casa vital", onde os mais diversos seres viventes possam respeitar-se e conviver pacificamente. A isso tudo se associa o canto de louvor do Sl 148: o que é comum a todos, dos minerais aos reis, do sol aos cedros, do urso à menina-moça, é que eles todos, juntos, compõem uma sinfonia maravilhosa, um canto criacional polifônico que narra a grandeza e a liberalidade do Deus da Criação.[14]

Para o escrito jahwista o próprio Deus planta o jardim do Éden (cf. Gn 2,8a). Embora nele coloque o homem (cf. Gn 2,8b) para o cultivar e guardar (cf. Gn 2,15), não deixa de lhe permanecer o único proprietário. Tanto é verdade que põe condições e limites ao homem em seu viver e operar no jardim (cf. Gn 2,16-17). Ao afirmar que Deus colocou o homem no jardim, a Escritura declara que somente Deus é o legítimo Senhor do paraíso. À pessoa humana cabe cultivá-lo e guardá-lo. Dessa forma, além do significado que o homem possa dar e encontrar em seu trabalho, este lhe é tarefa confiada pelo Senhor. A combinação dos verbos *cultivar* e *guardar* (cf. Gn 2,15) dá a entender que um cultivo sem proteção não corresponde ao projeto de Deus. Dessa forma a exploração indiscriminada da terra e de suas forças equivale a uma incúria e um desvio da missão.[15] O *saltério* confirma esses dois aspectos: o Senhor é o dono absoluto, uma vez que "do Senhor é a terra e o que nela existe, o mundo e seus habitantes" (Sl 24,1); a pessoa humana é o intendente divino, posto que "o céu é o céu de Adonai [Ihwh], mas a terra, ele a deu para os filhos de Adão" (Sl 115,16).

A literatura sapiencial aborda o trabalho humano numa tríplice dimensão: faz parte da vida humana, é ínsito a sua realização; tem uma conotação ética porque, por meio dele, a pessoa obtém seu justo sustento

---

[14] Cf. ZENGER, Erich. *Ich will die Morgenröte wecken*: Psalmenauslegung. Freiburg im Breisgau: Herder, 1991, p. 39 e 52.
[15] WESTERMANN, Claus. *Genesi*. Casale Monferrato: Piemme, 1989, p. 32-33.

1 - O que a Bíblia diz sobre humanidade e ecologia?

e progresso, além de lhe exigir justiça no relacionamento com as demais pessoas nele envolvidas; é visto pelo fiel em sua dimensão religiosa, como instância relativa, diante do único bem absoluto que é Deus. Para os salmos, o trabalho é contemplado como meio com o qual a pessoa humana exerce seu domínio sobre a criação, qual cooperadora do projeto de Deus que lhe deu poder sobre as obras de suas mãos (cf. Sl 8,7): do raiar da aurora ao pôr do sol, o homem vai a seu trabalho (cf. Sl 104,23). Contudo, há que relativizar o operar humano e confiar em Deus, porque "se o Senhor não constrói a casa, em vão labutam os seus construtores; se o Senhor não guarda a cidade, em vão vigiam os guardas" (Sl 127,1-2). A providência divina, porém, não prescinde da previdência humana. No tocante à tarefa do homem no universo, tanto o relato *J* quanto o *P* "contêm uma única mensagem, que se pode sintetizar na afirmação do domínio do homem sobre a criação, por concessão de Deus e em dependência dele".[16]

O texto sacerdotal particulariza o alcance dessa missão. "Deus os abençoou e disse: "Sede fecundos, multiplicai-vos, enchei a terra e submetei-a; dominai sobre os peixes do mar, as aves do céu e todos os animais que rastejam sobre a terra" (Gn 1,28). Encontramo-nos, aqui, diante de três diretrizes:

a) A primeira diretriz é que *os seres humanos sejam fecundos, multipliquem-se e encham a terra.* Essa afirmação não pode ser absolutizada, uma vez que os humanos não são a única espécie da terra. Também outras criaturas têm essa tarefa (cf. Gn 1,22).

b) A segunda diretriz é uma *ordem de submeter* (כבש) *a terra*, exercer sobre ela um controle. Também essa ordem não pode ser vista como absoluta hegemonia unilateral, dado que as pessoas humanas dependem dos frutos da terra. Trata-se, portanto, de recíproca responsabilidade e interdependência que não podem ser transgredidas.

---

[16] SAVASTA, C. Gen 1,1–2,4a e 2,4b-25: due racconti della creazione? In: *Bibbia ed Oriente* XLI (1999), p. 3.

c) A terceira diretriz refere-se ao *domínio* (רדה) *sobre os animais.* O termo "רדה" propriamente quer dizer "exercer a senhoria sobre". O relativismo dessa senhoria consiste no fato de que os humanos são donos de peixes e pássaros só limitadamente, uma vez que são incapazes de dispor do mar e do céu *em si.*

Já no texto jahwista, conforme já referido, o *domínio* é exercido pela imposição do nome (cf. Gn 2,19-20). Ao dar nome aos animais, Adão afirma sobre eles sua soberania e os enquadra no ambiente por ele organizado. Lembramos que se trata de um ato de criação secundária. O texto também enuncia um dado surpreendente: a linguagem humana. Também através do falar o homem sobressai do mundo animal, abre inusitada comunicação, distingue, interpreta.

O mesmo dinamismo de Gn 1,26 e 28 e retomado em Gn 5,1b-3 será confirmado com a criação renovada pós-diluviana: "Deus abençoou Noé e seus filhos, e lhes disse: 'sede fecundos, multiplicai-vos e enchei a terra'" (Gn 9,1); "Quanto a vós, sede fecundos, multiplicai-vos, povoai a terra e dominai-a" (Gn 9,7). Com toda a evidência declara-se, nesses textos escriturísticos, que o homem pós-diluviano recebe a confirmação, da parte de Deus, de seu mais precioso bem criatural, isto é, a semelhança com Deus. Propriamente reitera-o também com a renovação da aliança, *sua aliança* (cf. Gn 9,11.15), graciosa e incondicional que nada, nem mesmo a desobediência do homem, poderá anular. Dessa forma, "esta nova vida é também objeto da bênção divina; quer dizer que esses seres viventes são, juntos, os depositários de uma força divina que contém a vida, pela qual eles têm a capacidade de comunicar, a partir de si mesmos, através da geração, a vida recebida".[17]

---

[17] VON RAD, Gerard. *Genesi:* la storia delle origini, op. cit., p. 62.

1 - O que a Bíblia diz sobre humanidade e ecologia?

O texto de Gn 1,28 – repetidas vezes citado e apreciado – foi interpretado em muitos modos e ocasionou não poucas divergências teóricas e abusos práticos. Pode o homem desfrutar a natureza ilimitadamente? O verbo *subjugar* (כבשׁ), entre outros sentidos, muitas vezes significa submeter ou tomar posse, que de modo nenhum indica poder ilimitado. No que concerne o verbo *ter domínio* (רדה) pode significar o efetivo *dominar* (com 24 ocorrências veterotestamentárias), ou tomar, prender (ocorre três vezes no AT). Na maioria das vezes refere-se a uma atividade humana que, no caso de Gn 1,26.28, abarca a terra e o mundo dos animais. Pode descrever tanto o pleno poder de Deus (cf. Is 41,2), quanto o limitado poder do rei (cf. Ez 34,4). No contexto de Israel, em que o único Senhor do cosmos e do povo é Deus, significa sobretudo *acompanhar, apascentar, guiar*. O homem é, pois, como o pastor responsável pelas criaturas, a quem Deus delega o domínio sobre a criação. Como age Deus, e em nome de Deus, deve agir o homem.

Para uma vida harmônica e abençoada em meio à imensa sinfonia do universo é de novo o salmo 104 a nos oferecer diretrizes:

> [Iahweh] fez a lua para marcar os tempos; o sol conhece seu ocaso.
> Colocas as trevas e vem a noite,
> e nela rondam todas as feras da selva;
> rugem os leõezinhos em busca da presa, pedindo a Deus o sustento.
> Ao nascer do sol se retiram e se entocam nos seus covis;
> sai o homem para sua faina
> e para o seu trabalho até à tarde (Sl 104,19-23).

Somente quando os tempos do trabalho e do repouso, da natureza e da festa, juntamente com os diferentes tempos de animais e homens são respeitados, pode manter-se e desenvolver-se a vida comum de todos os seres na terra. Uma tal constatação é de notável importância para nossa época de acurada sensibilidade ecológica.[18] É também parte

---

[18] ZENGER, Erich. *Ich will die Morgenröte wecken:* Psalmenauslegung, op. cit., p. 40.

da tarefa humana que o louvor daquela inspiradora hora (cf. Sl 104,24) possa ser continuado pelos salmistas de todos os tempos e de agora.

O verdadeiro domínio do homem manifesta-se não quando age qual predador e saqueador da terra, mas quando dela faz uma casa boa de se morar. E quando, à imitação do Criador, luta contra as trevas, o caos e a morte, para fazer triunfar a luz, a ordem e a vida. O poder recebido de Deus é uma *bênção* e, por isso mesmo, de modo nenhum deve tornar-se *maldição* para o universo. Grandes são as obras do Senhor e potente é o sol. No entanto, Deus fez sua obra mais importante não *no* sol, mas *sob o sol* e *sobre a terra*. Por isso o cosmos se desdobra a serviço dessa máxima entre as criaturas de Deus. Em contrapartida, também sobre a terra e sob o sol, esta criatura especial cumprirá particular serviço em favor da criação inteira que a serve. Por fim, sobre esta terra que Deus haveria de mandar seu Filho.[19]

3. Algumas releituras teo(eco)lógicas de Gn 1–11

Entre as muitas releituras de Gn 1–11, existentes e possíveis, privilegiaremos tão somente seis. Poderiam ser quatro ou vinte. Mas são "seis" (6), para falar de uma abordagem parcial e imperfeita da obra total e perfeita do Senhor Deus:

1) Sl 104.
2) Sb 9,1-12.
3) Mt 6,25-30.
4) A *Prece essênica à Mãe Terra*.
5) O *Cântico das criaturas*.
6) *O Novo Gênesis*.

---

[19] Cf. ZIMMERLI, W. *I Mose 1-11:* die Urgeschichte, vol. I, "Prophezei", Zürich, 1943, p. 64.

1 - O que a Bíblia diz sobre humanidade e ecologia?

O texto do Sl 104

Nosso salmo foi amplamente inserido e considerado ao longo da primeira parte. Não carece, portanto, de uma ulterior explicitação para validá-lo como releitura autorizada e pertinente de Gn 1–11.

Este belíssimo louvor à natureza, ou melhor, a Deus pela natureza, "apresenta-se como paráfrase cheia de colorido da narrativa da criação em Gn 1, vazada em linhas estritamente precisas e traçadas com sobriedade".[20] Movido pela mesma fé do texto de Gn 1, nosso autor veste liberdade, dá asas à fantasia e robustez à fé para "magnificar" ou engrandecer o Deus criador. Inegável, também, a afinidade que nosso salmo tem com o hino egípcio ao sol, sem, contudo, perder a lucidez e a convicção monoteístas.

Da mesma forma que tudo veio à vida por Deus, é por ele conservado em vida. Expressam-no com rara sensibilidade os vv. 27-30: "todos os seres esperam de ti seu alimento. Se lhes tiras a respiração voltam ao pó, mas com teu sopro enviado cada qual é recriado". A vida é, pois, o sopro de Deus em constante renovação, que se desdobra numa infinidade de expressões. Por isso, as criaturas têm o papel de revelar Deus, uma vez que "a grandeza e a beleza das criaturas fazem, por analogia, contemplar seu Autor" (Sb 13,5). Assim, o poder e a divindade invisíveis do Criador tornam-se inteligíveis através de suas criaturas (cf. Rm 1,20).

A prece de Sb 9,1-12

Com o texto sapiencial, também ele já antes apreciado, o autor insere-se na fé de seu povo (vv. 1.5.7). Retoma algumas convicções já professadas pelo escrito sacerdotal, a saber: que tudo foi criado pela palavra de Deus (v. 1) e dele depende; que a sabedoria divina formou o homem com particular

---

[20] WEISER, Artur. *Os salmos*. São Paulo: Paulus, 1994, p. 513.

solicitude (v. 2a); que ao homem cabe o domínio sobre as demais criaturas (v. 2b). Nosso autor individua posterior desdobramento da comunidade humana organizada que necessita do exercício da liderança, com justiça e equidade (v. 3.7) e um fomentador do culto ao Deus verdadeiro (v. 8).

Embora servo de Deus e por Deus escolhido, o homem é frágil e de breve existência (vv. 5.7). É por isso que, tanto para um real domínio exercido em nome de Deus e como Deus, quanto para garantir a justiça em favor da vida, é que nosso autor suplica a sabedoria divina (vv. 4.10). Ela é de Deus e vem de Deus, e habilita a agir de acordo com Deus (vv. 9.11). Só então seu obrar será justo, digno de um eleito (v. 12). Em decorrência de seu chamado e de sua missão assumida e vivenciada, "Deus criou o homem para a incorruptibilidade e o fez imagem de sua própria natureza" (Sb 2,23).

O relato evangélico de Mt 6,25-34

A fé neotestamentária faz duas afirmações decisivas sobre Jesus Cristo. Confessa-o como o Verbo que era desde o princípio, por quem e para quem tudo foi feito (cf. Jo 1,1-3; Cl 1,16); nele tudo é dom e ele é o dom pleno. E o professa como aquele que faz bem todas as coisas (cf. Mc 7,37), o que parece um eco do operar "muito bom" de Deus em Gn 1. De fato, Jesus é o autor da nova criação que, mediante seu Espírito, nos habilita a partilhá-la e como tal garanti-la.

A perícope de Mt 6,25-34 raras vezes é colocada em confronto com Gn 1–11. Mas o que nela Jesus pede a ser observado e o que a partir dela espera para ser praticado têm muito a ver com o texto das origens. O lírio é simples planta e flor da terra. Quando se comporta como tal e é como flor respeitada, naturalmente, será viçosa, florida, formosa. A ave do céu é apenas um pássaro. Mas enquanto pássaro que voa e faz seu ninho, sintonizado com a natureza e tendo-a respeitada, terá alimento, cortará os ares e procriar-se-á. Assim são flores e aves numa natureza que segue seu ritmo e realizam-se como aves e flores.

1 - O que a Bíblia diz sobre humanidade e ecologia?

Mais importante e surpreendente que as aves do céu e mais preciosa e formosa que o lírio do campo é a pessoa humana. Sua importância e preciosidade, a partir dos relatos das origens, estendem-se sobre toda a criação, dentro dela, parte dela e com ela harmonizada. Pelo dom da vida que o Criador oferece a toda criatura, segundo sua espécie, não menos solicitude do que pelas flores e aves ao homem prodigaliza. Se a missão de cultivar e de guardar a terra for cumprida (cf. Gn 2,15) e o Reino, com sua justiça antes de tudo, for buscado (cf. Mt 6,33), então o pão, com tudo quanto significa, não faltará e a felicidade entre nós reinará.

O Evangelho propõe um ensaio ousado: tomadas as humanas previdências, o discípulo deve abandonar-se à divina providência. Há uma certeza e um impasse: a certeza é de que Deus criou os bens da criação e no-los confiou; o impasse consiste em que nós inventamos sua injusta distribuição e a humana sobrevivência se complicou. Por isso, além do peso que cada dia já traz, nós lhe impomos outra carga. Lírio e pássaro...

> [...] são o que são, graças a Deus e a sua providência, que proporciona a ambos serem o que são e terem tudo o que necessitam para isso... A humanidade, enganada em seus objetivos, iludida com as aparências, criou a injustiça e a desigualdade, pervertendo o projeto de Deus. E, uma vez criada a injustiça, ninguém mais tem paz. Os ricos temem perder o que são e o que possuem. Os pobres não sabem como recuperar o que são e conseguir o de que necessitam.[21]

Quando o ser humano e os humanos todos assumirem sua identidade e missão de imagens de Deus, agindo como Deus, buscarão o Reino de Deus e sua justiça, e nada lhes faltará (cf. Mt 6,33).

---

[21] STORNIOLO, Ivo. *Como ler o Evangelho de Mateus*: o caminho da justiça. São Paulo: Paulinas, 1990, p. 67.

A "Prece à Mãe Terra", do evangelho dos essênios

À parte a questão de datação do presente hino, entendemo-lo de surpreendente sensibilidade para épocas remotas e de pertinente inspiração para nosso tempo. Nos primórdios da vida éramos molécula única, de múltipla potencialidade. Agora somos uma realidade plural, não para nos excluir ou destruir, mas realizar e construir. A sintonia e a unidade com toda a criação não limitam nossa identidade, mas apontam a nossa plena maturidade.

Abençoado seja o Filho da Luz que conhece sua mãe terra,
pois é ela a doadora da vida.
Que tu saibas que tua mãe terra está em ti e tu estás nela.
Foi ela quem te gerou,
te deu a vida e te deu este corpo que um dia tu lhe devolverás.

Saibas que o sangue que corre nas tuas veias
nasceu do sangue da tua mãe terra.
O sangue dela cai das nuvens e jorra do ventre dela,
borbulha nos riachos das montanhas
e flui abundantemente nos rios das planícies.
Saibas que o ar que respiras nasce da respiração da tua mãe terra.
O alento dela é o azul celeste das alturas do céu
e os sussurros das folhas da floresta.

Que tu saibas que a dureza dos teus ossos
foi criada dos ossos de tua mãe terra.
Saibas que a maciez da tua carne nasceu da carne de tua mãe terra.
A luz dos teus olhos e o alcance dos teus ouvidos nasceram das cores
e dos sons da tua mãe terra,
os quais te rodeiam feito as ondas do mar cercando o peixinho.
Como o ar vibrante sustenta o pássaro, em verdade te digo:
tu és um com tua mãe terra.
Ela está em ti e tu estás nela.
Dela tu nasceste, nela tu vives e para ela voltarás novamente.

1 - O que a Bíblia diz sobre humanidade e ecologia?

Segue, portanto, as suas leis, pois teu alento é o alento dela.
Teu sangue, o sangue dela. Teus ossos, os ossos dela.
Tua carne a carne dela.
Teus olhos e teus ouvidos são dela também.
Aquele que encontra a paz na sua mãe terra não morrerá jamais.
Conhece esta paz na tua mente, deseja esta paz ao teu coração,
realiza esta paz com o teu corpo.[22]

O "Cântico das Criaturas", de Francisco de Assis

Francisco de Assis é um verdadeiro ícone. Humana e cristãmente, pessoa bem realizada; por graça divina e tarefa humana, bem-sucedida. Exemplarmente integrado consigo mesmo, em viva comunhão com Deus, com os irmãos e as irmãs sintonizado; com toda a criação harmonizado. O *Cântico das criaturas* é expressão dessa magnífica personalidade, de exuberante espiritualidade. O louvor é para Deus. É canto de filho que dá voz às criaturas. Irmanado com todo o universo, Francisco caminha no tempo que passa, na certeza da vida plena que permanece.

Altíssimo, onipotente, bom Senhor,
para ti a glória, a honra e o louvor, e toda as bênçãos:
a ti só, Altíssimo, sejam dadas
e homem nenhum é digno de nomear-te.
Louvado sejas, meu Senhor, com todas as tuas criaturas,
especialmente o senhor irmão sol
que clareia o dia e com sua luz nos alumia.
E ele é belo e radiante e com grande esplendor,
e de ti, Altíssimo, é a imagem.

Louvado sejas, meu Senhor, pela irmã lua e as estrelas
que no céu formaste, claras e preciosas e belas.

---

[22] "Prece essênica à Mãe Terra", disponível em <*www.caldeiraodeceridwen.sites.uol.com.br*>.

Louvado sejas, meu Senhor, pelo irmão vento,
pelo ar, ou nublado ou sereno, e todo o tempo,
pelo qual às tuas criaturas dás sustento.

Louvado sejas, meu Senhor, pela irmã água
que é tão útil e humilde, e preciosa e casta.
Louvado sejas, meu Senhor, pelo irmão fogo,
pelo qual iluminas a noite.
Ele é belo e alegre, e é robusto e forte.

Louvado sejas, meu Senhor, por nossa irmã, a mãe terra,
que nos sustenta e governa,
e produz frutos diversos, coloridas flores e ervas.
Louvado sejas, meu Senhor, pelos que por teu amor perdoam
e suportam enfermidades e tribulações.
Bem-aventurados os que tudo suportam em paz,
que por ti, Altíssimo, serão coroados.

Louvado sejas, meu Senhor, por nossa irmã a morte corporal,
da qual homem algum há de escapar.
Ai daqueles que morrem em pecado mortal!
Felizes os que ela encontrar conformes à tua santíssima vontade
porque a morte segunda não lhes fará mal.

Louvai e bendizei o meu Senhor, e dai-lhe graças,
e servi-o com grande humildade.[23]

O "Novo Gênesis", de Robert Müller

Para esta derradeira releitura, entre tantas possíveis, inspiro-me em Ap 5,6: "Vi um Cordeiro de pé, como que imolado. Tinha sete chifres e sete olhos, que são os sete espíritos de Deus enviados por toda

---

[23] FRANCISCO DE ASSIS. "Cântico das criaturas", disponível em <*www.caminhosdeluz.org*>. Também: *São Francisco de Assis*. 9ª ed. Petrópolis: Vozes; FFB, 2000, p. 70-72.

1 - O que a Bíblia diz sobre humanidade e ecologia?

terra". Deixemos para outra instância o discurso sobre a imolação e ressurreição do Cordeiro/Cristo e de seu poder simbolizado pelos "chifres". Por ora interessa-nos falar acerca dos "sete olhos" que são, explica o autor, "os sete espíritos enviados por toda a terra". Os "sete espíritos" representam a plenitude do espírito de Jesus.

Esse espírito é enviado por toda a terra: "Envias teu espírito e renovas a face da terra!" (Sl 104,30). Não apenas para a Igreja nem mesmo somente para as Igrejas que se remetem a Jesus Cristo. O espírito do Senhor é enviado *por toda a terra*. Eis, portanto, uma verdade que nossa fé vai descortinando sempre melhor: todas as vezes que alguém se empenha pela vida, ainda que não o faça em nome da fé explícita em Jesus Cristo, é conduzido por seu espírito de vida. Há tantas pessoas e instituições que se comprometem pela salvaguarda da criação, sem fazê-lo em nome de alguma Igreja. Sem dúvida, aí está agindo o espírito do Deus da vida. Entendemos assim o inspirador texto do *Novo Gênesis* de Robert Müller em seu trabalho de assessoria à ONU:

> *E Deus viu que todas as nações da terra, negras e brancas,*
> *pobres e ricas, do Norte e do Sul,*
> *do Oriente e do Ocidente, de todos os credos,*
> *enviavam os seus representantes a um grande edifício de cristal*
> *às margens do rio do Sol Nascente, na ilha de Manhattan,*
> *para estudarem juntos, pensarem juntos*
> *e juntos cuidarem do mundo e de todos os seus povos.*
> *E Deus disse: "Isso é uma coisa boa!"*
> *E foi este o primeiro dia da nova era da terra.*
>
> *E Deus viu que os soldados da paz separavam os combatentes das nações*
> *em guerra, que as diferenças eram resolvidas pela negociação e com a razão,*
> *e não mais com as armas,*
> *e que os líderes das nações se encontravam,*
> *trocavam ideias e uniam seus corações e suas mentes,*
> *as suas almas e seus esforços em benefício de toda a humanidade.*
> *E Deus disse: "Isso é uma coisa boa!"*
> *E foi este o segundo dia do planeta da paz.*

Mariano Weizenmann

E Deus viu que os seres humanos amavam a totalidade da criação,
as estrelas e o sol, o dia e a noite, o ar e os oceanos, a terra e as águas,
os peixes e os pássaros, as flores e as plantas
e todos os seus irmãos e irmãs humanos.
E Deus disse: "Isso é uma coisa boa!"
E foi este o terceiro dia do planeta da felicidade.

E Deus viu que os seres humanos eliminavam a fome, a doença,
a ignorância e o sofrimento em todo o globo,
procurando para cada pessoa uma vida decente, consciente e feliz,
reduzindo a avidez, a força e a riqueza de poucos entre eles.
E Deus disse: "Isso é uma coisa boa!"
E foi este o quarto dia do planeta da justiça.

E Deus viu que os seres humanos viviam em harmonia com seu planeta
e em paz com os outros, gerindo seus recursos com sabedoria,
evitando os esbanjamentos, refreando os excessos,
substituindo o ódio com o amor, a avidez com a sobriedade,
a arrogância com a humildade, a divisão com a cooperação
e a suspeita com a compreensão.
E Deus disse: "Isso é uma coisa boa!"
E foi este o quinto dia do planeta de ouro.

E Deus viu que as nações destruíam suas armas, bombas, mísseis,
naves e aviões de guerra, desativando suas bases,
desmobilizando seus exércitos,
limitando-se a manter uma polícia de paz para proteger os bons dos maus
e os normais daqueles que se comportam de modo insano.
E Deus disse: "Isso é uma coisa boa!"
E foi este o sexto dia do planeta da razão.
E Deus viu que os seres humanos restabeleciam Deus e a pessoa humana
como o Alfa e o Ômega, reduzindo instituições, credos, políticas, governos
e todas as entidades humanas a simples servidores de Deus e dos povos.
E Deus viu-os adotar uma lei suprema:
ama o Deus do universo com todo o teu coração, com toda a tua alma,
com toda a tua mente e com todas as tuas forças.
Ama o teu belo e milagroso planeta e trata-o com infinito cuidado.
Ama os teus irmãos e as tuas irmãs, humanos, como amas a ti mesmo.

1 - O que a Bíblia diz sobre humanidade e ecologia?

Não há outros mandamentos maiores do que esses.
E Deus disse: "Esta é uma coisa boa!"
E foi este o sétimo dia do planeta de Deus.[24]

Referências bibliográficas

Agostinho. *Sancti Augustini operum*. Turnhout: Brepols, 1979 (Patrologia Latina, ed. J. P. Migne, vol. 32).

Francisco de Assis. *Cântico das criaturas*. Disponível em <www.caminhosdeluz.org>. Também: *São Francisco de Assis*. 9ª ed. Petrópolis: Vozes, FFB, 2000, p. 70-72.

Gibert, P. *Bibbia, miti e racconti dell'inizio*. Brescia: Queriniana, 1993.

Grelot, Pierre. *Hombre, ¿quién eres?* Estella: Verbo Divino, 1993.

João Damasceno. *Joannis Damasceni opera omina*. Turnhout: Brepols, 1977 (Patrologia Graeca, ed. J. P. Migne, vol. 94).

João Paulo II. *Carta apostólica "Dies Domini" sobre a santificação do domingo*. Disponível em <www.vatican.va>. Acesso: 20 de outubro de 2012.

Müller, Robert. *O nascimento de uma civilização global*. São Paulo: Aquariana, 1993.

Prece essênica à Mãe Terra. Disponível em <www.caldeiraodeceridwen.sites.uol.com.br>.

Ruperto de Deutz. *R.D.D. Ruperti opera omnia*. Turnhout: Brepols, 1990 (Patrologia Latina, ed. J. P. Migne, vol. 167).

Savasta, C. Gen 1,1-2,4a e 2,4b-25: due racconti della creazione? In: *Bibbia ed Oriente* XLI (1999).

---

[24] Müller, Robert. *O nascimento de uma civilização global*. São Paulo: Aquariana, 1993, p. 169-171.

Schökel, L. A.; Carniti, C. *Salmos* II. São Paulo: Paulus, 1996.

Storniolo, Ivo. *Como ler o Evangelho de Mateus:* o caminho da justiça. São Paulo: Paulinas, 1990.

Van Wolde, E. *Racconti dell'inizio.* Brescia: Queriniana, 1999.

Von Rad, Gerard. *Genesi:* la storia delle origini. Brescia: Paidea, 1993.

Zenger, Erich. *Ich will die Morgenröte wecken:* Psalmenauslegung. Freiburg im Breisgau: Herder, 1991.

Zimmerli, W. *I Mose 1-11:* die Urgeschichte, I – Prophezei. Zürich: 1943.

Weiser, Artur. *Os salmos.* São Paulo: Paulus, 1994.

Westermann, Claus. *Genesi.* Casale Monferrato: Piemme, 1989.

Westermann, Claus. *Teologia dell'Antico Testamento.* Brescia: Paidea, 1983.

2 – Qual o sentido antropológico da Eucaristia?

Sacrifício, refeição, encontro, comunhão

Osmar Cavaca[1]

Introdução

O sacramento é a celebração ritual de uma forma particular da manifestação salvífica de Deus em Cristo. Por um lado é dádiva divina; por outro, é ação humana. No sacramento se encontram o mundo de Deus e o dos homens, encontro mediado pela Palavra criadora, pela matéria simbólica e pelo rito.

Os sacramentos não são gestos isolados na Igreja. Profundamente relacionados com a vida, eles evocam as realidades mais profundas da existência humana, como expressões de gratuidade que acompanham a pessoa desde o nascimento até o fim da vida. Ao trazer a presença salvadora de Deus, os sacramentos manifestam, ao mesmo tempo, utopias e desejos humanos. Por isso, o horizonte que se descortina na vivência sacramental é antropoteológico, envolvendo o homem em todas as suas direções.

---

[1] Mestre em teologia pela Pontifícia Faculdade de Teologia Nossa Senhora da Assunção, São Paulo (hoje integrada à PUC-SP). Presbítero da diocese de Taubaté, SP.

2 - Qual o sentido antropológico da Eucaristia?

Presente realmente no sacramento da Eucaristia, Cristo leva a comunidade a comungar sua vida e seu destino. Ao redor da mesa, os fiéis se reúnem para fazer memória, isto é, para recordar e atualizar a história da vida, da paixão, da morte e da ressurreição do Senhor.

Em certo sentido, todos os sacramentos conduzem à Eucaristia. É à sua luz que batismo, confirmação, reconciliação, matrimônio, ordem e unção dos enfermos devem ser compreendidos. Por isso, a Eucaristia é "fonte e ápice" da vida sacramental cristã.[2] Toda a vida cristã culmina para o momento da memória da solidariedade de Deus para conosco em Cristo morto e ressuscitado, e também da mesa, da partilha e da solidariedade entre nós mesmos. À mesa os cristãos se reúnem para partilhar a plenitude dos mistérios de Cristo; à mesa os homens são convocados a se reunirem para exercer a fraternidade. A celebração da presença real de Cristo em sua comunidade, através de seu Corpo e de seu Sangue, é o ponto culminante da vida da Igreja, ao mesmo tempo que ponto de partida para a vivência e para a missão.

A Eucaristia como celebração é um ritual que manifesta a presença de Cristo na proclamação da Palavra, na fração do pão, na bênção do cálice, no coração da comunidade reunida. Pensar esses elementos simultaneamente articulados à luz da fé e da existência humana é a finalidade deste capítulo.

1. Pensar a Eucaristia antropologicamente

A possibilidade de pensar antropologicamente a Eucaristia deriva da fisionomia antropológica da teologia como tal. As pesquisas de cientistas modernos tornam possível afirmar que o pano de fundo de toda ciência, até mesmo da mais objetiva delas, é a antropologia, pois o investigador sempre se projeta subjetivamente sobre suas conclusões. Nesse sentido, a teologia, e principalmente ela, não é exceção.

---

[2] Cf. *Sacrosanctum concilium* 10.

Osmar Cavaca

Hoje se fala com tranquilidade em antropologia teológica, e com seus pressupostos básicos se podem analisar temas teológicos sem ferir a epistemologia de uma ciência ou de outra. Karl Rahner já havia dito que

> a teologia dogmática deve tornar-se hoje uma antropologia teológica; esse antropocentrismo é necessário e fecundo. Não devemos considerar o problema do homem nem a resposta a esse problema como área diferente, material e localmente dos outros domínios da expressão teológica, pois abrange toda a teologia dogmática... Desde que se considere o homem como absoluta transcendência orientada para Deus, o antropocentrismo e o teocentrismo da teologia não se contradizem, mas formam rigorosamente uma única e mesma coisa (expressa a partir de dois pontos de vista). Não é possível compreender um dos dois aspectos sem o outro.[3]

E acrescenta Hannah Arendt, para tomar um testemunho fora do convívio tradicional teológico, que "a questão da natureza do ser humano não é menos teológica do que a questão de Deus".[4]

Mas se se pode chegar a tais conclusões sem muita crise é porque a encarnação do Filho de Deus permite fazê-lo. Em Jesus, Deus e Homem, mais que a plenitude da revelação do mistério de Deus, consegue-se visualizar a autocomunicação total de Deus. Ou seja, na mediação da humanidade, Deus se entregou em Jesus de Nazaré; nele Deus e homem se fazem transparentes um ao outro.

Impactados pela experiência de Jesus ressuscitado, os primeiros cristãos viram nele alguém que os ajudava a decifrar o mistério de Deus e o deles mesmos. Diante dele a morte se desfazia de qualquer ameaça existencial, e a vida adquiria um sentido de plenificação; sua ressurreição ates-

---

[3] RAHNER, Karl. *Teologia e antropologia.* São Paulo: Paulinas, 1969, p. 13.
[4] ARENDT, Hannah. *A condição humana.* São Paulo: Forense Universitária, 2001, p. 45.

2 - Qual o sentido antropológico da Eucaristia?

tava que o humano era vocacionado a participar definitivamente da vida de Deus (cf. 2Pd 1,4). Em Jesus ressuscitado revelava-se todo o sentido da vida humana e do mundo criado. Nele encontraram o sentido de suas vidas e de tudo o que existe (cf. Ef 1,23; 4,10; Cl 1,19; 2,10). Ele é o *novissimus Adam* (1Cor 15,45), pois inaugura uma nova criação, revelando-lhe antecipadamente seu sentido.

Os cristãos reconheceram Jesus de Nazaré como sendo a proposta mais nítida, evidente e definitiva de Deus, razão por que, para eles, Jesus é o sacramento por excelência de Deus. Mas, ao mesmo tempo, viram nele a resposta mais generosa, mais coerente, mais verdadeira que um homem poderia dar a Deus. Por isso, ele é também sacramento por excelência do homem, pois guardava em si as qualidades humanas mais verdadeiras; nele se revelou o humano em sua mais profunda radicalidade. Essa dupla sacramentalidade faz dele o referencial de Deus para nós e o referencial de nós para Deus, de tal modo que, a partir de Jesus, o divino e o humano encontram uma morada comum, possibilitando à teologia desdobrar-se sempre antropologicamente.

Ainda que tente se radicalizar na mais pura teologia, o homem só pode falar de Deus através de um discurso humano. "[...] Na luta para exprimir as verdades espirituais, o gênio da religião sempre teve que fazer uso da linguagem da carne e do sangue, derivada da realidade física e material."[5] O ser humano só pode compreender Deus a partir de si mesmo, enquanto sujeito de uma história, com seus sentidos e circunstâncias.

Na mesma dinâmica, o Deus que livremente se revela, em um processo que se desenvolve em sentido descendente e contrário, fala linguagem humana, entra no mundo sensorial, perpassa as mediações de que ele dispõe. Por causa da encarnação de Deus no tempo da história, a validade dos símbolos e das mediações mundanas está garantida.

---

[5] CENTRAL CONFERENCE OF AMERICAN RABBIS. *A Hagadá de Pessach*. 2 ed. Caçapava: Editora B'nai B'rith, 1990, p. 6.

Se a humanidade, frágil como é, torna-se mediação para a autocomunicação de Deus, o que dizer da fragilidade dos elementos com os quais se faz a Eucaristia? Entre os sacramentos talvez seja este aquele que detém simbologia de maior fragilidade. E, no entanto, é nessa fragilidade que o Senhor entrega seu maior dom. Desde que o Senhor se faz presente e chama à comunhão através da fragilidade aparente desse sacramento, pode-se falar desse mistério antropologicamente, pois ninguém pode sentir e experienciar a simultaneidade entre a grandeza e a pequenez da Eucaristia como o homem.

Em Jesus o homem se reconhece em sua abertura máxima para a plenitude e entende que só pode realizar-se em Deus. É a mesma dinâmica da eucaristia. Deus se torna visível no sacramento, na matéria transubstancializada que se densifica do poder da divindade.

2. Bases antropológicas do "específico" da Eucaristia cristã

O homem religioso entende que o sagrado, de forma misteriosa, pode manifestar-se em realidades profanas. A dinâmica que estabelece relacionalidade entre o sagrado e o profano é justamente aquela do sacramento. O profano se reveste de uma força, energia, poder e realidade que vêm do sagrado. Também a vida humana, assim relacionada com Deus, pode tornar-se sacramental.

A fé cristã não destruiu esse sentido religioso simbólico do homem universal; a liturgia eucarística atual é impregnada de símbolos: sinais, cruz, ritos, gestos, vestes, posições, velas, cores, música, aclamações... Assentada sobre tais bases, o sacramento da Eucaristia lhes dá, porém, um sentido novo.

É considerando suas raízes na simbólico-antropológica, religiosa e universal, que se pode entender melhor o que é especificamente original no sacramento da Eucaristia: ele consiste na celebração da oferenda perfeita do próprio Cristo a seu Pai. E por isso se faz também oferenda dos cristãos que se inserem nesse sacrifício de Cristo. Dessa forma, a Eucaristia se faz fonte de comunhão com Deus Trindade, com a humanidade e também com o cosmos.

2 - Qual o sentido antropológico da Eucaristia?

São particularmente os aspectos de sacrifício e de refeição que possibilitam sentir, simultaneamente, aproximações e distanciamentos entre o universal e o original antropológicos da Eucaristia. A simbologia do sacrifício religioso e da refeição sagrada se encontra praticamente em todas as culturas tradicionais. O judaísmo foi a ponte que trouxe essa simbólica para dentro da vivência cristã.

2.1. Eucaristia como sacrifício

A Teologia das Religiões mostra que o rito humano fundamental é o sacrifício. O homem sempre julgou necessário e bom oferecer à divindade alguma dádiva, visando, com isso, agradecer um benefício recebido, pedir perdão por seus erros, aplacar a ira da divindade... Em geral se trata de primícias (os primeiros frutos, a primeira colheita, o primogênito do rebanho, a primeira presa da caça...), das quais uma parte é oferecida aos deuses e a outra consumida pelos que prestam culto, relacionando, portanto, sacrifício e refeição.

Pois bem, a tradição apostólica interpreta o acontecimento eucarístico em perspectiva sacrifical (cf. 1Cor 5,7; 1Pd 1,19; Hb 9,12; 10,19; Jo 19,31), acrescentando a ela o penhor da esperança. Por isso fala em sacrifício eucarístico. Suas origens mais próximas são as figuras do Antigo Testamento, particularmente naquelas do sacrifício do cordeiro pascal (cf. 1Cor 5,7). Mateus (26,28) e Marcos (14,24) chegam a retomar a expressão textual de Êx 24,8. Para dizer que Jesus é o novo e definitivo cordeiro pascal, João lembra que ele foi crucificado no dia em que os cordeiros eram imolados e oferecidos em sacrifício no templo (Jo 18,28b;19,31.42).

O sacrifício de Cristo na cruz aconteceu uma única e definitiva vez, e por ele o mundo foi redimido. A Eucaristia é o sacramento que renova indefinidamente esse sacrifício de Cristo na cruz. As duas situações se diferenciam apenas na maneira com que o sacrifício é oferecido. Na cruz, Cristo é imolado de forma cruenta, num real derramamento de sangue e despedaçamento do corpo; o sacrifício eucarístico, por sua vez, acontece de modo ritual e incruento, sem derramamento de sangue. Na cruz é o corpo de Jesus que é crucificado e seu sangue que é derramado; na Eucaristia, corpo e sangue são oferecidos sob as espécies sacramentais de pão e de vinho.

As religiões primitivas desenvolveram também o sacrifício propiciatório, quando a vítima sacrificada tinha um papel de substituição. Os pecados daqueles que ofereciam o sacrifício eram transmitidos ao animal que ia ser oferecido, de modo que seu sacrifício resultava em perdão dos pecados para os oferentes. Além do oferecimento de vítimas, o sacrifício podia consistir em forma de encenações cultuais, carregadas de simbolismos referentes a acontecimentos dramáticos do passado, que explicam e tornam saudáveis as funções vitais da comunidade que sacrificava...

A tradição bíblica veterotestamentária refere-se frequentemente a tais sacrifícios e oblações (cf. Lv 1–3; Êx 29,36ss.), com referências explícitas a expiação dos pecados do sumo sacerdote, da Assembleia de Israel, de um chefe, de um homem do povo; fala de sacrifícios de reparação, de comunhão, de sacrifícios com louvor, de sacrifícios votivos ou voluntários, da parte da vítima que cabe aos sacerdotes. É sobretudo o livro do Levítico (cf. Lv 4–7) que estabelece as regras gerais para essa forma de culto a IHWH (*Adonai*).

Na Eucaristia é sobretudo o verbo *dar* que confere caráter sacrifical ao sacramento: "Isto é o meu corpo dado por vós" (Lc 22,19). A consagração do vinho é ainda mais indicadora nesse sentido, uma vez que, inclusive, repete alguns termos que aparecem na aliança de Deus com Moisés (cf. Êx 24,8). Também em João (6,51), a dimensão sacrifical é nítida quando Jesus fala do pão que vai doar como sua própria "carne".

Finalmente, em Mateus 26,28 a dimensão expiatória ou propiciatória do sacrifício aparece de modo muito incisivo, quando fala em sangue derramado "para a remissão dos pecados".

2 - Qual o sentido antropológico da Eucaristia?

Além disso, porque Eucaristia encerra o oferecimento de Cristo no calvário, encerra também a resposta do Pai a esse sacrifício: a ressurreição. Por isso, o corpo e o sangue de Cristo oferecidos a Deus no sacramento são o corpo e o sangue de Cristo crucificado e ressuscitado. Corpo e sangue oferecidos na cruz e animados por um novo modo de existir, razão por que se tornam alimento, refeição e penhor de vida futura para os que acreditam e celebram.

Os cristãos participam do supremo sacrifício de Cristo quando inserem sua vida toda (trabalho, oração, estudo, compromissos, gestos humanistas, empenho pela justiça, esmola, ajudas etc.) no sacrifício único e definitivo.

2.2. Eucaristia como refeição

Os povos antigos costumavam fazer das refeições comuns momentos densos de simbolismo, carregado de expressões de comunhão, de amizade ou mesmo de inimizade, de sectarismos e preconceitos em relação aos que não pertenciam ao grupo.

É preciso recorrer aos reflexos sacrificais mais arcaicos do ser humano para entender a simbologia eucarística da refeição, mais concretamente do comer e do beber. Nesse sentido, comer e beber são gestos ambíguos, pois, nesse arcaísmo, cultivam sentimentos simultâneos de destruição e de amor. Era com a intenção de assimilar a heroicidade dos inimigos que os guerreiros antigos comiam o coração ou o cérebro e bebiam o sangue dos valentes vencidos. Para ser bem compreendida a entrega de Cristo como alimento (cf. Mt 26,26-28), precisa-se considerar esse dado arcaico do comportamento humano.

Vem à tona, então, a concepção do símbolo, que originariamente consistia num objeto quebrado em várias partes, por ocasião de um contrato. Os parceiros ou seus descendentes (cf. Tb 5,1-3) recebiam os diferentes pedaços e se reconheciam mais tarde pela possibilidade de reconstituírem (*symbolon = syn + ballein* = juntar) a peça na originalidade de outrora. Assim, no sacrifício, os deuses e as pessoas humanas se tornavam parceiros, pois "juntavam" existencialmente as partes da realidade sacrificada. Ao participar comendo parte desse conjunto, o crente torna-se parceiro da divindade; entra em comunhão com ela, com sua bênção, com sua força.[6]

Ora, a Eucaristia cristã está diretamente ligada a uma dessas refeições, a última Ceia de Jesus (cf. 1Cor 11,20), que os sinóticos costumam relacionar a uma interpretação pascal (cf. Mc 14,12; Mt 26,17; Lc 22,7.15). Isso significa que o sacramento deixado por Cristo, como mistério de sua presença entre os seus, manifesta-se em raízes claramente humanas. Assim, o pão simboliza os alimentos que sustentam o homem, e o vinho aparece sempre relacionado com a festa, e por isso com a alegria, a gratuidade.

Na comunhão com os deuses, nas práticas rituais antigas de refeição, o símbolo da comida relaciona-se com necessidades inconscientes que o humano tem de assimilação do divino. A Eucaristia tem também essa dimensão antropológica, expressa nas palavras de Pedro: "a fim de que assim vos tornásseis participantes da natureza divina" (2Pd 1,4).

A Eucaristia é o Banquete do Reino, símbolo ligado a comida e bebida. Mas o Reino é o próprio Jesus; por isso, oferece seu corpo e seu sangue como comida e bebida do Reino. Comer e beber o banquete do Reino, isto é, receber o corpo e o sangue de Cristo, significa receber um penhor da vinda escatológica do Reino e tornar-se participante do poder do Reino que é Jesus.

A Eucaristia é a primeira etapa e o centro da vida espiritual do Reino inaugurado por Jesus. Quando a Páscoa estiver enfim concluída, então será a plenitude do Reino e se revelará tudo o que a Eucaristia agora

---

[6] É nesse sentido que Roger Haight apresenta Jesus como "símbolo de Deus", isto é, categoria que exerce função mediadora em ambas as direções: atrai a consciência humana para Deus e medeia a presença de Deus ao espírito humano (HAIGHT, Roger. *Jesus, símbolo de Deus*. São Paulo: Paulinas, 2003, Prefácio, p. 13).

2 - Qual o sentido antropológico da Eucaristia?

anuncia e prefigura: "Eu vos digo: desde agora não beberei deste fruto da videira até aquele dia em que convosco beberei o vinho novo no Reino do meu Pai" (Mt 26,29).

Em vez de narrar a instituição da Eucaristia, João prefere falar de Jesus como Pão da vida (Jo 6,34s.), pois ele é Palavra de vida e vítima, cujo corpo e sangue são oferecidos pela vida do mundo (cf. Jo 6,51-58). Ou seja, a vida que Deus Pai lhe comunica pela geração eterna, Cristo a partilha com os homens na Eucaristia.

3. Constantes antropológicas derivadas dessas vertentes

A Eucaristia é veiculada entre os cristãos através de um relato do tipo daqueles que os antropólogos convencionaram chamar de mito, este entendido em seu sentido original e estrito, como uma narrativa fundadora transmitida de geração a geração.[7] Dessa forma o mito está relacionado com o tempo. Assim nos relatos eucarísticos sempre encontramos expressões que localizam temporalmente a Ceia eucarística de Jesus. Os sinóticos a localizam "no primeiro dia dos ázimos" (Mc 14,12; Mt 26,17; Lc 22,7), dando depois outros elementos cronológicos mais objetivos: "quando se imolava a Páscoa (...). Ao cair da tarde... quando estavam à mesa... Enquanto comiam..." (Mc 14,17.18.22); "Ao cair da tarde... Enquanto comiam" (Mt 26,20.26); "Quando chegou a hora..." (Lc 22,7.15). Paulo apresenta a temporalidade em relação direta com a paixão: "Na noite em que foi entregue..." (1Cor 11,23).

A determinação fundacional traz ao mito outro elemento antropológico importante: ele não pode ser posto em dúvida; crê-se nele simplesmente porque ele é o relato fundador. Assim, a Eucaristia, desde os primórdios da Igreja nascente, é celebrada inquestionavelmente pelos cristãos (cf. At 2,42).

---

[7] BIDOU, P. Mythe. In: BONTE, P.; IZARD, M. *Dictionnaire de l'ethnologie et de l'anthropologie.* Paris: 1992, p. 498-500.

O uso do pão e do vinho, na simbólica do mito, explica-se pelo fato de o mito se reger por uma ordem metafórico-metonímica,[8] na medida em que junta elementos de níveis diferentes dissociados na vida real. Dessa forma, a Eucaristia une, em um mesmo mistério, pão e corpo, vinho e sangue, palavras humanas e Palavra divina.

De tais pressupostos antropológicos básicos, emerge a originalidade antropológica da refeição sacrifical: a historicização atual do mito (relato) que a sustenta, a face do Deus do sacrifício-refeição, as consequências éticas que daí derivam e o caráter de resposta (troca simbólica) que ela contém.[9]

3.1. Uma nova compreensão de tempo histórico

As características do relato mítico universal mostram-se presentes também em várias passagens bíblicas, mas, como dissemos, em grande originalidade: elas aí se encontram historicizadas. O Deus da Bíblia é um Deus da História, um Emanuel (cf. Is 7,14; 8,8; Mt 1,23), por isso, toda a sua ação se reveste de historicidade atual e permanente. Para o judeu, quando Deus dá sua palavra, ele a dá para sempre; não a retoma de novo; ela não pode jamais se anular; é sempre historicamente atual, porque inscrita no tempo e na eternidade; a Palavra era ontem, é hoje e será sempre (cf. 1Cr 16,15-17).

A essa impostação antropológica original do tempo histórico, a tradição cultural judaica denominou de *zíkkaron;* em grego, *anàmnesis.* Em nossa língua, "memória", de que deriva a concreção ritual do *memorial.*

O fato determinante dessa consciência da eterna e atual fidelidade de IHWH (Adonai) desdobra-se do acontecimento pascal do Êxodo,

---

[8] CHKAUVET, Louis-Marie. Abordagem antropológica da Eucarista. In: BROUARD, Maurice (org.). *Eucharistia:* enciclopédia da eucaristia. São Paulo: Paulus, 2006, p. 30.
[9] Ibidem, p. 21.

2 - Qual o sentido antropológico da Eucaristia?

fato antigo, mas sempre de novo atualizado pela palavra no ritual da celebração litúrgica: "Este dia será para vós um memorial, e o celebrareis como uma festa para IHWH (Adonai); em vossas gerações a festejareis; é um decreto perpétuo" (Êx 12,14). Não apenas se relembra ou se recorda a fidelidade passada do Deus da Aliança, mas se entende que ela continua presente e agindo, pois a palavra libertadora de Deus não volta atrás. Como memorial, a páscoa é, ao mesmo tempo, recordação, ação de graças e súplicas ao Senhor Adonai (Ihwh), para que seja sempre fiel assim. É uma referência litúrgica ao passado, ao presente e ao futuro. Por isso, os relatos bíblicos, pela palavra e pelo ritual, tornam-se *zíkkaron*, memória do gesto salvífico de Deus. Assim, o presente é sempre tempo dinâmico de salvação.

A celebração eucarística é resposta à ordem de Cristo que diz: "Fazei isto em minha memória" (Lc 22,19; 1Cor 11,24). Fazer memória ou celebrar como memorial supõe a crença num fato já acontecido, outrora realizado, e que possui valor permanente. Mas o sacrifício não é repetido, não é multiplicado, não é uma nova realidade, mas é o único e eterno sacrifício que se atualiza e se torna presente no sacramento.

O memorial não se deixa esgotar pelo rito e pela ação humana, tentação que arrancou severas críticas dos profetas (cf. Is 1,11s.; Jr 7,21s.). O memorial não se esclerosa em materializações, em coisificações; não é encenação, mas acontecimento, vivência.

A morte-ressurreição de Cristo acontecida de uma vez por todas (cf. Hb 10,10-18); uma vez por todas porque perfeita, e por isso estende-se do passado ao presente e ao futuro. Ela se atualiza todas as vezes que se faz memória desses fatos na liturgia. No momento presente da celebração, reúnem-se passado e futuro. Na celebração do memorial de Cristo já se está antegozando a realização escatológica da realidade sacramental (cf. SC 8). Assim é que "toda vez que se come deste pão, toda vez que se bebe deste vinho (*presente*), recorda-se a paixão de Jesus Cristo (*passado*) e fica-se esperando sua volta (*futuro*)".

Portanto, celebrar o memorial eucarístico é lembrar-se da morte de Cristo, atualizá-la, participar dela nos confrontos da existência, em vista do retorno de Cristo. O memorial não é saudosismo, mas abertura à riqueza da vida presente e das promessas futuras, pois "a Eucaristia nos ensina que a fidelidade ao passado é o futuro".[10]

O memorial eucarístico efetua-se visivelmente pela proclamação da palavra, pelas orações de louvor e de ação de graças, pela bênção sobre o pão e sobre o vinho, por sua partilha. Ao mesmo tempo em que é lembrança (*anàmnesis*), o memorial é *epíclesis*: apelo ao Espírito, que vai tornar plenamente presente a realidade anunciada pela *anàmnesis*.

A Eucaristia renova o sacrifício-banquete de Cristo e por isso concede ao mundo uma contínua possibilidade de recriar-se continuamente, releitura singular da compreensão mítica do "eterno retorno". Em Cristo ressuscitado emerge a nova criação, que dá sentido novo ao "faça-se" de Gênesis, agora interpretado na perspectiva do Ressuscitado. Ao Deus da criação, portanto, corresponde o Deus do apocalipse; à primeira criação corresponde à verdade da nova criação. "Nosso mundo é atravessado e trabalhado por duas energias de complementaridade: uma energia inicial da qual tudo recebe sua orientação e uma energia final que lhe confere sua plenitude de sentido."[11] À imagem de Cristo "Alfa e Ômega" (cf. Ap 1,8; 21,6; 22,13), que é "antes de tudo" o mistério eucarístico, acrescenta com Paulo: "tudo nele subsiste" (Cl 1,17), numa nova contribuição à concepção de historicidade.

3.2. Uma nova compreensão de alteridade

A identidade de uma pessoa tem as coordenadas fora dela. Não é tanto seu primeiro nome que conta, mas é o sobrenome que a identi-

---

[10] JOHANNY, Raymond. *A Eucarista:* caminho de ressurreição. São Paulo: Paulinas, 1977, p. 102.
[11] Ibidem, p. 41.

2 - Qual o sentido antropológico da Eucaristia?

fica, define sua família, sua origem... É de fora da pessoa, do diferente, do outro, que vem o impulso, provocação e desafio para que ela seja, pois sua identidade "não está totalmente dada (como a existência), mas está para ser feita".[12]

A raiz etimológica de *pessoa* ajuda a entender isso. *Per-sonare*, "soar através de", exige uma outra realidade que não apenas o si mesmo, realidade essa pela qual se possa repercutir e ressoar; pede um outro para o qual o som que ressoa possa ser ouvido e tenha sentido.

O pensamento pós-moderno tende a confundir e a identificar autonomia humana com individualismo. Não é difícil perceber que tal redução conduz inevitavelmente a uma tautonomia destrutiva. O outro (*alter, héteros*) – longe de ser um inimigo – é aquele que, porque é outro, leva a pessoa a sair de si mesma, conduzindo-a à autoconstrução.

> Ninguém se constrói nem se compreende só diante de si próprio, na solidão. Precisamos ser arrancados, chamados, interpelados... Não somente para saber que somos (existência), mas o que somos (identidade). E para poder, com base nisso, construir verdadeira autonomia, que sempre é de diálogo.[13]

Mas, para o humano, o outro humano não é jamais suficientemente outro; os humanos são semelhantes; têm muito em comum; não são radicalmente diferentes entre si. Por isso ninguém é capaz de satisfazer a sede de alteridade de outra pessoa; não pode identificá-la plenamente, pois sempre tem algo que é reflexo dela; não é a alteridade radical de que outro necessita.

Apenas à medida que o homem se abre para fora de si, em direção transcendental, ele encontra uma alteridade capaz de dar sentido pleno à alteridade humana: a alteridade de Deus.

---

[12] GESCHÉ, Adolphe. *O sentido*. São Paulo: Paulinas, 2005, p. 45.
[13] Ibidem, p. 49.

Da mesma forma, quando o sujeito é um grupo relacional, a comunhão não constitui um dado automático. Também ele, para ser comunidade, precisa da alteridade radical. Só ela pode conferir-lhe novos parâmetros e conduzi-lo à verdadeira comunhão. Relações humanas sem Deus dificilmente conseguem ser duradouras. Solidão individual ou solidão grupal; egoísmo pessoal ou egoísmo coletivo... são experiências similares que sinalizam insuficiente alteridade. Deus é não só o *Outro de mim*, mas é o *Outro de todos nós*. É ele quem salva o humano de sua tautonomia narcisista individual ou comunitária:

> Verificou-se, de tempos em tempos, que os seres humanos creem ou cultivam a ilusão de esgotar o sentido de seus relacionamentos em suas relações pessoais específicas... Entre os seres humanos, mesmo quando nem desconfiam, insinua-se, inevitavelmente, um *tertium*, que constitui o fundo que, como toda experiência religiosa, dá seu sentido e seu sopro aos gestos (e) palavras deles.[14]

Diante da alteridade radical, o homem experimenta o descentramento de si mesmo e a centração nela, o que a tradição cristã chama de fé. Então, a comunhão, antes impossibilitada pelo encontro na simples alteridade humana, torna-se agora possível no encontro com a alteridade absoluta, com o Totalmente Outro, com Deus.

Afirma Albert Camus que "se Deus não existe, nada é permitido".[15] Isto é, o homem não existe, pois é Deus a alteridade radical, que faz o ser humano ser radicalmente aquilo que é chamado a ser. A consciência humana emerge de um chamado, identificado nos relatos bíblicos da criação (Gn 1) pelos imperativos de Deus, que chama o homem à existência: "façamos", "sede fecundos, multiplicai-vos, enchei a terra e submetei-a; dominai sobre os peixes do mar".

---

[14] GARGANI, A. L'experience religieuse comme événement et interpretation. In: DERRIDA, J.; VATTIMO, G. *A religião:* o seminário de Capri. São Paulo: Estação Liberdade, 2000, p. 139.

[15] CAMUS, A. *Carnets*, vol. II. Paris: Gallimard, 1964, p. 155.

2 - Qual o sentido antropológico da Eucaristia?

São intervenções ao molde de imperativos-chamados que suscitam a vida em sua identidade e responsabilidade. Por si só ela não se sustentaria; não é a tautologia que caracteriza a identidade e autonomia humanas. Essas se confirmam e se expandem à medida que o homem cresce na relação heterônoma, com plenificação possível na relação com Deus.

Também a Eucaristia é chamado que se manifesta através de imperativos: "tomai e comei" (Mt 26,26); "bebei dele todos" (Mt 26,27); "tomai, isto é o meu corpo" (Mc 14,22); "tomai isto e reparti entre vós" (Lc 22,17); "fazei isto em minha memória" (Lc 22,19b). Por esse chamado que dá origem ao sacramento de sua presença, Cristo dá ao ser humano uma identidade de filho – que se alimenta da vida do Filho de Deus – e de irmão – que se compromete com o pão na mesa do próximo. Por essa razão, a Eucaristia tem uma dimensão ética: a relação entre as diferenças estabelece a possibilidade da comunhão. A tautonomia de um espírito egocêntrico e narcisista, que impede a pessoa de ser filho no Filho e irmão no Irmão Jesus, abre-se à heteronomia do espírito da comunhão, da filiação e da fraternidade com sua mais radical expressão na teonomia.

3.3. Uma nova compreensão de Deus

Os homens de todos os tempos pensaram em Deus como alteridade absoluta, o grande Outro, e se voltaram para ele, perguntando-lhe quem era. A pergunta de Moisés sobre a identidade do Deus ("Qual é seu nome?": Êx 3,13b) atualiza-se nas interrogações do salmista angustiado, do místico inebriado, do filósofo inquieto, do homem pós-moderno, fragilizado e ansioso.

Como criança amedrontada, o homem tem mostrado receios de que Deus o ameace em sua independência, liberdade, realização... Mas todo esse receio não é senão expressão da permanente interrogação, talvez a mais fundamental de todas, do homem sobre si mesmo. O fundamento da rejeição moderna é uma maneira de afirmação do humano. Na justa tentativa de salvar a autonomia humana, que é a existência da pessoa por ela mesma, o ateísmo contemporâneo nega a teonomia, ou seja, a heteronomia de Deus.

> Não que acreditemos que Deus exista, mas pensamos que o problema não é o de sua existência; é preciso que o ser humano se encontre e se persuada de que nada pode salvá-lo dele próprio, mesmo uma prova válida da existência de Deus.[16]

Ou: "A consciência moral (isto é, o ser humano) morre em contato com o Absoluto".[17]

A incapacidade do homem moderno de "captar" Deus não está tanto na infinitude de um mistério que lhe escapa, mas no fato de que o procura "onde" não está. O Deus da Bíblia tem um "onde", tem um "nome", e essas categorias precisam ser bem-articuladas para que Ele possa "ser encontrado".

Enquanto os homens se referirem a Deus como essência, realidade absoluta e um ser solitário em seus próprios poderes, nunca poderão compreendê-lo. No máximo, ser-lhes-á possível admitir sua existência, mas jamais amá-lo e adorá-lo verdadeiramente, como é o sentido do verdadeiro conhecimento.

É a partir da experiência libertadora do êxodo, iniciada e conduzida pelo próprio Deus, que o judeu começa a conhecê-lo e a pensar nele como Criador de tudo o que existe e de toda a humanidade. O Deus bíblico se dá a conhecer na história, na economia salvífica... É sua presença sentida e experimentada nos momentos mais cruciais do povo que permite pensá-lo e teologizá-lo.

---

[16] SARTRE, Jean-Paul. *O existencialismo é um humanismo*. São Paulo: Nova Cultural, 1987.
[17] MERLEAU-PONTY, Maurice. *Sens et non-sens*. Paris: Nagel, 1948, p. 121.

2 - Qual o sentido antropológico da Eucaristia?

A incapacidade humana de ir a Deus já foi provada existencialmente, e os mitos antigos (Prometeu, Sísifo, Ícaro, Terra sem Males...) são relatos que testemunham o fracasso humano de chegar à divindade. Deus, então, é sempre o Inatingível, o Inominável...

No entanto, Deus parece querer mostrar o contrário... Sabiamente ele vem, debruça-se (*hanan* é o verbo hebraico para designar esse gesto) sobre a história humana e revela-se como *hesed* – Deus mesmo em atitude de generosidade que ultrapassa o inesperado (cf. Êx 34,6-7).

O momento alto da surpreendente revelação de Deus acontece quando, dir-se-ia, exagerado em seu amor pelo criado, inclina-se (*hanan*) de tal modo sobre o mundo que tanto ama (Jo 3,6) que se "despenca" sobre ele, na encarnação do Verbo e na manifestação do Espírito Santo.

Para não aniquilar a criação com sua presença, o processo divino de inclinação exige de Deus um empobrecimento. Então aquele que é plenamente abertura na relação intratrinitária se faz plenamente abertura na economia da salvação pelo esvaziamento. A história de Jesus e a história do Espírito são histórias do esvaziamento de Deus. É esse Deus que nem sempre o homem moderno e pós-moderno tem conseguido compreender. É simples demais, excessivamente pobre e esvaziado para que possa ser divino! Um Deus assim não cabe na lógica do poder do homem que precisa da absolutez, do poderio, da racionalidade lógica de um Deus para se autoafirmar.

Assim também o Deus que a Eucaristia revela não é o deus da absolutez e do fechamento em seu próprio poder, como o fiel da pós-modernidade preferia que ele fosse. Esse deus não existe. Não é um deus que desfila e exibe o poderio de sua glória, humilhando a pequenez humana. Mas o Deus que prefere manifestar-se na história tal como é em seu mistério: comunidade de amor. Por isso, para fazer também com os homens essa comunidade de amor, entra na história pela via da *kénosis* (Fl 2,6). O Deus da Eucaristia é o Deus da "tríplice *kénosis*", na expressão de Adolphe Gesché:[18] *kénosis* da Trin-

---

[18] GESCHÉ, Adolphe, op. cit., p. 68.

dade, pois a Eucaristia abre o mistério de Deus para que o homem dele faça parte. *Kénosis* da criação, pois a Eucaristia devolve ao humano sua vocação original de comunhão com Deus e com o próximo. *Kénosis* da encarnação, pois a Eucaristia é a realidade visível do esvaziamento assumido pelo Verbo quando abriu espaço em si mesmo para o humano que se tornou. De modo que a grandeza de Deus consiste em poder ser pequeno sem deixar de ser Deus. Assim é que a Eucaristia mostra a verdadeira face do Deus que se faz pequeno no pão e no vinho, para que o homem perceba que é chamado a ser grande com ele. Como testemunha Bernanos,

> Senhora, se o nosso Deus fosse o Deus dos pagãos e dos filósofos (para mim é a mesma coisa), poderia realmente refugiar-se no mais alto dos céus, que nossa miséria o precipitaria daí. A senhora, porém, sabe que o nosso se antecipou. A senhora poderia mostrar-lhe o punho, cuspir-lhe no rosto, flagelá-lo com varas e, finalmente, pregá-lo numa cruz, qual o problema? Isso já foi feito, minha filha![19]

Reconhecendo a situação humana paradoxal de anseio de transcendência e de impossibilidade de ascender a ela, Deus se abaixa. E na medida em que se deixa confrontar com ele,[20] o humano vê consolidada sua identidade e autonomia. Adolphe Gesché lembra que a palavra latina *transcendens* é um particípio ativo: revela não só a identidade de um Deus que está infinitamente além de suas criaturas, mas também sua economia para com elas: Deus é aquele que *torna* o outro transcendente; de modo que, na relação e comunhão com Deus, o humano é elevado, participando de sua transcendência; de modo que "o homem eucarístico é o homem repleto da humanidade de Deus e irradiante de sua divindade".[21]

---

[19] BERNANOS, Georges. *Diário de um pároco de aldeia*. São Paulo: Paulus, 2000, p. 209-210.
[20] Adolphe Gesché refere-se à identidade humana como confrontação com Deus (cf. op. cit., cap. 2, p. 45-75).
[21] JOHANNY, Raymond, op. cit., p. 201.

2 - Qual o sentido antropológico da Eucaristia?

É sobretudo na vitalidade transcendente eucarística que se pode entender o que a patrística grega, desde o século IV, queria significar com *theopóiesis*, ação de Deus que "*diviniza*" o humano, e o que Santo Tomás indicava quando se referia à vida na graça como "nova maneira de existir" como um *esse divinum*.[22]

3.4. A cumplicidade eucarística

A historicidade do memorial, a consciência da alteridade hominizante, o encontro com o Deus que se apequena fazem emergir da Eucaristia a cumplicidade fraterna. A fidelidade de Deus celebrada no sacramento não para de colocar o cristão frente à realidade, e não cessará de interpelá-lo enquanto o mundo inteiro não for recapitulado em Cristo; é assim que se devem entender os apelos de Cristo em Paulo, em sua 1Cor 11,25-27. Portanto, da Eucaristia nasce uma ética cujo sentido real deriva da consciência da alteridade e da responsabilidade em face do outro.

Comungar (*communicare*) é fazer de Cristo o próprio projeto de vida, que inclui Deus e a história, de modo que tudo aquilo que caracterizou a existência dele (entrega, doação, compromisso, perigo, perseguição, morte...) passa a caracterizar também a vida daquele que o celebra no sacramento.

Situando a pessoa no âmago do processo da redenção realizada por Cristo em seu favor, a Eucaristia desperta na pessoa uma potencialidade comportamental que liberta a si e ao outro, o que se pode chamar de ética eucarística. Ao celebrar o memorial da passagem de Cristo da morte para a vida, o cristão se torna, também ele, sacramento de libertação.

Mas uma libertação eucarística assim plena e totalizante só pode ser vivenciada como utopia. Porque significa o encontro de duas energias (a de Deus e a do homem) em um único compromisso libertador, diz-se que a verdade eucarística é, simultaneamente, plena e perfeita e ainda por

---

[22] In: *II Sent.*, d. 26, q. 1, a. 4, ad. 3 e 3; a. 5, ad. 17; a. 6 e ad. 3 e 4.

acontecer. A utopia mobiliza todas as energias humanas para a realização dessa perfeição na realidade presente. A Eucaristia é vivência utópica antecipada e atesta que essa plenitude é possível e que, por isso, é preciso começar comprometer-se desde agora.

3.5. *Uma nova compreensão de "troca simbólica"*

A simbólica eucarística do sacrifício, da oferenda de si próprio, está primeiro presente nas entranhas inconscientes do relacionamento do humano com a divindade. Quando finalmente se cristianiza, a dimensão sacrifical adquire singularidade sem par. Amplia o conceito antropológico "troca simbólica" em duas direções.

Em uma primeira direção, ela se explica pela consciência de que o sacrifício de Cristo, celebrado pelos cristãos no sacramento, caracteriza o dom em sua definitividade: "Ele não precisa, como os sumos sacerdotes, oferecer sacrifícios a cada dia, primeiramente por seus pecados e depois pelos do povo. Ele já o fez uma vez por todas, oferecendo-se a si mesmo" (Hb 7,27). De modo que o sacrifício oferecido pelos cristãos é um sacrifício-resposta: "o dom ritual é invertido em contradom, e a noção de sacrifício é a indicação metafórica (sacramental) do 'verdadeiro sacrifício', o qual é existencial: o de uma ética de ágape enraizada no dom que Cristo faz de si e tornada 'espiritual' pelo Espírito",[23] de modo que na liturgia o que acontece é a relação entre o dom eterno e definitivo que vem de Deus por meio da entrega de seu Filho e a resposta humana do contradom,[24] resposta não sacrifical, mas existencial.

À diferença das práticas sacrificais das religiões, em que o oferente se faz "corpo sacrifical" apenas temporariamente, o crente cristão é convidado a consagrar a Deus toda a sua vida e por todo o sempre: "Exorto-vos, portan-

---

[23] CHAUVET, Louis-Marie. Abordagem antropológica da Eucaristia. In: BROUARD, Maurice (org.), op. cit., p. 35.
[24] NEUSCH, Marcel. *Le sacrifice dans les religions.* Paris: Beauchesne, 1994, p. 117-138.

2 - Qual o sentido antropológico da Eucaristia?

to, irmãos, pela misericórdia de Deus, a que ofereçais vossos corpos como hóstia viva, santa e agradável a Deus; este é o vosso culto espiritual" (Rm 12,1). Além disso, nas outras religiões apenas aquele que renuncia é chamado a se oferecer; já no cristianismo, a exigência é para todos. Ou seja, a Eucaristia coloca a pessoa em comunhão com o "sacrifício imutável" (Hb 7,24) de Cristo, por isso a leva consequentemente a fazer de sua vida também um sacrifício espiritual aceitável a Deus (cf. 1Pd 2,5). Esse é um primeiro sentido de "troca simbólica" derivada do sacramento da Eucaristia.

A "troca simbólica" já era uma intuição comum no pensamento de apologetas cristãos no século II que diziam que Deus não precisa de oferendas humanas; ele não precisa de nada, menos ainda de sacrifícios: "Se Deus solicita aos homens uma oblação, é em benefício daquele que o oferece, isto é, do homem [...]; aquele que oferece é glorificado naquilo que oferece, se seu presente é aceito".[25] O Prefácio Comum IV, conforme o Missal Romano, expressa a mesma ideia com outras palavras: "Ainda que nossos louvores não vos sejam necessários, vós nos concedeis o dom de vos louvar. Eles nada acrescentam ao que sois, mas nos aproximam de vós, por Jesus Cristo vosso Filho e Senhor nosso".[26] Deus é "vontade querente" (chamado) da "vontade querida" humana (resposta), como diria Blondel.[27] Ou seja, a iniciativa salvífica dele pede resposta humana, também salvífica.

A causa celebrada é dom que vem de Deus e que pede do homem, como resposta, um contradom. A apropriação se dá na desapropriação. Esse é o sentido da oferenda que o judeu faz das primícias da terra a ele entregue pelo Senhor Adonai (Ihwh). Através delas, Israel oferece a Deus a própria terra que dele recebera, juntamente com seus frutos, o suor de seu trabalho. As realidades se juntam metonimicamente nas primícias e são oferecidas a Deus (cf. Dt 26,10); e nesse gesto todos são chamados à alegria, sobretudo os pobres, as viúvas e os estrangeiros (Dt 26,11).

---

[25] IRINEU DE LION. *Adversus haereses*, livro IV: 17, 1; 18,1.
[26] *Missal Romano*, prefácio do tempo comum IV.
[27] Apud Adolphe GESCHÉ, op. cit., p. 67.

Na compreensão desse redimensionamento do verdadeiro sentido das oferendas, a reforma litúrgica derivada do Vaticano II evita a palavra "ofertório" para não dar a entendê-lo como oferecimento a Deus de algo que se tem. Ao contrário, o dom é Cristo, e é esse dom que precisa ser centralizado nesse momento da Eucaristia. O pão e o vinho não são ofertados, mas apresentados a Deus, que os criou, para o sacrifício de Cristo. Os cristãos oferentes respondem a esse dom com a entrega de si mesmos a Deus.

Mas a categoria da "troca simbólica" na Eucaristia tem um segundo sentido, derivado desse primeiro: o sacrifício a Deus oferecido transforma-se em oferenda ao pobre, ao necessitado, ao desprovido. Deuteronômio 26,12-15 testemunha esse deslocamento solidário. Ao falar em consagração das primícias a Deus, estranhamente o autor sagrado refere-se a ela como ajuda ao próximo: "quando tiveres acabado de separar todo o dízimo de sua colheita e o tiveres dado ao levita, ao estrangeiro, ao órfão e à viúva para que comam e fiquem saciados em tuas cidades".

Assim, embora não dependa da vivência ética para se constituir, esta integra a realidade eucarística. O memorial da paixão, morte e ressurreição de Cristo teoricamente envolve o crente de tal maneira que se sente impulsionado a participar da mesma entrega de Cristo ao Pai e da mesma partilha de vida com os irmãos. É a forma como oferece a Deus as primícias da "nova terra" da salvação à qual ele agora chegou.

Portanto, a oferta a Deus só tem sentido quando a ela corresponde uma atitude ética de solidariedade e de compromisso com o próximo. Os profetas em Israel e, depois, toda a tradição cristã sempre foram muito críticos diante daqueles que oferecem dádivas a Deus sem a correspondente partilha com os pobres, pois, como diz Santo Irineu, "o sacrifício verdadeiro" é "a comunhão com o próximo" e "o temor de Deus".[28]

---

[28] Irineu de Lion. *Adversus haereses*, livro IV: 18, 3.

2 - Qual o sentido antropológico da Eucaristia?

Conclusão

Fechando esta reflexão, parece ser possível compreender a teologia eucarística como leitura que o homem faz de sua existência a partir do mistério de um Deus que se entrega e se imola por seu bem e salvação, e que o chama à comunhão e à felicidade sem fim pela participação em seu processo pascal. Ela ganha profunda significação se pensada com os paradigmas da antropologia. Não só porque a Eucaristia é presença de Deus e alimento *para* o homem, mas também porque ela é presença e alimento enquanto possibilidades humanas de livre acolhida e aceitação.

Essa verdade exige do homem uma atitude de vida consoante ao espírito eucarístico que celebra. A fidelidade de Deus que o memorial celebra suscita a fidelidade do homem. Portanto, pensar antropologicamente a Eucaristia é comprometer-se com a vivência do espírito eucarístico no aqui e no agora. É assim que a Igreja não somente vive *do* sacrifício, mas vive também permanentemente *no* sacrifício.

A Eucaristia é encarnação continuada, garantia da fidelidade de Deus, e mostra que, para o Deus bíblico, transcendência e compromisso com a história humana são diretamente proporcionais. Buscar compreender esse mistério é dispor-se a lê-lo com olhos simultâneos da teologia e da antropologia. Por isso, a Eucaristia não pode ser fechamento espiritual em uma vida tranquila de intimidade com o Senhor, em esquecimento da realidade humana. Afinal, ela existe para a vida do mundo, para a vida dos homens.

Referências bibliográficas

ARENDT, Hannah. *A condição humana*. São Paulo: Forense Universitária, 2001.

BERNANOS, Georges. *Diário de um pároco de aldeia*. São Paulo: Paulus, 2000.

Bidou, P. Mythe. In: Bonte P.; Izard, M. *Dictionnaire de l'ethnologie et de l'anthropologie.* Paris, 1992.

Brouard, Maurice (org.). *Eucharistia:* enciclopédia da eucaristia. São Paulo: Paulus, 2006.

Camus, Albert. *Carnets.* Vol. II. Paris: Gallimard, 1964.

Central Conference of American Rabbis. *A Hagadá de Pessach.* 2 ed. Caçapava: Editora B'nai B'rith,1990.

Derrida, Jacques; Vattimo, Gianni. *A religião:* o seminário de Capri. São Paulo: Estação Liberdade, 2000.

Gesché, Adolphe. *O sentido.* São Paulo: Paulinas, 2005.

Haight, Roger. *Jesus, símbolo de Deus.* São Paulo: Paulinas, 2003.

Iréné de Lyon. *Contres les heresies IV.* Paris: Cerf, 1965 (Sources Chrétiennes 100/II).

Johanny, Raymond. *A Eucaristia:* caminho de ressurreição. São Paulo: Paulinas, 1977.

Merleau-Ponty, Maurice. *Sens et non-sens.* Paris: Nagel, 1948.

Neusch, Marcel. *Le sacrifice dans les religions.* Paris: Beauchesne, 1994.

Rahner, Karl. *Teologia e antropologia.* São Paulo: Paulinas, 1969.

Sartre, Jean-Paul. *O existencialismo é um humanismo.* São Paulo: Nova Cultural, 1987.

3 – Os presbíteros: funcionários ou profetas?

A dimensão profético-existencial do ministério presbiteral

José Knob[1]

Introdução

O sacerdote é, por definição, mediador entre Deus e os homens. Isto é comum a todas as religiões. Em Israel não foi diferente. Mas aqui essa mediação, confiada a partir de certo momento a tribo de Levi, conheceu uma evolução que acabou marcando profundamente a concepção cristã do ministério. Pretendemos discorrer brevemente sobre essa evolução, porque a nosso ver ela ajuda a entender a situação do ministro ordenado na Igreja de hoje e sugere uma nova concepção em relação à concepção tradicional.

A constituição dogmática *Lumen gentium* quis mudar a concepção tradicional da Igreja como sociedade perfeita e substituí-la pela de "Povo de Deus", e isto logo no *Capítulo 2*, antes do capítulo sobre a Hierarquia. Era o sinal de uma mudança. Essa mesma Constituição valorizou novamente a função profética do ministro ordenado, nomeando-a diversas vezes em primeiro lugar. Preferiu inclusive a linguagem presbiteral à lingua-

---

[1] Mestre em teologia pela Pontifícia Universidade Gregoriana de Roma. Cursou psicologia e ciências da educação na *Université Catholique de Louvain*, Lovaina (Bélgica). Religioso presbítero da Congregação dos Padres do Coração de Jesus (dehonianos).

3 - Os presbíteros: funcionários ou profetas?

gem sacerdotal. Era uma mudança considerável em relação à concepção tridentina que havia definido o ministério ordenado pelo poder sobre o corpo eucarístico de Cristo.[2]

Essa concepção tridentina do ministro ordenado como sacerdote sacramentava uma longa tradição marcada pela sacerdotalização do ministério ordenado, deixando em segundo plano, senão deixando até se perder, a função profética. Cristãos eram ordenados para o serviço do altar e não para o serviço da Palavra.

Sacerdócio e profetismo: duas funções difíceis de conciliar. A história é testemunha disso tanto em Israel quanto no cristianismo. Mas é na superposição dessas duas funções, a profética e a cultual, que está o ideal do ministro ordenado, como o mostra a tradição bíblica e mais recentemente a teologia do ministério elaborada pelo Concílio Vaticano II.

É hora de recuperar a função profética do ministério, seja ele ordenado ou não. E isso por diversas razões: a descristianização do primeiro mundo, a secularização que campeia por toda parte, a necessidade de uma evangelização na América Latina, que nunca aconteceu senão superficialmente. Devido à falta do anúncio da Palavra de Deus e do testemunho profético a Igreja tem perdido sua força. É preciso que a Igreja seja sacramento histórico da salvação. Não basta administrar sacramentos no interior das igrejas para ser sacramento de salvação e de unidade de todo o gênero humano.[3]

Assim sendo, o sacerdócio tal como pensado e vivido hoje, deve ser repensado. Repensado e entendido no estilo de Jesus Cristo, que, embora fosse leigo, se tornou sacerdote por sua vida de oblação; de Paulo, leigo também ele, que prolongou em sua vida o sacerdócio de Jesus, não por força de alguma ordenação ou porque presidia ocasionalmente a Euca-

---

[2] O Concílio de Trento, em sua 23ª sessão, diz que pelo sacerdócio foi dado aos apóstolos e seus sucessores o poder de consagrar, oferecer e administrar o corpo e o sangue do Senhor, assim como o de perdoar ou reter os pecados (DZ 1764).

[3] "A Igreja é em Cristo como que o sacramento ou o sinal e instrumento da íntima união com Deus e da unidade de todo o gênero humano" (*Lumen gentium* 1; daqui adiante LG).

ristia, mas porque também ele fez de sua vida uma oblação, sendo que seu sacerdócio consistiu no serviço ao evangelho. Portanto, seja no caso de Cristo como no de Paulo, vem primeiro o sacerdócio da vida (dedicação, oblação) e depois o sacerdócio do culto (sacrifício eucarístico).

Paulo repassa seu ministério aos presbíteros, incumbindo-os de dirigir as comunidades, preservar a Tradição Apostólica e dar testemunho da Palavra até o martírio se for o caso (cf. At 20,28-38). Vemos, pois, que o ministério do Novo Testamento não nasce em torno do altar, mas em torno do governo das comunidades (preservar sua apostolicidade) e do anúncio da Palavra.

Embora o ministério eclesial possa e deva assumir diversas formas conforme os tempos e lugares, é bom e mesmo necessário voltar à concepção neotestamentária do ministério – ou melhor, dos ministérios –, porque havia de fato uma multiplicidade de serviços ministeriais numa Igreja toda ela ministerial. Ora, o NT é lugar de confronto e diversidade necessários (cf. 1Cor 12,4-11; Ef 4,11-12; 1Tm 3,1-13 e 5,17-22). Tal multiplicidade é desejada também para a Igreja de hoje: "A diversidade de carismas, ministérios e serviços abre o horizonte para o exercício cotidiano da comunhão, através da qual os dons do Espírito são colocados à disposição dos demais, para que circule [em todos] a caridade (cf. 1Cor 12,4-12)".[4]

1. Do levitismo ao profetismo

1.1. O sacerdócio levítico

Moisés havia recrutado os servidores da arca entre a tribo de Levi e, depois da instalação em Canaã, foi dessa tribo que foram escolhidos os sacerdotes dos diversos santuários. Dt 33,8-11 é um texto clássico a respeito do sacerdócio levítico: os sacerdotes deviam zelar pela Aliança e

---

[4] *Documento de Aparecida* 162. Cf. ainda *Apostolicam actuositatem* 2 e 18; *Puebla* 244.

3 - Os presbíteros: funcionários ou profetas?

observá-la; instruir o povo sobre a Lei de Deus (função mais tarde assumida pelos escribas e doutores da Lei); serem ministros do altar (oferecer sacrifícios); invocar a bênção sobre os sacerdotes-levitas e, de outro lado, a maldição sobre seus adversários.

À diferença das outras religiões, em Israel, a tarefa de oferecer sacrifícios não estava em primeiro lugar; mais importante era a adesão pessoal a Javé e à revelação de sua vontade. Viver a constituição da Aliança e colocá-la sempre diante dos olhos do povo era a tarefa principal do sacerdócio levítico (uma teoria que, na prática, não funcionou). Era assim que os sacerdotes de Israel deveriam exercer a mediação entre Deus e o povo.

Os sacerdotes eram separados do povo para funções que os leigos não podiam usurpar sob pena de morte (cf. Nm 18,7). Daí as grandes exigências impostas aos levitas e as advertências que lhes dirigem os profetas por causa de suas transgressões morais (cf. Os 4,10s.; Ml 2,8s.). Em Malaquias 2,5-6 temos a concepção tradicional do sacerdote: Levi voltado para Deus e cheio do sentimento de sua transcendência. Além disso, uma vida virtuosa e um autêntico conhecimento da Lei. Por isso mesmo ele conseguia converter a muitos.

1.2. Os profetas e o sacerdócio

O sacerdócio levítico que deveria garantir a mediação entre Deus e os homens fracassou porque os sacerdotes se desligaram do povo e se tornaram meros funcionários do sagrado, a serviço de uma religião formalista e ritualista: oferecer sacrifícios. Ao mesmo tempo, o povo, por sua vez, foi afastando-se dos sacerdotes e se dirigindo aos profetas como intercessores e mediadores por causa de sua santidade de vida, experiência de Deus e amor pelo povo. Era uma nova forma de ser sacerdotes: sacerdotes-profetas. Essa nova forma de sacerdócio irá afirmar-se sempre mais, tornando-se, em Jesus Cristo, o protótipo do sacerdócio, porque conseguirá realizar de modo perfeito a mediação entre Deus e os homens.

Os profetas, de modo geral, eram muito reservados diante do sacerdócio tal como praticado no templo e pleiteavam uma sua renovação. Segundo Amós, Oseias, Isaías, o mais importante é observar a Aliança. Aliás, a Aliança não sublinha muito o culto como tal (cf. Am 5,21-25; Os 6,6: "Pois é o amor que me agrada, não o sacrifício: e o conhecimento de Deus, eu o prefiro aos holocaustos"). Critério para a veneração de Deus é o empenho pelos pobres e marginalizados (cf. Is 1,1ss.). Nisso a religião de Israel se distingue das religiões dos povos vizinhos que tinham como centro os sacrifícios expiatórios. Miqueias relativiza radicalmente o culto sacrificial: "Foi-te dado a conhecer, ó homem, o que é bom, o que o Senhor exige de ti: nada mais que respeitar o direito, amar a fidelidade, a aplicar-te a caminhar com teu Deus" (Mq 6,8).

A mesma crítica aos sacrifícios de animais e defesa da religião como promoção dos direitos humanos salta aos olhos em outros textos, como Jr 6,20; 7,21-23 e 14,12. Já Ezequiel 18,5-9 deixa claro que, antes de prestar culto a Deus, é preciso exercer fraternidade humana. De modo semelhante Oseias 4,4ss. critica os sacerdotes de Betel que em vez de transmitir a mensagem da Aliança – a qual incide na vida e produz vida – entregam-se a um culto sincrético e ritos orgiásticos.

Homens de uma profunda experiência de Deus podiam falar na primeira pessoa porque sua vontade coincidia com a de Deus. A partir dessa experiência, denunciavam a realeza pelo desrespeito aos direitos humanos e o culto por seu formalismo.

O sacerdócio veterotestamentário sofreu uma profunda transformação, graças, de um lado, à crítica dos profetas, e de outro, à atuação "sacerdotal" dos profetas, enquanto assumiram a função de intercessão, ou seja, de mediação. Particularmente interessantes são as figuras de Jeremias, Ezequiel e Moisés. Embora os sacerdotes não se limitassem aos ritos, é um fato que a Escritura pouco fala da pregação deles e muito da mediação dos profetas: amor ardente a Deus, amor ao povo pelo qual se sentem responsáveis.

3 - Os presbíteros: funcionários ou profetas?

Todos os profetas foram intercessores: Samuel (cf. 1Sm 7,8ss.; 12,19-23; 15,11), Elias (cf. 1Rs 17,20ss.), Eliseu (cf. 2Rs 4,33; 6,17), Amós (cf. 7,1-6), Oseias (14,2-4), Isaías (37,4). De modo especial Jeremias, Ezequiel, Moisés e o Servo de IHWH (Adonai).

Em Jeremias e Ezequiel a mediação atinge um nível dramático. Ambos veem suas vidas envolvidas pela função profética. Advogados de Deus e ao mesmo tempo advogados do povo sentem-se divididos e dilacerados interiormente.[5] Jeremias chega a amaldiçoar o dia em que nasceu (cf. Jr 20,14). Era o preço da fidelidade a Deus e ao povo.

Moisés, o maior personagem do AT, mediador da Revelação, foi também o maior intercessor. A tradição Javista fala muitas vezes da oração de intercessão de Moisés para obter a salvação do povo.[6]

1.3. O Servo do Senhor (IHWH)

Nele o profetismo torna-se claramente sacerdotal. Mais que em Jeremias e Ezequiel, a função de mediação toma conta de toda a sua existência. Sem ser sacerdote, ele desempenha a função de sacerdote, visto que oferece sua vida em sacrifício expiatório (cf. Is 53,4.10-12). O Servo de Javé se oferece voluntariamente como vítima expiatória para expiar não somente pelos pecados do povo eleito, mas pelos de muitos, isto é, por todos os homens.

Assim começa a se desvelar o desígnio de Deus. Mais que o sacrifício, Deus quer o coração do homem (cf. Sl 51,19). O sacrifício que Deus espera de seu povo é o homem inteiro. É a vida do homem que se torna um culto em toda a sua extensão e profundidade. Este é o fundamento do sacerdócio cristão, tanto comum como ordenado: a vida cristã como uma liturgia. Portanto, primeiro a vida, depois o culto.

---

[5] Veja: Jr 4,19-21; 8,18-23; 14,7-9.19-22. Es 33,1-9; 4,4-6; 13,4.
[6] Veja: Êx 8,4.8-9.25-27; 17,11-13.

José Knob

2. O sacerdócio de Jesus Cristo

Como é sabido, Jesus era leigo, líder de um movimento de leigos. Por seu nascimento pertencia à tribo de Judá e não de Levi. E, no entanto, o ministério sacerdotal da Nova Aliança tem seu fundamento em Jesus Cristo. É importante, pois, saber em que consistiu o sacerdócio de Jesus.

Nas primeiras camadas da tradição neotestamentária, Jesus não é propriamente qualificado de sacerdote. Situava-se antes na linha dos profetas. Como os profetas, Jesus proclamava a Palavra de Deus, anunciando o Reino de Deus e denunciando corajosamente as forças do Antirreino. O povo o considerava um profeta (cf. Mc 8,28 e Lc 7,16). Seus milagres faziam pensar em Elias e Eliseu quando multiplicou os pães, ressuscitou o filho da viúva de Naim e curou os leprosos (cf. Mt 14,13-21; Lc 7,11-17; Mt 8,1-4). O próprio Jesus dava a entender que se considerava profeta.[7] "Os evangelhos atestam que Jesus empreendeu uma ação sistemática, não contra a pessoa do sacerdote, mas sim contra uma concepção ritual da religião."[8] Segundo Jesus, Deus não se agrada dos sacrifícios oferecidos no templo (cf. Mt 9,11; 12,7); em vez disso prefere o amor a Deus e ao próximo (cf. Mc 12,33). A purificação do templo foi um gesto simbólico muito expressivo: expulsou do templo os animais que iriam ser sacrificados, indicando assim a necessidade de um novo culto, não mais baseado no sacrifício de animais (cf. Mt 21,12ª par.; Jo 2,14-16).

Positivamente, Jesus indicou e inaugurou um novo sacerdócio: um sacerdócio baseado na vida. Homem de uma profunda experiência de Deus e, ao mesmo tempo, próximo do povo, ao contrário dos levitas que eram ritualmente separados do povo, Jesus tinha tudo para ser um verdadeiro mediador. Seu sacerdócio era um sacerdócio da vida, porque fez de sua vida uma oblação. Levou algum tempo até que se entendesse a vida de Jesus para

---

[7] Veja: Mt 21,11-45. Lc 7,16-39. Jo 4,19; 6,14; 7,40.
[8] VANHOYE, Albert. *Sacerdotes antigos e sacerdote novo*. Santo André: Academia Cristã, 2006, p. 95.

3 - Os presbíteros: funcionários ou profetas?

os outros e a morte no Calvário como um sacrifício, porque isto não correspondia à concepção ritual do sacrifício tal como entendido na Primeira Aliança. Por isso a pregação cristã antiga, para definir a pessoa de Jesus e sua obra, recorreu não a uma linguagem sacrifical, mas sim a uma linguagem messiânica e existencial.[9]

O sacerdócio de Jesus foi um sacerdócio profético. Morreu porque levou seu profetismo até o fim. A Última Ceia foi a expressão simbólica da oblação de Jesus: fiel a Deus e a seus irmãos: "Tendo amado os seus do mundo, amou-os até o extremo" (Jo 13,1). Portanto, primeiro o sacerdócio da vida, depois o rito. A exemplo do Servo de IHWH, Jesus fez a síntese da mediação profética e sacerdotal.

Não cabe no propósito deste capítulo mostrar como na segunda camada do NT, sobretudo na Carta aos Hebreus, a obra de Cristo foi interpretada explicitamente como sacerdotal, embora superando de longe a concepção sacerdotal do AT: "Por isso Cristo diz ao entrar no mundo: Não quiseste sacrifício e oblação, mas plasmaste-me um corpo" (Hb 10,5).

3. O "sacerdócio" de Paulo e seus sucessores

A partir do que acima foi exposto a respeito de Jesus, compreende-se facilmente que também os primeiros dirigentes cristãos não tenham sido designados com uma linguagem sacerdotal. Os textos falam de apóstolos, diáconos, servidores, inspetores, presbíteros, líderes, evangelistas, doutores etc. O NT atesta uma multiplicidade de ministérios, conforme a situação e as necessidades das diversas igrejas. Em meio à atuação de líderes e serviços mais destacados todos eram responsáveis. É o que hoje se chama e deseja: Igreja-comunhão. Oxalá a Igreja encontre também hoje formas de ministérios para atender e envolver a todos na evangelização. Nem Paulo se entende como sacerdote. Mas na Carta aos Romanos ele escreve:

---

[9] Cf. idem, p. 99.

> Entretanto, para reavivar as vossas lembranças, eu vos escrevia trechos com certa ousadia, em virtude da graça que Deus me deu de ser ministro de Jesus Cristo junto aos pagãos, consagrado ao ministério do Evangelho de Deus, a fim de que os pagãos se tornem uma oferenda que, santificada pelo Espírito Santo, seja agradável a Deus (Rm 15,15s.).

E em Fl 2,17: "E mesmo que meu sangue deva ser derramado em libação no sacrifício e no serviço de vossa fé". Já em 2Tm 4,6 lemos: "Quanto a mim, eis que já fui imolado em libação e o tempo de minha partida chegou".

Resulta claro, a partir desses textos, que o ministério sacerdotal do apóstolo consiste no anúncio do evangelho. Neste serviço ao evangelho, o próprio apóstolo torna-se uma oferta sacrificial. Como Jesus, Paulo é sacerdote pela vida, dedicada à evangelização. Por aí se vê também como o serviço sacerdotal do apóstolo se distingue do sacerdócio pagão e mesmo judeu, realizado no culto. Enquanto os sacerdotes judeus e pagãos exercem seu sacerdócio no templo oferecendo sacrifícios, o apóstolo o exerce pregando e vivendo o evangelho. Paulo fala em nome de Cristo, como embaixador de Deus (cf. 2Cor 5,20). Assim, através do serviço apostólico de Paulo, Cristo se torna presente, a si mesmo e seu sacrifício, da mesma maneira como quando a *ekklesía* se reúne para a Ceia do Senhor, anuncia sua morte e o torna presente (cf.1Cor 11,26).

O serviço de Paulo ao evangelho o introduz também na paixão e na morte de Cristo. O sacrifício de Jesus se torna presente não somente por meio do evangelho, mas também nas fadigas apostólicas e nos sofrimentos por causa do evangelho. Assim o serviço sacerdotal de Paulo acontece também através de sua conduta irrepreensível, na renúncia ao sustento pela comunidade, na ascese e na renúncia ao matrimônio para estar totalmente disponível. Mas, sobretudo, o apóstolo torna presente o sacrifício de Jesus Cristo, aceitando obediente como parte da paixão de Cristo as tribulações internas e externas por amor ao evangelho.[10]

---

[10] Veja: Fl 3,10. 2Cor 1,5.7 e 2,10ss.

3 - Os presbíteros: funcionários ou profetas?

No fim da era apostólica, acontece uma transição da Igreja apostólica para a Igreja pós-apostólica. Os colaboradores dos apóstolos dão lugar aos sucessores dos apóstolos. Não se trata propriamente de substituição de uns pelos outros, mas de um processo normal de desenvolvimento, com explicitação e evolução. Nós pouco sabemos de concreto sobre a origem do ministério ordenado. No entanto, temos uma notícia muito interessante na indicação de presbíteros por parte de Paulo (cf. At 20,17-38). Nesta designação de presbíteros-bispos, temos um gancho histórico para o que depois se chamará, distintamente, bispos e presbíteros.[11]

Paulo, prevendo seu fim próximo, convocou os presbíteros de Éfeso e lhes confiou a direção das igrejas. Essa direção é uma graça do Senhor (v. 28): consiste em um testemunho ao "evangelho da graça de Deus" (v. 24); o ministro é anunciador do Reino e deve empenhar-se pela causa de Jesus; esse testemunho pode ir até o martírio. Portanto, como observa Dianich, o ministério surgiu não em torno da mesa eucarística, mas em torno da direção da comunidade para garantir a herança apostólica. As cartas pastorais falam do "depósito", termo que indica a forma autêntica da mensagem que será garantida ao mesmo tempo pelo Espírito e por ministros idôneos (cf.1Tm 6,20s.; 2Tm 1,12-14).

Esse ministério dos presbíteros-bispos afirmou-se e evoluiu rapidamente, de modo que já no fim do primeiro século a multiplicidade dos ministérios e carismas atestada pelo NT evoluiu para uma tríade: *epíscopos*, *presbíteros* e *diáconos*, que vão concentrar funções antes exercidas por outras pessoas e formarão uma hierarquia, o que vai dar em uma clericalização dos ministérios e a correspondente concentração da ministerialidade eclesial.

---

[11] Cf. DIANICH, Severino. *Teologia del ministero ordinato*. Roma: Paoline, 1984, p. 121-129.

4. A "sacerdotalização" do ministério ordenado

O NT não fala de um vínculo entre o ministério de presbítero-bispo, de um lado, e a eucaristia, de outro. É provável que os presidentes das comunidades presidissem também a eucaristia. Também não é a presidência da eucaristia que faz do presbítero-bispo um sacerdote.

A compreensão dos ministérios não foi elaborada na perspectiva do sacerdócio; a ordenação não era vista no começo como a transmissão de um poder sagrado. Era, antes, um ato pelo qual a assembleia cristã dava a si mesma um elemento essencial de sua autenticidade e de seu testemunho, pela mediação daqueles que em seu seio exerciam um ministério apostólico.

Nos séculos III e IV, acontece uma evolução importante na concepção dos ministérios cristãos que se expressa na retomada de um vocabulário sacerdotal, fato novo na Igreja do NT. Esse vocabulário acaba por se impor e permanecer durante muito tempo, a ponto de marcar profundamente não somente as funções, mas também a vida dos ministros da Igreja. Comparados aos sacerdotes e levitas do AT, os ministros da Igreja vão formar uma casta à parte, marcados pela separação frente aos leigos. A partir daí haverá na Igreja dois grupos: clero e leigos, uma distinção estranha ao NT em que todos deveriam ser irmãos (cf. Mt 23,8).

Três causas estão na origem desse processo: 1) A referência constante ao AT convidava a pensar também o ministério do NT "conforme as Escrituras". 2) A comparação que se fazia, sobretudo após o tempo das perseguições das catacumbas, com os sacerdotes pagãos. 3) A função sociológica do presidente das assembleias litúrgicas que era essencial naquele tempo.

Como no AT os sacerdotes se tornaram, senão de direito, ao menos de fato, oferecedores de sacrifícios, assim também os do NT.

Tertuliano identifica claramente o ministério da Igreja ao sacerdócio e chama o bispo de *summus sacerdos* (título conhecido dos romanos); fala também de *sacerdotalia munera*, isto é, funções sacerdotais (linguagem estranha ao NT). A *Tradição Apostólica* de Hipólito refere-se ao sumo sacerdócio do AT para definir o ministério do bispo. Além disso, essa obra

3 - Os presbíteros: funcionários ou profetas?

consagra a existência de uma hierarquia de três graus: bispos, presbíteros e diáconos. Cipriano de Cartago é um bom exemplo desse movimento de sacerdotalização do ministério dos presbíteros que se acentua sempre mais. Santo Agostinho é discreto no uso do vocabulário sacerdotal, mas afirmou a existência de um caráter indelével, o que vai marcar profundamente a identidade do ministro ordenado como alguém configurado ontologicamente a Cristo. João Crisóstomo usa a linguagem sacerdotal com frequência e chega mesmo a redigir uma obra sobre o sacerdócio para exaltar sua dignidade.

De maneira geral, o reconhecimento jurídico da Igreja por Constantino (edito de Milão em 313) leva a uma funcionarização progressiva do clero e à constituição de um grupo clerical.

A sacerdotalização acontece na medida em que a eucaristia passa a ser considerada um sacrifício. São testemunhas disso a própria *Didaqué*, Justino, Irineu e Cipriano. Logo, quem a preside é sacerdote. Essa função do ministério vai desenvolver-se de maneira anormal. O padre-presbítero transforma-se pouco a pouco em padre-sacerdote encarregado do sagrado. Com a fundação de muitas paróquias rurais, os párocos vão desvinculando-se do bispo e do presbitério e passam a presidir a eucaristia que antes era reservada ao bispo.

Portanto, é através da eucaristia, agora considerada sacrifício, que o presbítero se torna sacerdote. E à medida que se acentua o ministério sacerdotal, passam a um segundo plano o ministério da pregação e do governo. Aos poucos, a imposição das mãos acontece não mais para criar ministros a serviço das comunidades, mas para dar a algumas pessoas o poder de celebrar a eucaristia. Tanto isto é verdade que a partir do século X o rito essencial da Ordem é a entrega da patena e do cálice. Padres são ordenados para celebrar missas privadas. Acontece um enfraquecimento da ideia de Igreja e uma privatização do ministério que passa a ser um estado de vida pessoal. O padre é agora definido em relação a Cristo e não mais em relação à Igreja.

José Knob

A evangelização, sobretudo fora das fronteiras da Igreja, pouca ou nenhuma importância passa a ter (São Martinho, bispo, foi uma notável exceção). E com uma Igreja aliada ao poder, a função profética, que segundo o testemunho da história dificilmente se harmonizava com a função sacerdotal, apagava-se sempre mais.

Nesse contexto de Igreja foi criado um expediente jurídico muito curioso: o poder de jurisdição. Uma vez que a ordenação habilitava para celebrar a missa, mas as tarefas da pregação e do cuidado pastoral não podiam ser canceladas sem atentar contra o NT, foi preciso criar outra fonte de poder: a jurisdição, que descia por degraus do papa para os bispos, párocos etc. e que habilitava para pregar e governar. Portanto, duas fontes: o poder de ordem e o de jurisdição. Situação estranha ao NT. Consequência: já que o sacramento da Ordem habilitava para celebrar a missa e este poder constituía a essência do sacerdócio, o episcopado não era tido como sacramento, pois diferia do presbiterado apenas pela jurisdição.

O Concílio de Trento não vai mudar essa concepção do ministro ordenado. Pelo contrário, em reação contra a reforma protestante vai reafirmar com veemência a dimensão sacrificial da eucaristia e o sacramento da Ordem. Lutero, como é sabido, admitia apenas o sacerdócio universal dos fiéis derivado do batismo, sem distinção entre padres e leigos. Para ele o ministério dos pastores será essencialmente o da Palavra.

Em um contexto tão polêmico como o da Reforma, era de se esperar que o Concílio assumisse uma posição de defesa e radicalizasse suas afirmações. Assim, quando se debateu o sacramento da Ordem (23ª sessão em 1563), o vocabulário assumiu um tom acentuadamente sacerdotal, mesmo se o Concílio às vezes ainda designasse o padre como *presbyter* em vez de *sacerdos* (também para distingui-lo do bispo).

A perspectiva dos ministérios exprime-se em uma linguagem homogênea, ao mesmo tempo sacerdotal/sacramental/sacrificial, com acento no poder. Esse ensinamento vai prevalecer nos catecismos e nos

3 - Os presbíteros: funcionários ou profetas?

seminários após o Concílio. Consumava-se assim, com o aval de um Concílio, a passagem de uma linguagem *presbiteral* para uma linguagem *sacerdotal*: "Há na Igreja um novo sacerdócio instituído por Cristo com o poder de consagrar, oferecer e administrar o corpo e sangue do Senhor, assim como o poder de perdoar ou reter os pecados".[12]

O "padre-presbítero" designa o "ancião" da comunidade e corresponde a uma função de sabedoria e de animação, exercida colegialmente, um ministério recebido por alguns na comunidade e para a comunidade. Essa concepção está na linha apostólica/ministerial, na qual o ministério é um serviço ou encargo, numa Igreja (*ekklesía*) mais comunitária (*koinonia*).

Já o "padre-sacerdote" designa o homem do culto, mediador entre Deus e os homens, como em todas as religiões, portanto, o detentor de uma função sagrada. O NT aplica esse vocabulário a Jesus (carta aos hebreus), de um lado, e ao conjunto dos fiéis, de outro. O padre/sacerdote tem um poder e está a serviço de uma Igreja mais piramidal, com o esquema *hierarquia* (acima) – *leigos* (abaixo).

É bom lembrar a bem da verdade que em um anteprojeto de decreto (outubro de 1562) o Concílio se propunha expor o "significado total do sacramento da Ordem", mas isso não aconteceu devido ao clima de tensões polêmicas e religiosas, com a divergência de opinião de bispos e teólogos. Se esse projeto tivesse sido levado a termo, teria podido integrar certas preocupações dos reformadores, como, por exemplo, o vínculo entre o sacerdócio comum e o ministério sacerdotal, bem como o vínculo entre o ministério da palavra e a eucaristia.

Ao abordar as afirmações de Trento, é preciso também ter presente a intenção do Concílio. Este retoma da doutrina católica aquilo que é necessário para refutar as negações protestantes ou o que permite relativizar aqueles conteúdos do ensinamento protestante que não provêm

---

[12] Cf. DZ 957.

das contribuições positivas da Reforma, mas de suas negações emprestadas quanto ao essencial aos escritos mais polêmicos de Lutero. Não se fala nem da função profética, nem do encargo pastoral dos padres, nem da relação entre sacerdócio comum dos fiéis e ministério sacerdotal, nem da articulação entre a autoridade do papa e a dos bispos.

5. O presbiterado no Concílio Vaticano II

O Concílio Vaticano II desencadeou uma reflexão crítica a respeito do grande movimento de "sacerdotalização" do ministério ordenado, fazendo sua a linguagem ministerial do NT. Ao adotar essa linguagem, o Concílio passa *do* ministério (dos bispos e dos padres) para *os* ministérios na comunidade. Essa passagem do singular para o plural é de fato muito significativa. Não obstante uma linguagem ainda vacilante, os textos do Concílio falam dos ministérios de maneira a deslocar o "centro de gravidade" simbólica: 67 vezes a palavra "ministérios" (muitas vezes ordenados); 16 vezes a palavra "ministros"; 22 vezes a palavra "sacerdócio" (de Cristo, dos fiéis, dos bispos/padres).

Na verdade, o Vaticano II não renuncia ao esquema sacerdotal, dentro do qual o ministério foi vivido e expresso durante séculos, mas prefere sistematicamente falar do ministério dos padres e do ministério pastoral dos bispos a falar do sacerdócio dos padres e dos bispos. A linha propriamente conciliar do Vaticano II não é a do sacerdócio, mas sim a do *ministério*.

Como consequência da redescoberta da originalidade dos ministérios cristãos no NT, o Concílio sublinhou também a diversidade dos mesmos: "Cristo instituiu em sua Igreja uma variedade de ministérios para o bem de todo o corpo".[13] Com essa afirmação se questionava, indiretamente, uma Igreja piramidal e autoritária, com um monopólio sacerdotal, em favor de uma Igreja servidora e pobre, mais fiel ao evangelho.

---

[13] LG 18 e 21.

3 - Os presbíteros: funcionários ou profetas?

Os carismas para os ministérios não são privilégio da Igreja primitiva, mas realidade atual, diz o Concílio.[14] Além de afirmar a participação dos leigos na tríplice função de Cristo, em virtude dos sacramentos de iniciação,[15] sublinha também a diversidade carismática[16] e a possibilidade do exercício ministerial dos leigos na Igreja.[17] O apostolado dos leigos nunca pode faltar na Igreja, pois é constitutivo e necessário à missão mesma da Igreja – afirma *Apostolicam actuositatem* 1-3 e 10.

É sintomática também a reintrodução da linguagem presbiteral no lugar da linguagem sacerdotal. Também aqui se torna manifesta a intenção de adequar-se à linguagem do NT. Nesse sentido, é interessante registrar a evolução dos títulos do que veio a ser o decreto *Presbyterorum ordinis*: "De clericis" (1962); "De sacerdotibus" (1963); "De vita et ministerio sacerdotali" (1964) e, enfim, *Presbyterorum ordinis* (votado em dezembro de 1965). Na mesma linha segue o documento n. 20 da CNBB – *Vida e ministério do presbítero*. A linguagem presbiteral tornou-se comum nos documentos do episcopado.

O movimento de sacerdotalização, que marcou por longos séculos o ministério ordenado na Igreja, chegava ao fim com o Vaticano II. O Concílio insistiu na necessidade de assumir a tríplice função: profética, sacerdotal e pastoral, por parte de todos, mas colocando a função profética em primeiro lugar. De fato lemos em *Presbyterorum ordinis* 4: "O povo de Deus é reunido antes de tudo pela palavra de Deus. [...] Os presbíteros têm como primeiro dever anunciar a todos o Evangelho de Deus". Resta esperar que os presbíteros favoreçam o devido espaço para os leigos e que estes assumam seu lugar na Igreja.

---

[14] Cf. LG 12.
[15] Cf. LG 10-12; 34-36.
[16] Cf. LG 4; 7; 12-13; 32.
[17] Cf. LG 18 e 33; *Apostolicam actuositatem* 10 e 12; *Ad Gentes* 15.

Conclusão

a) Sacerdotes profetas

Com a renovação na teologia dos ministérios ordenados, promovida pelo Vaticano II, a função profética, ou seja, o anúncio/denúncia da Palavra de Deus, voltou a seu lugar natural, o primeiro e fundamental, antes do sacramento. Com isso a Igreja começava a preencher uma lacuna que se formara durante muitos séculos.

Uma primeira expressão dessa preocupação foi o documento *Evangelii nuntiandi* de Paulo VI, publicado em 1975 com enorme repercussão no mundo inteiro. Ela chamava a atenção das igrejas para a necessidade urgente da evangelização. No n. 14 se podia ler: "A Igreja existe para evangelizar". E no n. 44 se falava que era urgente um catecumenato para numerosos jovens e adultos. Em 1979, João Paulo II escrevia na exortação apostólica *Catechesi tradendae* que muitos cristãos chegam à idade adulta como verdadeiros catecúmenos. O documento da *3ª Conferência Geral do Episcopado da AL* (Puebla) considerava um verdadeiro desafio evangelizar e catequizar a maioria que foi batizada e vive um catolicismo popular e debilitado.[18] Recentemente, o Documento de Aparecida retoma a questão e propõe uma Igreja toda discipular e missionária, no conjunto de seus sujeitos.[19] Assim sendo, o primeiro anúncio (*kerigma*) se demonstra cada dia mais necessário.[20] Esse primeiro anúncio, esquecido durante séculos de cristandade, deve levar a uma adesão explícita e pessoal a Jesus Cristo.[21] E João Paulo lamenta que muitos chegam à catequese paroquial sem uma adesão explícita e pessoal a Jesus Cristo.[22]

---

[18] Cf. *Puebla* 461.
[19] Cf. *Documento de Aparecida*, especialmente os Capítulos IV, V e VII.
[20] Como insiste *Evangelii nuntiandi* 52.
[21] Cf. *Catechesi tradendae* 19 e *Redemptoris missio* 44.
[22] Novamente, em *Catechesi tradendae* 19.

3 - Os presbíteros: funcionários ou profetas?

Anunciava-se assim um novo modelo de Igreja, não mais sacramentalista e devocionalista, com o ministério voltado em primeiro lugar à evangelização. Essa evangelização, além de prioritária, deveria ser *nova*. A terminologia já anunciada implicitamente por Paulo VI se tornava corrente.

Nova evangelização. "Nova" no ardor e "nova" no método. O mais importante era o "novo ardor", o que dizia respeito sobretudo aos presbíteros e bispos responsáveis primeiros e oficiais, porque lugares de referência para todos os evangelizadores e missionários. "Lugares de referência", porque pela imposição das mãos e pela formação teológica estavam habilitados a proclamar a Palavra de Deus e não a própria.

"Novo ardor" exprime uma experiência de Deus. A evangelização começou a ser vista como a comunicação de uma experiência de Cristo vivida pelo pregador. O kerigma cria comunhão. Ora, a Igreja é um mistério de comunhão (*koinonia*), como lemos em João: "O que ouvimos, o que vimos com nossos olhos, o que contemplamos e o que nossas mãos apalparam do Verbo da Vida [...], isto que vimos e ouvimos, nós vos anunciamos para que estejais em comunhão conosco" (1Jo 1,1-3). Deduz-se daí que a evangelização é a partilha de uma experiência, e não apenas uma informação. Informação, meramente, não gera comunhão. E não se trata de experiência qualquer, mas da experiência do "Verbo da Vida" que se quer partilhar. Natanael pergunta: "De Nazaré pode vir algo de bom?" E Felipe: "Vem e vê" (Jo 1,46). Trata-se, sim, de experiência pessoal, mas apoiada no Jesus histórico: "o que nós ouvimos, vimos e apalpamos". Afinal, "não foi seguindo fábulas habilmente inventadas que vos demos a conhecer o poder e a vinda de nosso Senhor Jesus Cristo, mas sim por termos sido testemunhas oculares de sua grandeza" (2Pd 1,16).

Cumpre observar também que o anúncio do kerigma, justamente por ser a comunicação de uma experiência, não acontece antes de tudo através da pregação ou da catequese formal, mas através do testemunho de fé ordinário e cotidiano, em forma de proximidade às pessoas, partilha das alegrias e tristezas à semelhança do que acontecia com os profetas de Jesus Cristo, de Paulo e tantos outros que eram verdadeiros sacerdotes/mediadores, porque amigos de Deus e do povo. Portanto, novamente, primeiro a vida, depois a celebração, o rito.

b) O ressurgimento do profetismo na América Latina

Depois do Vaticano II a Igreja descobriu, ou melhor, redescobriu, que o anúncio do Reino de Deus implicava também na denúncia das forças do antirreino. Anunciar a Palavra de Deus com destemor e coerência, como Jesus o fez e ensinou, implicava em denunciar e chamar pelo nome as forças do antirreino presentes nas estruturas sociais injustas e opressoras mesmo de países de tradição cristã. Isso significava romper com uma interpretação unilateralmente espiritualista e "religiosa" do evangelho, muito cara aos detentores do poder e mesmo à Igreja oficial, para se aliar aos profetas do AT que criticavam os líderes políticos pela violação dos direitos humanos e os líderes religiosos pela prática de uma religião sem empenho pelo direito e pela justiça. Ficava sempre mais claro que uma prática religiosa sem comprometimento com a justiça e o direito era alienante.

Na América Latina questionava-se uma Igreja sacramentalista e devocionalista com uma pregação sem impacto na vida real, sobretudo social e política, e lembrava-se por oportuno de que Jesus Cristo foi assassinado justamente porque levara sua luta profética até o fim. A partir de Medellín (*2ª Conferência Geral do Episcopado da América Latina* em 1968), redescobriu-se a dimensão social e política do pecado, da graça, do Reino de Deus. Daí os conflitos com o poder civil, a perseguição e o martírio.[23]

---

[23] Cumpre citar alguns nomes. Na Argentina: Enrique Angel ANGELELLI, bispo; Gabriel LONGVILLE, sacerdote; Carlos DE DIOS MURIAS, franciscano conventual; Alice DUMONT, religiosa; Armando Carlos BUSTOS, capuchinho. Na Bolívia: Luis ESPINAL, jesuíta; Maurício LEFEBRE, sacerdote. No Brasil: Tito DE ALENCAR, dominicano; Rudolf LUNKENBEIN, salesiano; Santos DIAS

3 - Os presbíteros: funcionários ou profetas?

A partir da dita Conferência se passou a fazer, à luz da fé, uma análise mais profunda da realidade global do continente, uma análise que foi como que uma chamada de atenção da parte do Senhor, para que a Igreja partisse para uma caridade mais eficaz, para que se solidarizasse mais decididamente com os pobres, ajudando-os a conseguir a libertação anunciada por Jesus. Ao mesmo tempo, a fé, além de uma adesão pessoal a Jesus (quiçá intimista e individualista), passava a ser entendida também como adesão a sua obra, tendo, portanto, uma dimensão política, comprometida e histórica.

Nesse contexto não haveria mais anúncio evangélico neutro ou "diplomático", nem salvação sem cruz. Falar como profeta é aceitar o ritmo e o destino dos profetas. Ser sacerdote numa Igreja assim é ser antes de tudo sacerdote pela vida e depois pelo rito. É entender seu sacerdócio como uma eucaristia viva a exemplo de Cristo, Paulo, Inácio de Antioquia e tantos outros.[24]

Referências bibliográficas

CELAM. *Documento de Aparecida*. Brasília: Edições CNBB, 2007.

Concílio Vaticano II. *Compêndio do Vaticano II*. 22 ed. Petrópolis: Vozes, 1991.

Denzinger, Enrique. *El magisterio de la Iglesia*. Barcelona: Herder, 1963.

DA Silva, leigo. Em El Salvador: Oscar Romero, arcebispo; José Otomano Cáceres, seminarista; Marcial Serrano, sacerdote; Silvia Maribel Arriola, religiosa; Dorothy Kazel, religiosa; Jean-Marie Donovan, Ita Ford e Maura Clarke, missionários. E muitos outros.

[24] Santo Inácio de Antioquia, prestes a ser martirizado, escreve aos romanos: "Suplico-vos, não vos transformeis em benevolência inoportuna para mim. Deixai-me ser comida para as feras, pelas quais me é possível encontrar a Deus. Sou trigo de Deus e sou moído pelos dentes das feras, para me encontrar como pão puro de Cristo" (Cartas de Santo Inácio de Antioquia. In: *Fontes da Catequese*. Vol. 2. Petrópolis: Vozes, 1984, p. 64).

Dianich, Severino. *Teologia del ministero ordinato.* Roma: Pauline,1984.

Inácio de Antioquia. Cartas. In: *Fontes da Catequese.* Petrópolis: Vozes, 1984, v. 2.

João Paulo II. *Encíclicas de João Paulo II.* São Paulo: Paulus, 1997.

Paulo VI. *Exortação apostólica "Evangelii nuntiandi".* São Paulo: Loyola, 2006.

Vanhoye, Albert. *Sacerdotes antigos e sacerdote novo.* Santo André: Academia Cristã, 2006.

4 – Qual a relevância ecumênica da Sagrada Escritura?

Uma leitura da exortação apostólica Verbum Domini

Rui Luis Rodrigues[1]

Introdução

*U*ma frase, tomada de um dos parágrafos finais da *Verbum Domini*, sintetiza de forma esplêndida esse documento e, simultaneamente, abre perspectivas para uma abordagem de sua relevância ecumênica: "Nunca devemos esquecer que, na base de toda a espiritualidade cristã autêntica e viva, está *a Palavra de Deus anunciada, acolhida, celebrada e meditada na Igreja*".[2]

A Escritura Sagrada foi extensivamente usada, ao longo da história, como motivo alegado para as divisões dentro do território comum da fé cristã. Como alguém que pertence à tradição evangélico-reformada, posso afirmar que esse era o sentido que, para nós, se escondia por trás do mote "sola Scriptura!", empregado extensamente desde as controvérsias religiosas do século XVI. É motivo de alegria, portanto, quando a leitura de um documento como a presente Exortação Apos-

---

[1] Doutor em História Social pela Universidade de São Paulo (USP) e professor de História Moderna na Universidade Estadual de Campinas (UNICAMP).

[2] *Exortação Apostólica Pós-Sinodal "Verbum Domini" do Santo Padre Bento XVI ao Episcopado, ao Clero, às Pessoas Consagradas e aos Fiéis Leigos sobre a Palavra de Deus na Vida e na Missão da Igreja*, 121 (São Paulo: Paulinas, 2011, p. 213, grifos do documento). O documento será citado como VD seguido do número do parágrafo; a referência virá, preferencialmente, no corpo do texto.

4 - Qual a relevância ecumênica da Sagrada Escritura?

tólica nos mostra, após décadas de diálogo ecumênico, a possibilidade de um encontro efetivo entre evangélicos e católicos sobre o próprio solo da Escritura.

A relevância da *Verbum Domini* não reside tanto nas afirmações diretas que o documento faz sobre a importância do diálogo ecumênico; essas afirmações, reunidas especialmente no número 46, sintetizam bem as aspirações sinceras e também as dificuldades inevitáveis, presentes no esforço ecumênico. Creio que a principal contribuição do documento para o diálogo com outras religiões cristãs reside, sobretudo, naquelas declarações que, dirigidas ao próprio ambiente católico, nos permitem refletir sobre quão próximos já nos encontramos uns dos outros. Essas declarações são ainda mais relevantes pelo fato de serem proferidas internamente e, com isso, refletirem a vivência específica da Igreja Católica; é, portanto, no próprio seio da experiência eclesial católica que nós, evangélicos, podemos encontrar através da *Verbum Domini* sinais felizes de proximidade e de concordância.

Essa meditação sobre a *Verbum Domini* se concentrará em três momentos específicos. No primeiro, "A *Verbum Domini* e o diálogo ecumênico", farei referência às observações diretas que o documento faz acerca de nosso tema; no segundo, "Aproximações", procurarei mostrar o vasto território comum que a VD nos descortina e sobre o qual podemos, católicos e evangélicos, caminhar juntos com alegria. No terceiro, "Estímulos", vou tentar ressaltar alguns aspectos mencionados no documento e que servem de encorajamento para quem, como eu, olha da perspectiva evangélica, convencido como estou de que o diálogo ecumênico só faz sentido quando nos dispomos a aprender uns com os outros. Assim, o olhar será, sempre, o de um evangélico comprometido com o diálogo ecumênico; alguém, portanto, que vive trabalhando e esperando pelo "suspirado dia em que será possível abeirar-nos todos da mesma mesa e beber do único cálice" (VD 46).

Rui Luis Rodrigues

1. A *Verbum Domini* e o diálogo ecumênico

O diálogo ecumênico se coloca como um dos pressupostos básicos do documento que estamos analisando. É quase impossível penetrar na riqueza desse documento sem perceber que ele foi composto com elevada sensibilidade ecumênica; os temas são abordados numa chave que evoca continuamente o tom do diálogo mantido com os demais setores da fé cristã ao longo dos últimos cinquenta anos. A nota de valorização do diálogo ecumênico aparece logo na abertura do documento, com a referência à presença dos Delegados Fraternos no encontro sinodal e, de forma especial, à meditação conduzida pelo Patriarca Ecumênico de Constantinopla (VD 4); esse tom reaparece, de forma emblemática, quando o documento encarece aos cristãos latinos o valor específico de devoções da Igreja oriental como as orações marianas *Akáthistos* e *Paraklésis* (VD 88).

Os parâmetros para a abordagem direta da questão ecumênica que se desenrola no número 46 da VD são, obviamente, aquelas colocadas pelo decreto do Vaticano II sobre o ecumenismo *Unitatis redintegratio* e pela encíclica *Ut unum sint*, do papa João Paulo II. Mesmo com profunda consciência das divergências surgidas ao longo dos percursos históricos, o decreto conciliar afirmara, referindo-se às Comunidades saídas da Reforma: "A vida cristã destes irmãos alimenta-se da fé em Cristo e é fortalecida pela graça do Batismo e pela escuta da Palavra de Deus".[3] A Palavra aparece, portanto, como importante ferramenta comum na construção da unidade: "a Sagrada Escritura é um exímio instrumento na poderosa mão de Deus para a consecução daquela unidade que o Salvador oferece a todos os homens".[4]

A Escritura como campo de convergência no diálogo ecumênico é mencionada também, de forma direta, na bela Carta encíclica *Ut unum sint*, do saudoso papa João Paulo II. Ali, a menção tem um caráter bastante concreto, ao se referir às traduções ecumênicas da Bíblia. "Quem recorda

---

[3] *Unitatis Redintegratio* 23.
[4] *Unitatis Redintegratio* 21.

4 - Qual a relevância ecumênica da Sagrada Escritura?

como influíram nas divisões, especialmente no Ocidente", escreve o papa, "os debates, em torno da Escritura, podem compreender quanto seja notável o passo em frente representado por tais traduções comuns".[5] Esse tom de alegre reconhecimento pelo claro avanço nas relações ecumênicas em torno da Escritura prossegue na menção às convergências litúrgicas, várias e promissoras, e alcança uma nota comovente de suspiro e expectativa, ao se referir à impossibilidade momentânea da concelebração eucarística e ao desejo ardente de que essa realidade mude no futuro: "Às vezes, parece estar mais perto a possibilidade de finalmente selar esta comunhão 'real, embora ainda não plena'. Quem teria podido imaginá-lo, há um século?"[6]

A *Verbum Domini* mantém-se essencialmente nesse diapasão. Tendo em vista seu tema específico, o número 46 começa pela afirmação da centralidade dos estudos bíblicos no diálogo ecumênico. Faz-nos pensar, com isso, numa realidade que já enche de alegria boa parte dos estudiosos da Escritura nos campos evangélico-reformados e ortodoxo-orientais: a colaboração efetiva entre teólogos das demais Igrejas com os teólogos católico-romanos, a troca frutífera de informações, um efetivo "ecumenismo de erudição" nunca foi tão real e amplo como nas últimas décadas. No entanto, o documento visa uma realidade mais profunda: não tem em mente a fraternidade entre especialistas, mas a produção da comunhão entre as comunidades cristãs:

> De fato, ouvir juntos a Palavra de Deus, praticar a *lectio divina* da Bíblia, deixar-se surpreender pela novidade que nunca envelhece e jamais se esgota da Palavra de Deus, superar a nossa surdez àquelas palavras que não estão de acordo com nossas opiniões ou preconceitos, escutar e estudar na comunhão dos fiéis de todos os tempos: tudo isto constitui um caminho a percorrer para alcançar a unidade da fé, como resposta à escuta da Palavra (VD 46).

---

[5] *Ut unum sint* 44.
[6] *Ut unum sint* 45.

Rui Luis Rodrigues

Cresce, portanto, a consciência de que, se ouvida em conjunto, com mansidão e abertura, a Bíblia deixará de ser pretexto da discórdia (posição na qual, de uma forma ou de outra, nós todos a colocamos no passado) e se revelará em seu papel efetivo de semente da unidade. Ao reportar a oração feita pelo Senhor, o evangelho joanino coloca com clareza a unidade dos discípulos, pedida pelo Senhor, como consequência dessa exposição à verdade: "Santifica-os na verdade; tua palavra é a verdade"; "Não rogo somente por eles, mas pelos que, *por meio de suas palavras*, crerão em mim: a fim de que todos sejam um" (Jo 17,20-21a).

Com profunda lucidez, a VD coloca horizontes práticos diante de nossos olhos. É preciso incentivar, na medida do possível, "o estudo, o diálogo e as celebrações ecumênicas da Palavra de Deus" (VD 46), sem, todavia, correr o risco de perturbar ou substituir a presença constante dos fiéis nas celebrações de suas próprias comunidades.[7] O alerta é extremamente bem-vindo; em nossos dias, o anseio pelo diálogo e a aproximação ecumênica, quando malcompreendidos, podem gerar cristãos confusos e oscilantes, que definem a si mesmos como "ecumênicos", mas desconhecem vínculos efetivos com a comunidade cristã. Com isso, esquecem-se de que o verdadeiro ecumenismo tem raízes eclesiais profundas e só existe a partir do compromisso visível com o corpo de Cristo. O diálogo ecumênico não é lugar para "nômades da fé", como se tal nomadismo fosse sequer possível. Somente a vivência de nossa própria realidade eclesial nos habilita ao diálogo, à troca de experiências e à construção do sonho de que a comunhão, que já é real, torne-se um dia também plena.

Outro horizonte fundamental que o documento traz para diante de nossos olhos é o da realidade dos aspectos divergentes:

---

[7] "Estas celebrações são úteis à causa ecumênica e, se vividas em seu verdadeiro significado, constituem momentos intensos de autêntica oração, nos quais se pede a Deus para apressar o suspirado dia em que será possível abeirar-nos todos da mesma mesa e beber do único cálice. Entretanto, na justa e louvável promoção desses momentos, faça-se de modo que os mesmos não sejam propostos aos fiéis em substituição da participação na Santa Missa nos dias de preceito" (VD 46).

4 - Qual a relevância ecumênica da Sagrada Escritura?

> Neste trabalho de estudo e de oração, reconhecemos com serenidade também os aspectos que requerem ser aprofundados e que nos mantêm ainda distantes, como, por exemplo, a compreensão do sujeito da interpretação com autoridade na Igreja e o papel decisivo do Magistério (VD 46).

Embora esses dois aspectos sejam mencionados a título de exemplo, eles são efetivamente básicos, visto que boa parte das divergências entre os cristãos de tradição evangélico-reformada e a Igreja Católica deriva do problema fundamental da interpretação autorizada da Escritura. A essa questão liga-se, também, a antiga problemática relativa ao lugar da Tradição e seu relacionamento com a Bíblia. Esse tema é especificamente desenvolvido pela *Verbum Domini* nos números 17 e 18; e isso, com grande propriedade teológica, logo a seguir aos números que abordam a relação entre o Espírito Santo e a Escritura (VD 15-16). A lógica do documento é clara: a ação do Espírito, pela qual efetivamente "a Palavra de Deus exprime-se em palavras humanas" (VD 15), é também presença viva na sequência da caminhada da Igreja, visto que a Tradição "progride na Igreja sob a assistência do Espírito Santo" (VD 17).

Não obstante o fato de que a interpretação autorizada da Escritura e os papéis do Magistério e da Tradição sejam temas que ainda contêm, para muitos nos campos evangélico-reformados, uma carga potencial de controvérsia, é motivo de alegria reconhecer que cada vez mais os limites históricos experimentados, durante as discussões desses assuntos no momento originário da Reforma, ficam claros para nós, observadores posteriores. No que diz respeito ao problema das relações entre Escritura e Tradição, percebe-se que o acirramento dos debates confessionais, com sua contraposição da *Sola Scriptura* à *Traditio*, ocultou a realidade histórica de que tais relações sempre foram de circularidade: os resultados do trabalho histórico-crítico obrigam-nos a reconhecer que na própria formação do texto bíblico Escritura e Tradição se interpenetram, uma vez que foi do solo das tradições orais que o texto bíblico brotou. Qualquer análise minimamente isenta dos processos canônicos em torno dos livros sagrados, por sua vez, confirmará para o estudioso protestante o fato, reconhecido pela *Verbum Domini*, de que "mediante a mesma Tradição, conhece a Igreja o cânon inteiro dos livros sagrados" (VD 17).[8]

No que diz respeito à interpretação com autoridade e ao Magistério, não creio me equivocar ao dizer que os grupos evangélico-reformados começam a se mostrar mais sensíveis às formulações e mesmo aos benefícios da perspectiva católica. Em primeiro lugar, tanto as reflexões disponibilizadas pelo Concílio Vaticano II como a produção teológica católica mais recente ajudaram-nos em grande medida a superar antigas incompreensões; nesse campo, fez-se especialmente verdadeira a expressão usada pela *Verbum Domini*, "superar nossa surdez àquelas palavras que não estão de acordo com nossas opiniões ou preconceitos" (VD 46). Simultaneamente, os protestantes têm percebido com mais clareza não apenas os danos, mas também a impossibilidade virtual de uma hermenêutica baseada na individualidade radical. Os danos são óbvios: a multiplicação de denominações, grupos e, eventualmente, seitas aos quais só com muita dificuldade se pode, mesmo em termos evangélico-reformados, antepor o designativo "igreja", visto lhes faltarem completamente os sinais da eclesialidade bíblica; a pro-

---

[8] Como excelente síntese das posturas mais recentes sobre as questões relativas ao Cânon da Escritura e ao Magistério da Igreja, ver TORRES QUEIRUGA, A. *A revelação de Deus na realização humana*. São Paulo: Paulus, 1995, p. 355-406; IDEM. *Fim do cristianismo pré-moderno:* Desafios para um novo horizonte. São Paulo: Paulus, 2003, p. 141-197 (aqui, especialmente sobre Magistério e infalibilidade). Nos segmentos fundamentalistas do protestantismo ainda se fazem esforços ingentes por encontrar as origens do Cânon no próprio horizonte apostólico, ao mesmo tempo em que se recusam os dados da análise histórico-crítica quanto à produção efetiva dos textos bíblicos; o caráter altamente manipulativo dessas tentativas, porém, fica cada vez mais evidente. Nessa linha, ver BOYCE, James Montgomery (org.). *O alicerce da autoridade bíblica*. 2 ed. São Paulo: Edições Vida Nova, 1989; RYRIE, Charles C. *Teologia Básica ao Alcance de Todos*. São Paulo: Editora Mundo Cristão, 2004, p. 117-122; GRUDEM, Wayne. *Teologia Sistemática*. São Paulo: Edições Vida Nova, 1999, p. 28-43 (estes dois últimos textos são empregados como manuais em muitos cursos teológicos evangélicos de inspiração fundamentalista).

4 - Qual a relevância ecumênica da Sagrada Escritura?

liferação de interpretações esvaziadas de qualquer conteúdo teológico sério; a falta de sensibilidade pastoral na comunicação dos resultados do trabalho exegético (fato este que provocou enormes feridas nas comunidades evangélico-reformadas europeias ao longo do século XIX, quando os primeiros resultados mais sérios do trabalho exegético histórico-crítico começaram a ser divulgados).[9] Na mente dos evangélicos, a noção de "magistério" ainda precisa ser purificada de excrescências como a ideia de um controle externo e punitivo, quase inquisitorial; por outro lado, a constatação óbvia de que algum tipo de "magistério" acabou sempre sendo desenvolvido no interior de denominações e de grupos protestantes, e diversas vezes de forma pouco pastoral, deveria levar-nos ao desejo de redescobrir a dimensão do cuidado pastoral e do zelo paterno que recobrem o autêntico exercício do magistério eclesial.

Uma imagem tomada de Erasmo de Rotterdam tem me ajudado, pessoalmente, a refletir sobre essa questão. Como se sabe, Erasmo não endossou o zelo inflamado de Lutero; para ele, o rompimento luterano feria o *consensus fidelium*, a unidade básica dos fiéis. O ideal erasmiano é sintetizado nas seguintes palavras por um de seus principais estudiosos na atualidade:

---

[9] A este respeito, vale a pena mencionar a perplexidade do grande exegeta Rudolf Bultmann ao constatar que um tema teológico difícil como o da desmitologização era levado ao público leigo das comunidades luteranas através de artigos em jornais eclesiásticos e boletins paroquiais, expondo-se assim irresponsavelmente esse público a um assunto que se encontrava fora de sua compreensão por falta de formação teológica. Ver BULTMANN, Rudolf. "Um retrospecto", in: *Crer e compreender:* Artigos selecionados, São Leopoldo: Editora Sinodal, 1987, p. 12. Em contrapartida, pensemos na lucidez com que Pierre Teilhard de Chardin enfrentou o silêncio imposto pela Igreja: "Mas, frequentemente também, as camadas profundas do organismo católico ficariam intoxicadas, se certas verdades lhes fossem brutalmente e maciçamente inoculadas. (...) [Por isso] procuro evitar o desejo de generalizar imediatamente minhas experiências e transpor, sem modificações, as minhas maneiras de ver para as células mais profundas. Poderiam algumas vir a morrer com isso e a Igreja teria razão de me fazer calar. Isto não significa duplicidade da minha parte: é respeito pela vida e pelos seus progressivos desenvolvimentos" (TEILHARD DE CHARDIN, Pierre. "Sobre minha atitude para com a Igreja oficial", in: *Mundo, Homem, Deus*. 2 ed. São Paulo: Cultrix, 1980, p. 245-246).

> [Para Erasmo] a crença estava firmemente ancorada na tradição, mas isto não significava uma ordem estática. Ela se desenvolvia no tempo, com o trabalho contínuo do Espírito Santo formando a Igreja como uma comunidade de fé. Através da concordância de homens a um só tempo eruditos e de vida pura [...] nós temos a única segurança de lermos corretamente o luminoso texto do Espírito Santo em ação no meio dos homens, o qual é a mente da Igreja.[10]

Essa ação magisterial da Igreja no escrutínio da Escritura e do operar dinâmico do Espírito Santo na história se realizava, para Erasmo, numa dimensão eminentemente pastoral, "de tal forma que as pessoas compreendam que o jugo do Cristo é doce e agradável, e não rude; que elas compreendam que encontraram pais, não tiranos, pastores, não bandidos, que elas são chamadas por eles à saúde, não forçadas à escravidão".[11]

Se é possível começar a refletir sobre temas antes tão polêmicos com o nível de serenidade que minhas observações sugerem, isso decorre em parte de uma maior clareza na análise da conjuntura histórica que ensejou a Reforma protestante, visto que nesse campo as últimas décadas assistiram à realização de excelentes estudos feitos em perspectiva histórica nos quais, felizmente, foram superados os estreitos limites das historiografias confessionais; decorre também de um novo ponto de partida, aquele de uma singular abertura às perspectivas do "outro" e de um olhar menos comprometido com a defesa das posturas confessionais. Nesse campo, a pertença efetiva a campos confessionais distintos não pode mais ocultar de nós o fato

---

[10] MCCONICA, James. "Erasmus", in: *Renaissance Thinkers*. Oxford/New York: Oxford University Press, 1993, p. 5-112, aqui p. 88.

[11] ERASMO. "Epistola ad Paulum Volsium", in: *Enchiridion militis Christiani*, saluberrimis praeceptis refertum autore Des. Erasmo Roterodamo. Eiusdem *De Praeparatione ad mortem liber*, cum alijs nonnullis. Coloniae: Apud Haeredes Arnoldi Birckmanni, Anno 1563, p. A^2-C^1 (aqui p. A^{7i}). A edição original da carta é de 1518.

4 - Qual a relevância ecumênica da Sagrada Escritura?

de que as divergências surgiram no solo da história e não são, portanto, "eternas". Rompidas as mistificações ideológicas com as quais as controvérsias foram recobertas ao longo dos séculos, resulta claro que as reformas do século XVI produziram novas configurações eclesiásticas (incluída aqui a própria Igreja Católica que emergiu do Concílio de Trento), e não qualquer "retorno" a uma "pureza perdida" da Igreja original; ao mesmo tempo, nossas raízes comuns no primeiro milênio de história cristã ficam expostas e evidentes. Nenhum grupo evangélico-reformado pode ligar-se diretamente à Igreja de Jerusalém sem passar pelo fio condutor da tradição católica comum.

Por outro lado, é significativo que a *Verbum Domini* faça referência clara a esses aspectos em que a discordância ainda assinala algum distanciamento entre nós e que tenha sido tão precisa na escolha dos exemplos a que se refere. De fato, isso nos mostra que o trabalho ecumênico não equivale a um discurso cômodo, que se atém apenas às convicções comuns, mas permite-se enfrentar, com serenidade, os assuntos que outrora nos feriram profundamente. O diálogo ecumênico não é tarefa para ingênuos, cujo otimismo apenas oculta as reais dificuldades. Todavia, a prática do diálogo efetivamente nos aproxima e permite que, com alegria, percebamos que, ainda quando persistem algumas discordâncias, não raramente o aguilhão dessas disputas já não existe mais.

É isso, aliás, que tem permitido, com intensidade cada vez maior, o trabalho em cooperação, desde os níveis mais básicos da existência eclesial até as aproximações em comissões teológicas e em iniciativas conjuntas,[12] das quais a realização de traduções ecumênicas da Sagrada Escritura é o exemplo destacado pelo documento (cf. VD 46).

---

[12] Ver em especial o que nos reporta sobre o tema a encíclica *Ut unum sint*, 71-76.

Rui Luis Rodrigues

2. Aproximações

Uma leitura atenta da *Verbum Domini* será causa de prazer para os que estão sinceramente envolvidos com o diálogo ecumênico, na medida em que o documento nos descortina o amplo território no qual já podemos caminhar com crescente unidade. A maioria das percepções a seguir apontará para realidades já presentes de longa data na convicção e na prática católicas. Destacá-las talvez seja apenas uma forma de testemunhar que, em grande medida, nosso diálogo ecumênico avançou simplesmente porque abandonamos, no trato de uns em relação aos outros, o antigo "diálogo de surdos".

É inegável a riqueza de perspectiva com que o documento se refere à *centralidade cristológica da Palavra*. Este é um tópico especialmente caro aos evangélicos, sobretudo aos que, ao longo do século XX, conseguiram superar as armadilhas fundamentalistas, com sua fixação na Escritura enquanto artefato e seu esquecimento de que, dentre os múltiplos modos pelos quais a Palavra se apresenta (em Jesus Cristo, na criação, na história da salvação, na pregação apostólica, na Escritura), a encarnação do Verbo é central. A *Verbum Domini* nos recorda a bela frase de São Bernardo de Claraval (um autor frequentemente citado por Calvino), segundo a qual o cristianismo não é religião "de uma palavra escrita e muda, mas do Verbo encarnado e vivo" (VD 7). A Palavra é central, portanto, porque Cristo é central, mas ninguém conhece a Cristo sem conhecer, nele e através dele, toda a Santíssima Trindade (cf. Jo 14,15-20). Por isso o documento principia estabelecendo o alicerce trinitário de todo o conhecimento verdadeiro de Deus: Deus se revela "como mistério de amor infinito, no qual, desde toda a eternidade, o Pai exprime sua Palavra no Espírito Santo" (VD 6). É dessa comunhão bendita que provém tudo e é a essa comunhão que a obra recapituladora do Filho nos conduz novamente. Ouso dizer que, apesar de todas as mazelas históricas que enfrentamos nos relacionamentos entre as diferentes comunidades

4 - Qual a relevância ecumênica da Sagrada Escritura?

cristãs, nada conseguiu arranhar em nós essa realidade sacrossanta: continuaremos Igreja, apesar de tudo, enquanto nos unir o rio subterrâneo da fé comum na Santíssima Trindade.

É desse caráter de centralidade cristológica da Palavra, caráter que brota da essência do mistério trinitário, que deriva o profundo apreço pela Escritura Sagrada testemunhado por todo o documento. Nada de espantoso aqui. Quem conhece minimamente a teologia católica sabe desse apreço e sabe que ele não é recente; está profundamente enraizado na teologia patrística, toda ela composta em diálogo com a Palavra ("Os Padres são primária e essencialmente 'comentadores da Sagrada Escritura'", diz-nos a VD 37). Para São Jerônimo, profusamente citado no documento, "a ignorância das Escrituras é ignorância de Cristo" (cf. VD 30). Dois exemplos podem ser destacados, dentre inúmeros outros, a fim de nos ajudar a compreender esse papel importantíssimo atribuído à Escritura.

O documento sugere – retomando a *Dei Verbum* 24 – que a "pastoral bíblica" não seja uma entre as demais pastorais, mas se configure como "animação bíblica da pastoral inteira" (VD 73). A catequese, por exemplo, como presença permanente junto ao povo de Deus, deve ser impregnada pela centralidade da Sagrada Escritura (VD 74). Trata-se de trabalho dificílimo, visto envolver tanto o conhecimento da Escritura como a percepção sensível às realidades da época e da cultura às quais se dirige o esforço catequético. A partir de seu modelo bíblico (o encontro de Jesus com os discípulos no caminho de Emaús, em Lucas 24,13-35), aprendemos que a catequese une o conhecimento dos "fatos [...] que aconteceram nestes dias" (v. 18) à disposição de percorrer as Escrituras para ver o que, nelas, diz respeito a Jesus (v. 27). A percepção do "hoje", do momento no qual se realiza a catequese e da realidade específica vivida pelos catecúmenos, que tem sido ressaltada de forma positiva e bela, no âmbito católico, pela difusão das dinâmicas que propõem a "leitura popular da Bíblia", deve ser unida à profunda preocupação com o conhecimento bíblico que a *Verbum Domini* aconselha, a fim de que essas dinâmicas gerem um impacto cada vez maior na vida de homens e mulheres sedentos pela Palavra da vida.

O segundo exemplo do elevado apreço à Escritura manifestado no documento pode ser visto na disposição para ressaltar os vínculos entre a Escritura e as ações sacramentais. "Embora no centro da relação entre Palavra de Deus e Sacramentos esteja indubitavelmente a Eucaristia, todavia é bom sublinhar a importância da Sagrada Escritura também nos outros Sacramentos" (VD 61). O texto prossegue, assinalando o papel da Escritura nos sacramentos de cura: a Palavra, afinal, é Palavra de reconciliação e também força salutar, é luz que ilumina as trevas interiores, trazendo o ser humano "à conversão e à confiança na misericórdia de Deus", e auxílio dinâmico que permite ao doente "viver com fé a própria condição de sofrimento" (VD 61). Ao tratar, posteriormente, do Cerimonial das Bênçãos (VD 63), o documento afirma que "o gesto da bênção, nos casos previstos pela Igreja e quando pedido pelos fiéis, não deve aparecer isolado em si mesmo, mas relacionado, no grau que lhe é próprio, com a vida litúrgica do Povo de Deus. Nesse sentido, a bênção, como verdadeiro sinal sagrado, 'adquire sentido e eficácia da proclamação da Palavra de Deus'". Muitos evangélicos que ainda acreditam numa oposição sumária entre gestualidade sacramental, de um lado, e proclamação da Palavra, de outro, serão positivamente surpreendidos por um estudo desses belos parágrafos.

Quantas de nossas divisões históricas se aprofundaram por causa das tópicas da *graça* e da *fé*? Sem sequer mencionar aqui os esforços que vêm sendo realizado por comissões específicas nos níveis de diálogo com as comunidades luteranas e reformadas, e que já frutificaram, como todos sabem, na forma de alguns documentos conclusivos, limito-me a ressaltar duas colocações importantes feitas pela *Verbum Domini*. Tratando da relação de aliança para a qual Deus chama o homem através de sua Palavra, o documento assim se expressa:

4 - Qual a relevância ecumênica da Sagrada Escritura?

> Não se trata de um encontro entre dois contraentes iguais; aquilo que designamos por Antiga e Nova Aliança não é um ato de entendimento entre duas partes iguais, mas puro dom de Deus. Por meio deste dom do seu amor, Ele, superando toda a distância, torna-nos verdadeiramente seus "parceiros", de modo a realizar o mistério nupcial do amor entre Cristo e a Igreja (VD 22; grifos meus).

Se estivermos dispostos a abandonar os antigos ouvidos moucos, perceberemos nessas palavras a força capaz de extinguir debates seculares sobre a doutrina da Graça. Proclamar a graça de Deus na origem da salvação humana não é apanágio dos calvinistas, mas convicção profunda que, desde sempre, integra os fundamentos da fé católica. "Assim Deus torna cada um de nós capaz de *escutar e responder* à Palavra divina. [...] Por graça, somos verdadeiramente chamados a configurar-nos com Cristo, o Filho do Pai, e a ser transformados nele" (VD 22; grifos do documento).

Essa graça abundante torna-se concreta, no indivíduo, mediante o ato de fé, o qual se acha diretamente vinculado à proclamação da Palavra. O aspecto pessoal do exercício da fé e sua relação com a pregação (*fides ex auditu*) sempre foi elemento especialmente caro aos cristãos de tradição evangélico-reformada; e é justamente essa ênfase que vemos aparecer no número 25, em que, começando por citar a *Dei Verbum*, o documento afirma: "... 'pela fé, o homem entrega-se total e livremente a Deus' [...]. *A resposta própria do homem a Deus, que fala, é a fé.* [...] De fato, é precisamente a pregação da Palavra divina que faz surgir a fé, pela qual aderimos de coração à verdade que nos foi revelada e entregamos todo o nosso ser a Cristo". São palavras que dispensam comentários. O terreno comum sob nossos pés, eu diria, é cada vez maior e mais amplo; e talvez percebamos isso porque o nevoeiro se levantou e, agora, temos vista plena dos campos sob a luz do sol.

Rui Luis Rodrigues

A escuta atenta da Palavra de Deus e sua proclamação confiante são sinais que definem a vida dinâmica da Igreja: é assim que o documento, no número 51, relê as palavras de abertura da Constituição dogmática *Dei Verbum.* "São palavras com as quais o Concílio indica um aspecto qualificante da Igreja: esta é uma comunidade que escuta e anuncia a Palavra de Deus. A Igreja não vive de si mesma, mas do Evangelho; e do Evangelho tira, sem cessar, orientação para o seu caminho." Quando recordo os debates, ásperos, sobre os "sinais da verdadeira Igreja" ao longo dos séculos XVI e XVII, percebo o quanto as próprias noções protestantes foram contaminadas por perspectivas e ênfases oriundas daquele momento histórico. Falando como membro da tradição evangélico-reformada, uma vez erguida a bruma da controvérsia, reconheço com alegria cada vez maior nesta definição dinâmica da vida da Igreja minha própria convicção.

Termino este breve apanhado do terreno de fé comum que a *Verbum Domini* nos descortina por uma referência às devoções marianas e à própria compreensão do papel de Maria na vida de fé. Eis aqui um terreno onde, imagina-se, as diferenças entre católicos, tanto latinos quanto orientais, e evangélicos aparentemente persistem. Sem dúvida continuam as incompreensões, especialmente entre os leigos ou entre pastores fundamentalistas ou de pouca formação teológica; essas incompreensões não dão conta dos grandes avanços que o diálogo tem alcançado em torno desse tema.[13] Por causa da difusão dos resultados desse diálogo, tem crescido entre os membros dos segmentos evangélico-reformados uma compreensão mais clara do olhar que a Igreja Católica dirige a Maria e tem sido crescentemente mais fácil compartilhar desse olhar. A *Verbum Domini* nos apresenta Maria, em sua abertura, docilidade e obediência, como figura da Igreja à escuta da Palavra de Deus (VD 27) e exemplo de como o agir de Deus no mundo envolve sempre a nossa liberdade (VD 28); ela é modelo de vida crente, na medida em que cada cristão que crê reproduz o milagre operado em Maria,

---

[13] Para um retrospecto, cf.: MAÇANEIRO, Marcial. Maria no diálogo ecumênico. In: *Maria no coração da Igreja,* São Paulo, 2011, p. 141-187.

4 - Qual a relevância ecumênica da Sagrada Escritura?

"concebe e gera em si mesmo o Verbo de Deus" (VD 28, tomando aqui uma referência de Santo Ambrósio). Preocupado em tornar cada vez mais clara a profunda relação entre Maria e a Palavra, o documento explora justamente esse nexo ao enfatizar a promoção, entre os fiéis, das devoções marianas (VD 88). Do ponto de vista do diálogo ecumênico, interessa-nos aqui ressaltar em especial o caráter cristocêntrico da devoção do Rosário (na medida em que ele "repercorre juntamente com Maria os mistérios da vida de Cristo", como se exprime o número 88). Com grande sensibilidade, a *Verbum Domini* orienta no sentido de que, neste particular, "o anúncio dos diversos mistérios seja acompanhado por breves trechos da Bíblia sobre o mistério enunciado, para assim favorecer a memorização de algumas expressões significativas da Escritura relativas aos mistérios da vida de Cristo" (VD 88). Tenho para mim que o aprofundamento dessas ênfases servirá, no futuro, para mudar a imagem distorcida que muitos evangélicos ainda alimentam em relação à devoção mariana.

3. Estímulos

A leitura da *Verbum Domini* não me permitiu apenas mensurar com alegria essas "aproximações", a constatação do vasto campo sobre o qual nos achamos, católicos e evangélico-reformados, cada vez mais próximos. Permitiu-me, também, sentir em diversos momentos o acicate positivo do estímulo, ao me sugerir realidades em relação às quais sinto que nós, evangélicos, permanecemos deficientes.

Referi-me, no início, ao fato de que, para mim, o diálogo ecumênico só faz sentido quando nos dispomos a aprender uns com os outros. Nesse sentido, não nos cabe nunca cobrar do outro a atitude de aprendizado; nós é que devemos assumi-la e talvez, pelo exemplo, incentivar o outro à mesma postura. Não é de hoje que sinto ter muito a aprender da sabedoria e das fontes vitais de pensamento e de espiritualidade abertas pela tradição católica.

O espaço exige de mim brevidade; darei destaque, portanto, a uns poucos elementos, dentre as diversas provocações positivas que o documento me dirigiu. Em primeiro lugar, a *Verbum Domini* destacou-me a importância da ligação entre *escuta da Palavra* e *celebração*. "Juntos escutamos e celebramos a Palavra do Senhor", diz-nos o documento (VD 4) ao descrever brevemente o ambiente da Assembleia sinodal e revelando, aqui, um vínculo central. Os números 52 a 71, por sua vez, desenvolvem esse vínculo entre escuta e celebração, ao discorrerem sobre a liturgia enquanto lugar privilegiado da Palavra de Deus. "Cada ação litúrgica está, por sua natureza, *impregnada da Sagrada Escritura*" (VD 52). Lendo esses parágrafos de enorme beleza, refleti muito sobre as perdas imensas que nós, evangélicos, sofremos nesse terreno em particular. A grande maioria das tradições evangélico-reformadas enveredou por caminhos cúlticos não litúrgicos; com isso, a atitude de celebração foi substituída, em nossas comunidades, por uma atitude de "cerebração" (com o perdão do neologismo). A necessidade de enfatizar a instrução e a catequese, premente no contexto originário da Reforma, levou-nos à substituição do altar pelo púlpito. Que belíssimo jardim, que refúgio nós perdemos, substituindo a celebração litúrgica pelo cerebralismo de algumas orações, uns poucos salmos e um sermão! Podemos agregar a essa perda, em termos mais psicológicos, uma enorme dificuldade em objetivar nossa consciência religiosa, dificuldade que somente em parte foi revertida, no movimento pentecostal, pela prática de cultos mais emocionais e participativos. Mas a beleza, o amparo e a visibilidade do gesto; a doçura do ícone, essa prova da condescendência de Deus em relação aos limites de nossa humanidade e, simultaneamente, da assunção dessa mesma humanidade pelo Verbo; essa pregação sublime que nos atinge por caminhos outros que não os da mera cognição, e que se encontra na estrutura poética e teologicamente precisa da liturgia; essas coisas nos foram tiradas, em grande medida por causa do excesso de neoplatonismo em alguns de

4 - Qual a relevância ecumênica da Sagrada Escritura?

nossos primeiros reformadores. É verdade que algumas denominações têm conseguido fazer, nesse campo, o "caminho de volta" para práticas mais litúrgicas, mas essa ainda é uma senda fechada para a grande maioria de nós.

Outro aspecto fundamental, que se ergue como uma lição, em meu entender, para nós evangélicos, é o da importância da eclesialidade enquanto espaço de escuta da Palavra. Ao tratar do ato de fé, o número 25 sublinha com razão que se trata de "um ato simultaneamente pessoal e eclesial". Entre nós, evangélicos, a ênfase na experiência individual da fé levou muitos à noção de que tal experiência é possível sem a mediação da comunidade eclesial, criando assim uma cultura de tranquila ausência de compromissos. Precisamos recuperar a dimensão de equilíbrio entre os aspectos pessoal e comunitário, na medida em que o ato de fé é aquele que me insere numa realidade coletiva, o corpo de Cristo. A preocupação central do documento em valorizar a Escritura na vida da Igreja leva-nos a refletir, também, sobre os perigos de uma abordagem individualista no trato com a Palavra. Ao abordar a *lectio divina* (VD 86-87), o documento coloca-nos um alerta importante nesse sentido, ao nos recordar que...

> [...] a Palavra de Deus nos é dada precisamente para construir comunhão, para nos unir na Verdade no nosso caminho para Deus. Sendo uma Palavra que se dirige a cada um pessoalmente, é também uma Palavra que constrói comunidade, que constrói a Igreja. Por isso, *o texto sagrado deve-se abordar sempre na comunhão eclesial* (VD 86; grifos do documento).

A falta de respeito pelo ambiente eclesial da leitura e da compreensão da Escritura está, infelizmente, na raiz de muitas divisões surgidas entre nós, evangélicos.

Conclusão

Termino com uma referência ao papel insubstituível da catequese. Abordada no documento em parágrafos que já citei anteriormente (VD 74-75), a questão da catequese me fez refletir sobre a realidade atual de largos setores da vida eclesial evangélica, em que a compreensão mais acurada da Escritura e de suas doutrinas tem sido substituída pela inoculação de doses altamente diluídas da Palavra, geralmente misturadas a pregações de natureza sensacionalista e duvidosa; por outro lado, noutros setores persiste uma doutrinação sectária, estreitamente confessional, fundamentalista e cada vez mais incapaz de dialogar com a realidade de nossa própria época – e em relação a isso eu subscreveria, de meu ponto de vista, o excelente parágrafo da *Verbum Domini* que trata da interpretação fundamentalista da Sagrada Escritura (VD 44). Entre a ausência de catequese, abundante nos meios evangélico-carismáticos, e a catequese engessada e fundamentalista, nós evangélicos precisamos encontrar o caminho que nos ajude a instilar, em nossos rebanhos, mediante a Escritura, simultaneamente o amor a Deus e o amor à vida.

A experiência de leitura e de meditação do texto da Exortação Apostólica *Verbum Domini* a partir de um viés preocupado com o diálogo ecumênico levou-me, pessoalmente, a um novo ânimo em relação às reais possibilidades que temos de, no futuro, tornarmos ainda mais efetiva nossa aproximação. O terreno comum sobre o qual nos encontramos, católicos e evangélicos, já é amplo e sólido; ao mesmo tempo, nossa percepção das diferenças e das divergências que persistem entre nós tem ocorrido a partir de um olhar francamente positivo e fraterno.

Foi no coração que, em primeiro lugar, nossa divisão começou. Foi ali que primeiro Caim assassinou seu irmão antes mesmo de levantar contra ele o braço, dando início a um caminho de atrocidades (Marcos 7,21; Gênesis 4,5b; Judas 11a). Nosso retorno à unidade começou, também, pelo coração, onde já nos encontramos convertidos uns aos outros (Malaquias 3,24). Esse é o sentido daquela "comunhão

4 - Qual a relevância ecumênica da Sagrada Escritura?

real" a que se refere a *Verbum Domini* (VD 46). O fato de ainda não ser uma comunhão "plena" não tira nada de sua realidade e se coloca, ao mesmo tempo, como horizonte de esperança diante de nossos olhos: é em direção a esse horizonte que prosseguimos caminhando.

Referências bibliográficas

BENTO XVI. *Exortação apostólica pós-sinodal "Verbum Domini"*. São Paulo: Paulinas, 2011.

BOYCE, James Montgomery (org.). *O alicerce da autoridade bíblica*. 2 ed. São Paulo: Edições Vida Nova, 1989.

BULTMANN, Rudolf. Um retrospecto. In: *Crer e compreender*: Artigos selecionados. São Leopoldo: Editora Sinodal, 1987.

CONCÍLIO VATICANO II. *Compêndio do Vaticano II*. 22 ed. Petrópolis: Vozes, 1991.

ERASMO DE ROTTERDAM. Epistola ad Paulum Volsium. In: *Enchiridion militis christiani, saluberrimis praeceptis refertum autore Des. Erasmo Roterodamo. Eiusdem De Praeparatione ad mortem liber, cum alijs nonnullis*. Coloniae: Apud Haeredes Arnoldi Birckmanni, Anno 1563, p. A^2-C^1.

JOÃO PAULO II. *Carta encíclica "Ut unum sint"*. São Paulo: Paulinas, 1995.

GRUDEM, Wayne. *Teologia sistemática*. São Paulo: Edições Vida Nova, 1999.

MAÇANEIRO, Marcial. Maria no diálogo ecumênico. In: *Maria no coração da Igreja*: Múltiplos olhares sobre a Mariologia. São Paulo: Paulinas; União Marista do Brasil, 2011, p. 141-187.

McCONICA, James. Erasmus. In: *Renaissance Thinkers*. Oxford/ New York: Oxford University Press, 1993, p. 5-112.

RYRIE, Charles C. *Teologia básica ao alcance de todos*. São Paulo: Editora Mundo Cristão, 2004.

TEILHARD DE CHARDIN, Pierre. *Mundo, Homem, Deus*. 2 ed. São Paulo: Cultrix, 1980.

TORRES QUEIRUGA, Andrés. *A revelação de Deus na realização humana*. São Paulo: Paulus, 1995.

5 – Por que a pessoa humana está no centro da moral cristã?

Uma leitura do Documento de Aparecida

Mário Marcelo Coelho[1]

Introdução

*N*os últimos anos, temos experimentado os aprofundamentos e as aplicações práticas do *Documento de Aparecida* (DAp). Como sabemos, nele há muitos e importantes temas refletidos, escritos e propostos a partir da 5ª Conferência Geral do Episcopado da América Latina e Caribe, realizada de 13 a 31 de maio de 2007.

Com esse documento os bispos querem impulsionar uma renovação da ação da Igreja, traçar linhas para dar continuidade na nova evangelização e levar os cristãos a viverem a alegria de serem discípulos e missionários de Jesus Cristo.

O *Documento de Aparecida* possui três partes, inspiradas no método de reflexão teológico-pastoral ver-julgar-agir: "A vida de nossos povos hoje" (Primeira Parte); "A vida de Jesus Cristo nos discípulos missionários" (Segunda Parte); e "A vida de Jesus Cristo para nossos povos" (Ter-

---

[1] Doutor em teologia moral pela Pontifícia Academia Alfonsiana, Roma. Mestre em zootecnia pela Universidade Federal de Lavras, MG. Mestre em teologia prática pelo Centro Universitário Assunção, São Paulo. Religioso presbítero da Congregação dos Padres do Coração de Jesus (dehonianos).

5 - Por que a pessoa humana está no centro da moral cristã?

ceira Parte). A primeira parte do documento, na perspectiva cristã de ver a realidade, destaca as grandes mudanças atuais na vida de nossos povos hoje. Na segunda parte, encontra-se o núcleo do documento que é o de revitalizar a vida dos cristãos para que permaneçam e caminhem para seguir Jesus, "o caminho, a verdade e a vida" (Jo 14,16). A terceira parte considera as principais ações pastorais como um dinamismo missionário, impulsiona uma missão continental, confirma a opção preferencial pelos pobres e promove a dignidade humana, o matrimônio e a família, a necessidade de evangelização nos novos areópagos, os desafios da pastoral urbana, das pastorais da educação e da comunicação.

1. Desafios e enfoques

O Documento apresenta alguns dos grandes desafios para a evangelização, como: levar as pessoas à adesão a Cristo; saber como as pessoas vivem esses desafios e como estão os destinatários desse anúncio. Entende--se que aderir à Pessoa de Jesus é também respeitar a dignidade da pessoa humana, "imagem e semelhança de Deus". Isso fica claro na afirmação: "Diante dessa realidade, anunciamos, uma vez mais, o valor supremo de cada homem e de cada mulher. Na verdade, o Criador, ao colocar tudo o que foi criado a serviço do ser humano, manifesta a dignidade da pessoa humana e convida a respeitá-la" (cf. Gn 1,26-30).[2]

Outro grande enfoque que destacamos é a vida em abundância. Situados em um mundo que apresenta sua bondade, beleza, mas também seus desafios, agressões, "mortes" e exclusões, o tema da vida é central nas pregações e ações de Jesus. A "vida em abundância" que Jesus veio trazer, enquanto presença do Reino de Deus na história, compõe o núcleo do tema e do texto do Documento de Aparecida. A vida é apresentada em seu sentido mais amplo, ou seja, a vida plena de Deus em todos os homens.

---

[2] *Documento de Aparecida* 387 (daqui adiante DAp).

A vida ampla envolve todo o planeta. O ser humano responsável ocupa o centro, mas não independente do que está a seu redor. Por isso toda a Criação tem valor em si mesma, exigindo-nos respeito e cuidado. A exploração descontrolada dos bens naturais ameaça a vida das pessoas e da natureza como um todo. Neste contexto

> a promoção da vida humana é o valor moral básico, ou seja, o critério referencial para a avaliação ética dos comportamentos; portanto, o ser humano vive dentro de um contexto ambiental, de uma totalidade cósmica. Preservar o meio ambiente é condição essencial de sobrevivência da humanidade; existe uma íntima interdependência entre os organismos vivos.[3]

A vida humana é defendida desde o início até seu declínio. Junto dela, está a defesa da biodiversidade, expressão do amor de Deus em toda a obra da criação. Ela deve antes ser cuidada e utilizada com responsabilidade e não explorada de forma predatória, para a promoção da vida de todos. No entanto, há algo primordial que deve iluminar tudo o que se refere à vida humana: sua inviolável dignidade à luz de Deus. A vida humana precisa ser sempre respeitada, não importando o estágio ou a condição em que se encontre.

O Documento de Aparecida fala de uma Igreja em estado permanente de missão e que o discipulado é seguimento de Jesus, enquanto continuação de sua obra, nisso consiste a identidade cristã. Ser discípulos missionários é identificar-se com a obra de Jesus, é resgatar a vida em suas diversas dimensões.

O discipulado missionário consiste em lutar a favor da vida, escolher o dom da vida na obra da Criação e, dentro dela, o dom da vida dos seres humanos, criados à imagem e semelhança de Deus, feitos filhos e filhas de

---

[3] COELHO, Mário M. Ecologia, bioética e biodireito: conceitos e interfaces. In: *Teologia em Questão* 5 (2004), p. 51-71.

5 - Por que a pessoa humana está no centro da moral cristã?

Deus no Filho e santificados no Espírito Santo, sopro da vida, é um dom a ser partilhado, a se tornar missão. Jesus, que nos traz a vida, também nos faz discípulos seus e nos envia a defender e promover a vida de todos, a resgatar a dignidade dos desfigurados como expressão do Reino de Deus.

2. A vida humana como valor moral

No contexto da fé cristã, que compreende o ser humano como criação, imagem e semelhança de Deus criador, ao ser humano, é reconhecida uma dignidade inviolável; e por isso ele é indisponível a qualquer tipo de redução à coisa.

A sacralidade da vida humana tem sua origem e razão de sua dignidade no ato criador de Deus. Mesmo para aqueles que não fazem uma leitura religiosa da vida humana, ninguém tem o direito de violar a vida do próximo. O reconhecimento da dignidade da pessoa é base para toda lei positiva e compete ao cidadão contar com a proteção das leis contra os que agridem sua vida e tentam eliminá-la.

O ser humano é o mesmo em qualquer fase de seu desenvolvimento e possui igual dignidade desde o início de sua concepção, ainda que seja embrião ou feto, portador ou não de deficiência genética e de doença incurável.

Com que coerência nos opomos às guerras, terrorismo, torturas e assassinatos, se somos coniventes com a eliminação de seres humanos inocentes e indefesos? Como defender o direito das baleias, ameaçadas de extinção, sendo indiferentes ao aborto de seres humanos? Afinal, por motivos éticos e biológicos, cremos que a vida humana é inviolável de seu início até seu declínio final.

O Documento, em se tratando da dignidade da pessoa humana, segue a mesma linha da encíclica de João Paulo II *Evangelium vitae* sobre o valor incondicional da pessoa humana: uma reflexão bioética que busca promover e defender a vida humana no reconhecimento da dignidade intrínseca da pessoa e sua integralidade em todas as suas dimensões. O que

112

confere dignidade à pessoa não são fatores vindos de fora, ou seja, não são os pais, a sociedade ou o estado, mas pela ordem da criação, o fato de ser criado já possui intrínseca a dignidade de filho e filha de Deus.

No contexto bíblico Deus sempre defendeu a vida, até mesmo do agressor. Em Ezequiel 33,11 Deus afirma: "Não quero a morte do pecador, mas antes que ele se converta e viva!" Deus protege Caim colocando nele um sinal e dizendo que quem matar Caim será vingado: "Não! Se alguém matar Caim, será castigado sete vezes mais" (Gn 4,15).

3. A defesa da vida humana na dimensão da virtude da caridade

Na 5ª Conferência está evidente que o amor se vive numa dimensão vertical, o amor a Jesus, mas também na dimensão horizontal, o amor ao próximo. O dinamismo da virtude da caridade consiste em fazer por amor o bem espiritual e corporal. A justiça visa o reconhecimento da dignidade da pessoa, a promoção do bem comum, o que se traduz no respeito e na garantia de todos os direitos para todos. A caridade exige a prática da justiça com a forma e o rigor que convém a essa virtude. O amor projeta uma nova luz sobre as pessoas e a sociedade e dá uma nova força interior na edificação da pessoa humana em sua dignidade. A caridade confirma, reforça e torna mais exigente e urgente a luta pelo direito à vida que é de todos.

A exigência primordial da caridade foi proclamada como a urgência de se criar uma forma autêntica de sociedade, baseada na dignidade da pessoa humana, na liberdade, na justiça e na solidariedade para todos, a começar pelos mais vulneráveis, e que assegure um futuro digno para toda a humanidade. Diante da exclusão, Jesus defende os direitos dos fracos e a vida digna de todo ser humano. De seu Mestre, o discípulo tem aprendido a lutar contra toda forma de desprezo da vida e de exploração da pessoa humana.[4]

_____

[4] Cf. BENTO XVI. *Mensagem para a quaresma de 2007.*

5 - Por que a pessoa humana está no centro da moral cristã?

Defender a dignidade da pessoa e a inviolabilidade de sua vida é uma ação importantíssima da caridade, que decorre da ética humana e de nossa fé em Deus, isto significa valorizar e defender a própria vida e a vida do outro. Quando o homem escolhe a vida, ele apresenta uma atitude que valoriza a vida do próximo e a própria existência.

4. Quais as exigências?

Após articular, de modo sistemático, a perspectiva cristã de ver a realidade, ou seja, um olhar de discípulos missionários sobre a vida de nossos povos hoje, o Documento retoma a pergunta de Tomé: "Como vamos saber o caminho?" (Jo 14,5) e a resposta vem do próprio Jesus: "Eu sou o Caminho, a Verdade e a Vida" (Jo 14,6). Ele é o Caminho que leva ao Pai, mas também a Verdade e a Vida, "Tu és o Messias, o Filho do Deus vivo" (Mt 16,16).[5] Na perspectiva de Jesus, Vida e caminho para a Vida fundamentam a missão do discípulo que cuida da vida e leva o outro à vida. Pela encarnação do Verbo, a Palavra feita carne (cf. Jo 1,14), verdadeiro Deus e verdadeiro homem, Deus veio ao encontro da humanidade para selar a dignidade da pessoa, do homem e da mulher criados à imagem e semelhança de Deus. A salvação trazida por Jesus em sua encarnação, morte e ressurreição concede *vida nova* a toda humanidade; é redenção oferecida que resgata a dignidade da pessoa humana.

Como seus discípulos sabemos que suas palavras são Espírito e Vida (cf. Jo 6,63.68). Com a alegria da fé somos missionários para proclamar o Evangelho de Jesus Cristo e, nele, a boa nova da dignidade humana, da vida, da família, do trabalho, da ciência e da solidariedade com a criação.[6]

No livro de Gênesis 1,26-28 o verbo "dominar" apresenta o sentido de tarefa a ser realizada ao modo de Deus (*dominus*). Deus confia ao homem uma tarefa: cuidar da criação, pelo conhecimento e cultivo; cuidar de toda

---

[5] Cf. DAp 101.
[6] Cf. DAp 103.

a criação inclusive de si mesmo. Na parábola dos talentos de Mt 25,14-30, narrada pelo próprio Cristo, Deus distribui talentos, tarefas a cada homem e a todos os homens e pergunta sobre os resultados obtidos, como os talentos foram usados! O destaque está no fazer e no agir, sobre o modo de ser nesta responsabilidade de dominar, cuidar do mundo criado por Deus. O homem, imagem do Deus que é amor, ao ir realizando sua tarefa com semelhante amor vai deixando a marca de Deus. Vai revelando o amor de Deus pela criação. O homem não só deixa a marca do amor, mas ele mesmo se aproxima cada vez mais do ideal a que foi chamado: ser imagem e semelhança do Criador, também nas relações com as demais criaturas.

Tornar-se missionário no contexto da América Latina e do Caribe é cuidar, trabalhar de forma incansável na defesa da dignidade da pessoa humana e em particular dos pobres e marginalizados. Testemunhar a fé é lutar em favor da vida, é colocar a própria vida a serviço dos demais, suscitando esperança no coração dos desesperançados em meio a problemas e lutas. A mencionada encíclica *Evangelium vitae* de João Paulo II atesta o grande valor da vida humana, da qual devemos cuidar e pela qual devemos continuamente louvar a Deus.

A encarnação do Verbo divino na condição humana (cf. Jo 1,1-14) veio revelar a dignidade do homem e regenerá-lo com o Criador (cf. Ef 1,4-6). O ser humano é em Cristo "nova criatura" (2Cor 5,17; Gl 6,15). A encarnação do Verbo é o selo de Deus em favor da vida humana. Ao assumir a condição humana, Jesus eleva o homem à dignidade de filho de Deus e como tal deve ser respeitada em todas as condições e fases do desenvolvimento. O primeiro direito de uma pessoa humana é sua vida. Todo o ser humano, inclusive a criança no útero materno, possui o direito à vida imediatamente de Deus, não dos pais, nem de qualquer outra autoridade humana.

Portanto, não existe homem algum ou autoridade humana, nem um tipo de "indicação" (médica, eugênica, social, moral), que possa exibir um título válido para uma direta e deliberada disposição sobre uma vida humana em qualquer situação ou condição.

5 - Por que a pessoa humana está no centro da moral cristã?

Ao defender a dignidade da pessoa humana, a Igreja fundamenta seus argumentos em um ponto específico e baseada em uma antropologia teológica e em uma compreensão filosófica integral da pessoa humana.

A pessoa humana é imagem e semelhança de Deus, tem por vocação um chamado a participar da própria vida de Deus em Jesus Cristo. A fé cristã, a partir das Sagradas Escrituras, define o homem como "imagem de Deus", fazendo dela uma categoria relevante na antropologia teológica.

Desde o momento da concepção, a vida de qualquer ser humano deve ser respeitada de modo absoluto, pois a pessoa é a única criatura que Deus quis por si mesma. Deus criou as pessoas para serem sua imagem e lhes deu condição de participação no Ser divino. Na perspectiva cristã, a pessoa humana desde a concepção é imagem e semelhança de Deus, e por isso participa no Ser divino e ao mesmo tempo representa Deus sobre a terra: "Deus se coloca num tal relacionamento com a pessoa que essa se torna sua imagem e sua honra na terra".[7] Portanto, ao criar o homem como sua imagem e semelhança, Deus se colocou como centro de sua essência, e com isso podemos afirmar que este é o ser do homem, sua razão de ser e sua perfeição.

5. A dignidade da pessoa humana

O homem, na verdade, é superior aos elementos materiais, não por sua sequência genética, mas por ter sido criado à imagem de Deus e por participar da comunhão divina. Na identidade ontológica da pessoa humana, ou seja, o que realmente caracteriza o ser pessoa e que se fundamenta a dignidade da pessoa humana, a avaliação moral é feita com base na antropologia cristã, o homem criado "à imagem e semelhança de Deus" (Gn 1,26-27). É o que os teólogos, a partir da fundamentação bíblica, vêm desenvolvendo e o que define o ser pessoa humana.

---

[7] MOLTMANN, J. *Deus na criação:* Doutrina ecológica da criação. Petrópolis: Vozes, 1993, p. 318.

A estruturação humana como "imagem e semelhança de Deus" é o fundamento da dignidade da pessoa humana, em que se funda o valor absoluto de toda pessoa. A vida humana é o apoio fundamental e, ao mesmo tempo, o sinal privilegiado dos valores éticos.

Por isso, é cada vez mais necessário salvaguardar a dignidade da pessoa, seu valor, bem como sua identidade única e irrepetível que constitui, aliás, o cerne, o núcleo do direito à diferença. O homem já não se limita à descrição dos processos biológicos, ele vai mais longe, é imagem do Criador.

Somente Deus é Senhor da vida, desde seu início até seu fim, por isso ninguém, em nenhuma circunstância, pode reivindicar para si o direito de destruir diretamente o ser humano inocente.

6. A pessoa como expressão do amor divino

"Bendizemos a Deus pela dignidade da pessoa humana, criada a sua imagem e semelhança. Ele nos criou livres e nos fez sujeitos de direitos e deveres em meio à criação."[8] Em uma atitude de gratidão por nos ter criado com inteligência, capacidade para amar e também pela dignidade que recebemos, os bispos nos chamam a atenção de que ao mesmo tempo em que a dignidade é dom, presente de Deus, é também tarefa humana; isso exige também nosso esforço, é nosso dever proteger, cultivar e promover a vida em todos os seus aspectos. A vida ferida pelo pecado, ou a dignidade do homem agredida, é também resgatada, redimida pelo próprio Cristo que entregou sua vida pela vida de todos. A dignidade absoluta, inegociável e inviolável é bendita porque é dom de Deus.

"Tu modelaste as entranhas de meu ser e formaste-me no seio de minha mãe. Dou-te graças por tão espantosas maravilhas; admiráveis

---

[8] DAp 104.

5 - Por que a pessoa humana está no centro da moral cristã?

são as tuas obras. Conhecias até o fundo da minha alma", como reza o Salmo 139 [138],13-14, referindo-se à intervenção direta de Deus na criação de cada novo ser humano.

O amor de Deus não distingue o neoconcebido, ainda no seio de sua mãe, das demais crianças, jovens, adultos maduros ou idosos. Não distingue, porque em cada um deles vê a marca da própria imagem e semelhança (cf. Gn 1,26). Em cada um desses, Deus vê o rosto refletido de seu Filho Unigênito, no qual "nos escolheu antes da constituição do mundo e nos predestinou para sermos seus filhos adotivos, por sua livre vontade" (Ef 1,4-5).

Bendizemos ao Pai pelo dom de seu Filho Jesus Cristo "rosto humano de Deus e rosto divino do homem". "[...] Na realidade, tão só o mistério do Verbo encarnado explica verdadeiramente o mistério do homem. Cristo, na própria revelação do mistério do Pai e de seu amor, manifesta plenamente o homem ao próprio homem e descobre sua altíssima vocação."[9]

7. Deus que ama ensina o homem a amar

O texto bíblico de Mt 25,31ss. – quando Jesus se identifica com o faminto, doente, preso, nu etc. e os pecadores ficam surpresos quando o pecado deles é revelado ("mas quando te vimos assim?") – indica que a verdade e o bem são revelados ao homem na lei natural escrita em seu coração (cf. Rm 2,14-15). Ou seja: "amar, fazer o bem e evitar o mal" estão presentes na consciência de todo ser humano e por isso ele tem de saber. Anunciar o valor sagrado da vida humana, desde seu início até seu fim natural, e afirmar o direito de cada ser humano de ver respeitado totalmente esse seu bem primário é a missão de todos os homens e mulheres de boa vontade.

---

[9] DAp 107.

A vida plena consiste também na solidariedade efetiva com a vida de muitos abandonados, excluídos e ignorados em sua miséria e sua dor, com aqueles que vivem em situações desumanas e exige dos cristãos um maior compromisso a favor da cultura da vida. O cristão defensor da vida do Reino não pode situar-se no caminho da morte: "Nós sabemos que passamos da morte para a vida, porque amamos os irmãos. Aquele que não ama, permanece na morte" (1Jo 3,14).

Os bispos continuam afirmando que só o Senhor é autor e dono da vida. O ser humano, sua imagem vivente, é sempre sagrado, desde sua concepção até sua morte natural, em todas as circunstâncias e condições de sua vida. Diante das estruturas de morte, Jesus faz presente a vida plena. "Eu vim para dar vida aos homens e para que a tenham em plenitude" (Jo 10,10). Por isso, cura os enfermos, expulsa os demônios e compromete os discípulos na promoção da dignidade humana e de relacionamentos sociais fundados na justiça.[10]

A Igreja missionária por natureza,[11] a exemplo de Jesus o Bom pastor a serviço da vida, é chamada a também se colocar a serviço da vida plena. A missão da Igreja tem sua origem na missão do Filho e do Espírito Santo, segundo o desígnio do Pai. Por isso, o impulso missionário é fruto necessário à vida que a Trindade comunica aos discípulos. Anunciar a Boa-Nova do Reino é possibilitar estruturas mais justas e transmitir os valores sociais do Evangelho, e nesse contexto situar o serviço fraterno à vida digna. A vida só se desenvolve plenamente na comunhão fraterna e justa[12] e "a vida se alcança e amadurece à medida que é entregue para dar vida aos outros. Isso é, definitivamente, a missão".[13]

---

[10] DAp 112.
[11] Cf. DAp 347.
[12] Cf. DAp 359.
[13] DAp 360.

5 - Por que a pessoa humana está no centro da moral cristã?

O povo tem sede de vida plena e de felicidade em Cristo. Buscam-no como fonte de vida.[14] Com o pecado, em muitas situações, optamos por um caminho que nos leva à morte de nós mesmos e dos outros. O caminho da morte obscurece o sentido da vida e a degrada.

Jesus Cristo é a plenitude que eleva a condição humana à condição divina para sua glória: "Eu vim para dar vida aos homens e para que a tenham em abundância" (Jo 10,10). A vida nova de Jesus Cristo atinge o ser humano por inteiro e desenvolve em plenitude a existência humana "em sua dimensão pessoal, familiar, social e cultural".[15]

8. Proclamar a cultura e a defesa da vida

O povo latino-americano e caribenho é convocado a proclamar e a defender a cultura da vida. A Igreja incessantemente busca o respeito e a promoção do ser humano, criado à imagem e semelhança de Deus e que possui uma altíssima dignidade que não podemos pisotear e que somos convocados a respeitar e a promover. A vida é presente gratuito de Deus, dom e tarefa que devemos cuidar desde a concepção, em todas as suas etapas até a morte natural, sem relativismos.[16]

Jesus continua convocando, oferecendo incessantemente uma vida digna e plena para todos. Nós somos agora, na América Latina e no Caribe, seus discípulos e discípulas, chamados a navegar mar adentro para uma pesca abundante. Trata-se de sair de nossa consciência isolada e de nos lançarmos com ousadia e confiança à missão de toda a Igreja.[17] Na luta pela defesa da vida, é necessário buscar, também nas outras ciências, conclusões que possam contribuir com dignidade. O diálogo entre ciência e fé deve ser promovido pela bioética bem fundamentada.

---

[14] DAp 350.
[15] BENTO XVI. *Discurso Inaugural da V Conferência*, n. 4.
[16] DAp 464.
[17] Cf. DAp 363.

Mário Marcelo Coelho

A bioética pressupõe as diversas ciências e encontra nessas a matéria que influi em sua gênese, bem como os campos materiais de aplicação. A bioética trabalha com esta base epistemológica, de maneira interdisciplinar, na qual cada ciência contribui com suas conclusões.[18] A bioética estuda os avanços recentes da ciência em função, sobretudo, da pessoa humana. A referência central é o ser humano, especialmente considerado em dois momentos básicos: o nascimento e a morte. Nossa escolha prioritária pela vida e pela família, carregadas de problemáticas que são debatidas nas questões éticas e na bioética, conduz-nos a iluminá-las com o Evangelho e o Magistério da Igreja.[19]

Proclamar a Boa-Nova em nossos tempos e com novos desafios exige de nós que sejamos vozes dos que não têm voz. A criança que está crescendo no seio materno e nas pessoas que se encontram no ocaso de suas vidas é uma voz de vida digna que grita ao céu e que não pode deixar de nos estremecer. A liberalização e a banalização das práticas abortivas são crimes abomináveis, assim como a eutanásia, a manipulação genética e embrionária, os ensaios médicos contrários à ética, a pena de morte e tantas outras maneiras de atentar contra a dignidade e a vida do ser humano. Se quisermos sustentar um fundamento sólido e inviolável para os direitos humanos, é indispensável reconhecer que a vida humana deve ser defendida sempre, desde o momento da fecundação. De outra maneira, as circunstâncias e conveniências dos poderosos sempre encontrarão desculpas para maltratar as pessoas.[20]

A vida e a paz só serão construídas quando a fraternidade acontecer entre nós e não mais existir insensibilidade diante do sofrimento alheio, dos ataques à vida intrauterina, da mortalidade in-

---

[18] DAp 465.

[19] Cf. João Paulo II. *Carta encíclica "Fides et ratio"*. São Paulo: Paulinas, 1998.

[20] Cf. João Paulo II. *Carta encíclica "Evangelium vitae"*. São Paulo: Paulinas, 1995.

5 - Por que a pessoa humana está no centro da moral cristã?

fantil, da deterioração de alguns hospitais e todas as modalidades de violência contra crianças, jovens, homens e mulheres. Isso sublinha a importância da luta pela vida, pela dignidade e integridade da pessoa humana. A defesa fundamental da dignidade e desses valores começa na família.[21]

9. Ética ecológica: cuidado com o meio ambiente

A humanidade ainda pode ser salva? Sim, se conseguirmos combinar crescimento com desenvolvimento sustentável, mais concretude e mais (não menos) ética e política. Mais conhecimento. Não conseguiremos salvar o planeta e sua hóspede, a espécie humana, a não ser com a construção de sociedades do conhecimento baseadas em educação, pesquisa e visão de futuro.[22]

Existe também uma grande preocupação no cuidado da natureza que está em contínua ameaça pelo próprio homem. A exemplo de Jesus, que conhecia o cuidado do Pai pelas criaturas que Ele alimenta (cf. Lc 12,24) e embeleza (cf. Lc 12,28), somos convocados a cuidar da terra para que ela ofereça abrigo e sustento a todos os homens (cf. Gn 1,29; 2,15). O homem, coroamento da criação divina, foi colocado no centro do jardim do Éden para o "cultivar e guardar" (Gn 2,8-9.15). Recebeu do Criador o senhorio sobre todas as coisas; um senhorio de corresponsabilidade, que o capacita a servir à criação e ao Criador, numa relação de respeito e preservação.[23] Eis o verdadeiro sentido da autoridade de "dominar" (Gn 1,28).

A criação é graça de Deus, reflexo da sabedoria e da beleza do Logos criador. Ao serem criados e postos no jardim, o homem e a mulher são chamados a viver em comunhão com o Criador, em comunhão fraterna

---

[21] Cf. DAp 468.

[22] Cf. Folha de S. Paulo (Opinião) de 17-02-2008, disponível em <http://www1.folha.uol.com.br/fsp/opiniao/fz1702200808.htm>. Acesso em 20 de outubro de 2012.

[23] Cf. COELHO, Mário M. "Ecologia, bioética e biodireito...", op. cit., p. 51-71.

entre eles e em comunhão com toda a criação.[24] Viver na presença de Deus, na comunhão de irmãos e cuidar da obra criadora é missão do homem e da mulher. O Deus da Vida confiou ao ser humano suas criaturas para que as "cultivasse e guardasse" (Gn 2,15). Jesus, em seus ensinamentos, utilizava toda a criação para falar do Reino de Deus e convidava os discípulos a reconhecerem Deus presente nas criaturas: Deus nutre as criaturas (cf. Lc 12,24) e as embeleza (cf. Lc 12,27). As criaturas do Pai dão glória "somente com sua existência"[25] e, por isso, o ser humano deve fazer uso delas com cuidado e delicadeza.

Referências bibliográficas

CATECISMO DA IGREJA CATÓLICA. Petrópolis/São Paulo: Vozes; Loyola, 1993.

CELAM. *Documento de Aparecida*. Brasília: Edições CNBB, 2007.

COELHO, Mário Marcelo. Ecologia, bioética e biodireito: conceitos e interfaces. In: *Teologia em Questão* 5 (2004), p. 51-71.

JOÃO PAULO II. *Carta encíclica "Evangelium vitae"*. São Paulo: Paulinas, 1995.

_____. *Carta encíclica "Fides et ratio"*. São Paulo: Paulinas, 1998.

MOLTMANN, Jürgen. *Deus na criação:* Doutrina ecológica da criação. Petrópolis: Vozes, 1993.

---

[24] Cf. DAp 470.
[25] *Catecismo da Igreja Católica* 2416.

6 – O que a Igreja diz sobre mídia, família e juventude?

Análise das cartas papais para o Dia Mundial das Comunicações

Cirlene Cristina de Sousa[1]
Denise Figueiredo Barros do Prado[2]

Introdução

O século XX é marcado pelo grande desenvolvimento das comunicações sociais, seja pela difusão e utilização dos meios já conhecidos, seja pela invenção de novas tecnologias e formas de sociabilidades e de relações humanas. Os meios de comunicação se apresentam como fornecedores de materiais com que as pessoas constroem parte de suas identidades, de suas visões de mundo e seus valores, definindo, muitas vezes, o que é considerado bom ou mau, positivo ou negativo, moral ou imoral. Nesse cenário, através da publicação de documentos e da sensibilização dos cristãos, a Igreja católica vem contribuindo para o debate das novas questões comunicacionais que atravessam o cotidiano do homem moderno.[3]

---

[1] Cirlene Cristina de Sousa é doutoranda em Educação pela Universidade Federal de Minas Gerais (UFMG), em Belo Horizonte, MG, com estudos junto à Universidade do Minho, em Braga, Portugal. Mestra em Comunicação Social pela mesma UFMG.

[2] Denise Figueiredo Barros do Prado é doutora em Comunicação Social pela UFMG, com estudos junto à École des Hautes Études en Sciences Sociales de Paris, França.

[3] A discussão sobre mídia e instituição tem sido desenvolvida amplamente pelo GRIS – *Grupo de Pesquisa em Imagem e Sociabilidade* (UFMG) – sob coordenação da Prof.ª Dr.ª Vera França.

6 - O que a Igreja diz sobre a mídia, família e juventude?

Em termos de documentos, a primeira carta encíclica pontifícia a tratar dos meios de comunicação do século passado foi o *Vigilanti cura*, na qual o papa Pio XI não se limitou a falar dos perigos dos meios de comunicação e lançou um olhar mais positivo sobre as novas formas de comunicação humana. Segundo Dariva, essa foi a primeira vez que uma encíclica se dirigiu a toda a hierarquia católica ao tratar de questões que dizem respeito aos meios de comunicação de massa – mais especificamente, o cinema.[4]

A segunda encíclica papal sobre a Comunicação foi a *Miranda prorsus* (1957), redigida pelo papa Pio XII. Nesta, encontramos a divulgação do pensamento da Igreja sobre os meios eletrônicos, acrescentando às considerações anteriores de Pio XI sobre o cinema, algumas observações sobre o rádio e a televisão. Nesse documento, o papa Pio XII demonstra uma postura positiva com relação aos meios eletrônicos, ressaltando o potencial desses meios, e apresenta as exigências pastorais que deles derivam. Conforme observa Dariva, essa encíclica destaca a importância e o desafio dos novos meios de comunicação social para a evangelização da Igreja e o papel dos homens, principalmente aqueles de identidade cristã, na criação e invenção do progresso técnico que movimentam esse cenário comunicativo.

Partindo-se do entendimento de que os meios de comunicação (cinema, imprensa, rádio e televisão) não são simples meios de lazer e distração, mas constituem verdadeira e própria transmissão de valores humanos – sobretudo espirituais – atribui-se a eles a potencialidade de constituírem uma nova e eficaz forma de promover a cultura cristã no seio da sociedade moderna.

---

[4] Nessa carta, a Igreja dialoga com os valores construídos e as oportunidades oferecidas por este novo dispositivo de comunicação. O documento menciona a necessidade de os cristãos terem uma postura de constante vigilância sobre os progressos da indústria cinematográfica, pois essa poderia servir tanto ao bem da humanidade, quanto ao mal. Cf. DARIVA, Noemi. *Comunicação social na Igreja*. São Paulo: Paulinas, 2003.

Cirlene Cristina de Souza & Denise Figueiredo Barros do Prado

Deste modo, chama-se a atenção para o papel das linguagens audiovisuais e da força que elas exercem na sensibilidade humana por meio da imagem e do som, na composição das personalidades humanas e em seus modos de pensar e ver o mundo. Diante desse quadro, a Igreja opta por criar uma comissão permanente com o encargo de estudar os problemas da imprensa, do cinema, do rádio e da televisão, no que se refere à fé e à moral.

Um momento decisivo nessa relação entre Igreja Católica e Comunicação foi o Concílio Vaticano II, em que foi aprovado o decreto *Inter mirifica*, no qual se destacam a importância dos meios de Comunicação Social na estruturação da vida moderna e no estabelecimento das relações humanas e a potencialidade deles enquanto instrumentos para a evangelização. Esse decreto tornou-se marcante porque nele se passou a orientar os cristãos católicos para o uso dos meios e se firmou o compromisso da Igreja de utilizá-los enquanto instrumentos de evangelização.

Segundo Puntel, o *Inter mirifica* foi mais positivo e mais matizado que os demais documentos pré-conciliares. Nele, a Igreja assume uma visão mais otimista da comunicação diante das "questões sociais", abarcando não apenas o fator técnico, mas também o aspecto humano do processo de comunicação.[5] Dariva também destaca que esse decreto teve algumas singularidades com relação aos demais, pois ele é um documento conciliar, ou seja, vai além de uma declaração individual do papa, feita por uma carta encíclica ou um discurso pronunciado em certas ocasiões especiais.[6] Neste documento, passa-se a utilizar a expressão "Comunicação Social", uma vez que a comissão preparatória considerou que os termos "técnicas de difusão", "instrumentos audiovisuais", "*mass media*" ou "comunicação de massa", não revelam adequadamente as preocupações,

---

[5] Cf. PUNTEL, Joana T. *Cultura midiática e Igreja:* uma nova ambiência. São Paulo: Paulinas, 2005.
[6] Cf. DARIVA, Noemi, op. cit.

6 - O que a Igreja diz sobre a mídia, família e juventude?

os desejos e as perspectivas da Igreja. Além disso, o *Inter mirifica* se reveste de uma preocupação com a formação profissional do corpo eclesiástico através de uma cuidadosa educação e do envolvimento de profissionais leigos, a fim de enfrentar adequadamente os desafios dos tempos modernos.

Nesse decreto, cria-se o "Dia Mundial das Comunicações Sociais", que é um momento celebrativo nas dioceses, cujo objetivo é discutir junto aos fiéis seus deveres diante dos meios de comunicação.[7] O primeiro *Dia Mundial das Comunicações Sociais* foi celebrado em seis de maio de 1967 e, desde então, tornou-se um evento anual regular, no qual o papa publica uma mensagem sobre o tema escolhido para aquele ano. Nessas cartas, o papa sublinha a exigência de uma comunicação adequada e eficaz sobre questões cruciais, como a família, os jovens, os idosos, a paz, a justiça, a liberdade humana, a evangelização e a reconciliação. Para Dariva, essas mensagens papais dão um ótimo perfil das abordagens da Igreja sobre a comunicação, de modo que podem ser consideradas como base para análises mais aprofundadas da contribuição da Igreja para as comunicações da sociedade e as da própria Igreja.[8]

a) Conceitos operadores e objeto de estudo

Percebe-se hoje um movimento progressivo por parte da Igreja de tentar compreender as Comunicações Sociais e sua relação com a constituição da sociedade moderna e das relações cotidianas. Para tentar captar tal movimento, vamos analisar os discursos presentes nas cartas papais que foram publicadas em virtude do *Dia Mundial das Comunicações Sociais*. Nessas

---

[7] Nesse dia, os cristãos são convidados a contribuir financeiramente e a sustentar ativamente a manutenção e execução dos projetos ligados à Comunicação Social na Igreja.

[8] Para o estudo de outros documentos sobre a relação Igreja e Comunicação após o Decreto *Inter mirifica*, sugerimos a obra de DARIVA, Noemi. *Comunicação social na Igreja:* documentos fundamentais. 2003.

cartas, o Papa apresenta a posição institucional da Igreja com relação aos meios de comunicação, às novas tecnologias da comunicação e ao aproveitamento desses meios para a evangelização.

Partindo então dessas cartas, questionamos como a Igreja se relaciona com os meios de comunicação e em que medida seu discurso se mostra afetado pela presença dos meios. Para trabalharmos essa questão, tomamos como conceitos norteadores: a compreensão de *instituições* como resultado de uma construção social alicerçada por valores partilhados socialmente e afeita às ações daqueles que vivem e agem através e entre elas;[9] o conceito de *mediatização* conforme Braga, para quem os comportamentos interacionais dos indivíduos decorrem de parâmetros socialmente compartilhados (os chamados "processos sociais de referência" que serão explicados mais adiante) que, com o desenvolvimento dos meios de comunicação, passam a se formar num ambiente atravessado pela presença da mídia e de seus valores e o conceito de *valores* de Livet, para quem os valores guardam um caráter de constante aprimoramento das faculdades e comportamentos sociais humanos.[10]

A partir desses conceitos, buscamos avaliar o posicionamento da Igreja diante de valores contemporâneos – que, ao serem objeto de tematização midiática, se inscrevem mais fortemente na tessitura social – e tentamos apreender como essa instituição se posiciona diante dessas novas tematizações. Para isso, selecionamos as temáticas *família* e *juventude*, porque, além de se configurarem como temáticas recorrentes nas cartas papais (o que demonstra particular interesse da instituição por esses âmbitos), é na elaboração discursiva delas que podemos apreender quais os valores sociais são alçados como próprios do posicionamento cristão no mundo, e, com isso, são reafirmados em sua relevância, e quais elementos são rearticulados ou reelaborados, de modo a dar conta de necessidades e tensionamentos recentes.

---

[9] Cf. BERGER, Peter; LUCKMANN, Thomas. *A construção social da realidade*, 1983. CASTORIADIS, Cornelius. *A instituição imaginária da sociedade*, 1991.
[10] Cf. LIVET, Pierre. *Les normes*, 2006.

6 - O que a Igreja diz sobre a mídia, família e juventude?

Pretendemos então levantar em nossa análise como são modificados, ao longo dos anos, o tratamento dos temas pelas cartas papais; a relação entre esses temas e a influência midiática; a atenção dedicada a eles ao reconhecer as mudanças contextuais da época e a reafirmação/reelaboração de valores e a posição da Igreja diante dessas mudanças. O modo de apreensão desses movimentos será pela análise discursiva das cartas, extraindo delas as formulações de família e juventude e também a indicação das mudanças pelas quais elas passaram ao longo do tempo, tendo como referência os valores que são alçados para sustentar a postura institucional da Igreja quanto a essas temáticas.

b) Mediatização, instituição e valores

De início é preciso demarcar o que pretendemos evidenciar quando falamos de processo de mediatização (ou midiatização) da sociedade contemporânea. Segundo Braga (2007), as relações comunicativas são processos interacionais e a mediatização é o processo interacional de referência. Mas o que vem a ser processo interacional de referência? Para esse autor, o uso dessa expressão supõe que certos processos sociais são hegemônicos com relação aos demais, de modo que se tornam referência e "dão o tom" aos processos sociais, que passam a operar conforme sua lógica. No entanto, ser hegemônico não quer dizer que estão apartados de fontes de interferência diversas: os processos sociais de referência incluem e abrangem os demais processos menores e guardam aí a fonte de seu vigor e atualidade.[11] Tomado dessa forma, Braga deixa claro que os processos sociais de referência não tratam de substituir processos anteriores, mas antes de uma constante reformulação, funcionando como "organizador principal da sociedade",[12] ou seja, atuando na construção da realidade social.[13]

---

[11] Cf. BRAGA, José Luiz. Midiatização como processo interacional de referência. In: MÉDOLA, Ana Sílvia; ARAÚJO, Denize C.; BRUNO, Fernanda (orgs.). *Imagem, visibilidade e cultura midiática*, 2007.
[12] BRAGA, José Luiz, op. cit., p. 2.
[13] Como observam Berger e Luckmann, na obra já referida.

Cirlene Cristina de Souza & Denise Figueiredo Barros do Prado

A partir disso, Braga toma o processo de mediatização como processos sociais, indicando que eles seriam agregadores de processos menores que não desaparecem, mas que são assimilados e se ajustam aos processos sociais mediatizados. Podemos dizer então que a Igreja, ao buscar sua inscrição junto à mídia, visa imprimir seus valores junto aos processos de referência veiculados que os meios de comunicação elaboram em sua dinâmica com a sociedade.

Vale ressaltar que uma das especificidades do processo de referência é que ele não se apresenta finalizado nem hegemônico em si mesmo, posto que abriga em sua estrutura valores e percepções sociais conflitantes que são reajustadas e negociadas nas relações sociais. Desse modo, os processos sociais de referência podem ser caracterizados por sua incompletude, pelo constante restabelecimento de fronteiras e preenchimento de lacunas. Cabe destacar que é exatamente aí que se encontra o espaço para o preenchimento e a ação de outras instituições no âmbito da mediatização, pois ao preencherem as lacunas com valores e percepções de diferentes espaços sociais – quais sejam, de outras instituições – que as instituições se apoiam e validam suas percepções em espaços de construção da realidade social mais ampliados. É assim que a ação das instituições se firma não só por elas mesmas em seu *locus* de atuação, como também em relação (e com o apoio) das demais instituições. Para Berger e Luckmann as instituições têm sua origem na formação do hábito. Hábito este que ganha significado à medida que se torna um padrão de comportamento: orienta uma conduta no mundo e se estabelece uma temporalidade na qual é possível se falar na formação de tradição, e sua sustentação advém de uma base de valores socialmente compartilhados.[14]

---

[14] Segundo esses autores, "as instituições implicam, além disso, a historicidade e o controle. As tipificações recíprocas das ações construídas no curso de uma história compartilhada. Não podem ser criadas instantaneamente. As instituições têm sempre uma história, da qual são produtos. É impossível compreender adequadamente uma instituição sem entender o processo histórico em que foi produzida. As instituições, também, pelo simples fato de existirem, controlam a conduta humana estabelecendo padrões previamente definidos de conduta, que a canalizam em uma direção por oposição às muitas outras direções que seriam teoricamente possíveis" (BERGER, Peter; LUCKMANN, Thomas. *A construção social da realidade*, 1983, p. 79-80).

6 - O que a Igreja diz sobre a mídia, família e juventude?

Podemos ainda, numa compreensão mais alargada de instituição, perceber que para além de instituições que têm sua materialidade como parte de sua estrutura, o comportamento social diz de uma prática instituída e instituinte.[15] Assim, podemos entender que as ações recíprocas também são instituições continuadas e compartilhadas e se traduzem em ações e práticas na vida social. Desta forma, na aproximação das práticas enquanto formas instituídas e instituintes de se agir e as instituições da sociedade, podemos pensar que as instituições dizem daquilo que, à medida que é reproduzida no tempo e nas ações cotidianas, se torna naturalizada e aparenta ser permanente. No entanto, sua permanência só é possível se ela participa da dinâmica da vida social e assimila elementos que passam a fazer parte dos processos sociais de referência que circulam na vida social. É na conjugação dos componentes *tradição*, *valores* e *práticas* com a dinâmica e contexto social que se tornam possíveis os movimentos de reformulação e de reafirmação de posições junto a sociedade em que tem lugar. Como destaca Pereira, a instituição é um processo dialético, aberto e fluído; uma realidade inacabada; ato permanente e projeto em construção. Por isso, a instituição não pode ser compreendida somente como algo conservador, sem movimento contrário, apenas como a face do instituído.[16]

É necessário destacar que é justamente por sua potencialidade de atualização durante os processos de reprodução social das instituições que elas têm o elixir que garante sua perenidade; afinal, elas não atuam na sociedade por mera utilidade (como uma perspectiva funcionalista de instituições poderia supor), mas por seu potencial de instituir o simbólico na sociedade.

---

[15] Segundo Pereira, "o instituinte não deve ser pensado como determinante ou força que resulta em instituído, mas como algo permanentemente diagramado como uma relação de forças, que comporta frente a frente tanto o poder com suas singularidades como as singularidades de resistência e produção de novos sentidos. Nas bordas do espaço instituído ou em seus poros e orifícios, debate-se o espaço instituinte, não previsível e inexato, recortado por linhas flexíveis que entram em permanente contato com as segmentações que impõe o instituído" (PEREIRA, William C. Castilho. *Análise institucional na vida religiosa consagrada*, 2005, p. 66).

[16] Cf. PEREIRA, William C. Castilho, op. cit.

> As relações sociais reais de que se trata são sempre *instituídas*, não porque tenham uma vestimenta jurídica (elas podem muito bem não as ter em certos casos), mas porque foram estabelecidas como maneiras de fazer universais, simbolizadas e sancionadas.[17]

Assim, fazer análise de uma instituição é questionar, interpretar e transformar o lugar imaginário, simbólico e físico, o espaço da hierarquia, a produção dos equipamentos da captura da subjetividade, a relação entre instituído e o instituinte. Somente com a compreensão dessa globalidade na formação das instituições é que podemos ter acesso ao conjunto dos discursos, das normas e dos valores que vão estabelecendo-se na relação da instituição com a sociedade.

Pierre Livet, ao tratar dos valores e das normas sociais, indica que os valores orientam a conduta dos indivíduos no mundo, trata-se de aconselhamentos de modo que sua apresentação tem caráter de normatividade (uma vez que não prescrevem obrigações e proibições num sistema regido pelo aceito/repudiado, certo/errado e regulado pela aplicação de sanções). Segundo o autor, essa característica dos valores é crucial para se entender em que eles se diferenciam das normas sociais. Livet define que a principal diferença entre normas e valores sociais é que a norma pretende eliminar comportamentos oblíquos a sua prescrição, pretende modificar condutas no mundo. Já os valores indicam um ideal de referência, trabalham a noção de constante aperfeiçoamento das ações humanas.[18]

A implicação disso é que as normas, em última avaliação, estariam sujeitas às reformulações da época e poderiam ser, inclusive, rejeitadas e reformuladas em contextos diferentes; ao passo que os valores, por se tratar de ideais de referência, conferem caráter de imutabilidade e de universalidade a eles, de modo que se podem aperfeiçoar os percursos para se

---

[17] CASTORIADIS, Cornelius. *A instituição imaginária da sociedade*, 1991, p. 151.
[18] Cf. LIVET, Pierre, op. cit.

6 - O que a Igreja diz sobre a mídia, família e juventude?

chegar ao comportamento ideal, mas o referencial continua o mesmo. É a partir dessa relação tríade *mediatização, instituições* e *valores* que procuramos analisar os discursos presentes nas cartas papais para o *Dia Mundial das Comunicações Sociais.*

Para tentarmos responder à questão proposta no início deste artigo – qual seja, como a Igreja se relaciona com os meios de comunicação e em que medida seu discurso se mostra afetado pela presença dos meios –, buscamos analisar duas categorias temáticas que aparecem recorrentemente nas cartas papais: família e juventude. Além disso, decidimos também fazer um apanhado geral da forma como o discurso que aparece nas cartas papais indica a relação que a Igreja tem com os meios de comunicação e como ela compreende o papel dos meios na difusão, reafirmação e atualização dos valores.

Para darmos conta dessa proposta, selecionamos, das 42 cartas publicadas até então, 14 cartas (incluindo a primeira e a última) que se constituem como o *corpus* desse artigo. A fim de organizarmos a análise, optamos por dividi-las em três categorias temáticas, conforme a delimitação que traçamos acima. São elas: *a Igreja diante dos meios de comunicação: posicionamento geral; família como ambiente de educação e socialização cristã; socialização cristã e juventude: ser jovem no mundo midiatizado.*

1. A Igreja diante dos meios de comunicação: posicionamento geral

As cartas trazem um panorama geral do olhar papal sobre as comunicações sociais da vida moderna. Na primeira carta, escrita por Paulo VI, percebemos que há um discurso que indica uma grande exaltação das potencialidades dos meios de comunicação como participantes do processo de difusão dos valores cristãos. A partir disso, os meios e seus produtores são convocados a terem uma atitude de concordância com a "ordem moral e objetiva da sociedade".[19] Esse apelo se mostra evidente quando

---

[19] PAULO VI. 1ª Carta, 1967.

o papa sugere a necessidade de se expressar um olhar humano, moral e religioso na elaboração das notícias e de outros produtos. O papa chama a atenção dos cristãos para as mudanças provocadas pelo processo de mediatização da sociedade, na qual os homens conviveriam com uma nova noção de tempo e espaço; "o homem tornou-se cidadão do mundo", diz Paulo VI. E como cidadão do mundo, "o homem se torna coparticipante e testemunha dos acontecimentos mais distantes e das vicissitudes de toda a humanidade".[20] Essa primeira carta destaca que as grandes transformações na vida social e na cultura moderna têm seus reflexos também na vida religiosa. Com isso, ele demarca que, nesse processo de transformação, os meios de comunicação são os grandes responsáveis pela divulgação das informações, pelo acesso de conhecimento entre povos diferentes e, também, pela difusão da mensagem evangélica.

Nas próximas três cartas analisadas (3ª, 4ª e 7ª), notamos que há um aprofundamento nas temáticas apresentadas pelas linhas mestras indicadas na carta inaugural. Nessas cartas, é ressaltado o potencial da mídia na participação do processo de difusão dos valores cristãos e se reforça o papel da Igreja enquanto instituição que fomentaria e serviria de alicerce para a base moral que sustentaria a produção midiática. Percebemos que há um arrefecimento do discurso do papa ao ressaltar que os produtores midiáticos devem ter o cuidado de "evitar tudo o que pode ofender à família em sua existência, em sua estabilidade, em seu equilíbrio e em sua felicidade".[21] Além disso, na 7ª Carta, Paulo VI destaca que o verdadeiro progresso só poderá realizar-se se os homens e mulheres de seu tempo se filiarem e darem destaque a uma forte base de valores, assentada nos valores espirituais cristãos.

Em cartas subsequentes (mais especificamente na 24ª Carta), destaca-se que a existência dos meios de comunicação é considerada um dom de Deus e o desenvolvimento dos novos meios deve ser encarado da mesma forma. Nela João Paulo II reforça o entendimento de que os meios devem servir ao

---

[20] Idem.
[21] PAULO VI. 3ª Carta, 1969.

6 - O que a Igreja diz sobre a mídia, família e juventude?

desenvolvimento humano, à união entre os povos, ajudar no fortalecimento da fraternidade e promover a compreensão mútua entre as nações. Além disso, o papa se preocupa em ressaltar a neutralidade da técnica, indicando que a ação dos seres humanos no mundo deve ser responsável pelos tipos de valores veiculados na mídia. O papa também dedica atenção especial aos produtores midiáticos, buscando estimular neles o espírito cristão e o papel da família como instância formadora da ação dos jovens na sociedade.

Ao longo das cartas, apreendemos que a posição da Igreja diante dos meios de comunicação traz em si uma dualidade: ao mesmo tempo em que se manifesta alegre pelas novas potencialidades no campo da comunicação humana em virtude do surgimento e desenvolvimento das novas tecnologias, mostra-se preocupada com as interferências negativas que esses meios podem gerar na vida das pessoas, dada a ubiquidade dos meios de comunicação nas relações interpessoais.[22]

Essa preocupação com a presença dos meios se dá em duas frentes: tanto na interferência que os meios de comunicação realizam ao veicularem notícias e produtos que apresentam quadros sociais divergentes da base de valores cristãos,[23] quanto com a centralidade que os meios de comunicação adquirem na vida familiar, podendo assim contribuir para uma ligação mais efetiva com temáticas globais em detrimento das relações familiares.

---

[22] "Os diversos instrumentos da comunicação social facilitam o intercâmbio de informações e de ideias, contribuindo para a compreensão recíproca entre os diversos grupos, mas ao mesmo tempo podem ser contaminados pela ambiguidade. Os meios de comunicação social são uma *grande mesa-redonda* para o diálogo da humanidade, mas algumas atitudes em seu interior podem gerar uma monocultura que ofusca o gênio criativo, reduz a sutileza de um pensamento complexo e desvaloriza as peculiaridades das práticas culturais e a individualidade do credo religioso. Estas degenerações verificam-se quando a indústria da mídia se torna fim em si mesma, tendo unicamente por finalidade o lucro, perdendo de vista o sentido de responsabilidade no serviço ao bem comum" (BENTO XVI. 41ª Carta, 2007).

[23] Vale destacar que nas cartas há um posicionamento exigente para com os produtores dos meios de comunicação, deixando explícito que é também de responsabilidade a manutenção dos valores cristãos e da família: "no desempenho das próprias responsabilidades, a indústria da televisão deveria desenvolver e observar um código de ética que incluísse o empenho de satisfazer as necessidades das famílias e de promover valores para sustento da vida familiar" (JOÃO PAULO II. 28ª Carta, 1994).

Cirlene Cristina de Souza & Denise Figueiredo Barros do Prado

Atento para esses dois riscos, a 33ª Carta do Papa João Paulo II, intitulada "*Mass media*: presença amiga ao lado de quem procura o Pai", dá sinais de que a relação entre os meios de comunicação e a Igreja nunca foi (nem deveria ser) de oposição. Ao perceber a influência dos meios na cultura contemporânea, a Igreja sinaliza seu interesse em se aproximar da mídia enquanto instituição, conhecendo seus mecanismos internos e externos de produção e veiculação e, inclusive, produzindo e comunicando a Boa-Nova através dos meios de comunicação, inserindo-se na instância produtiva. Somado a isso, a carta mostra que a Igreja busca a instauração de um diálogo institucional com a mídia, oferecendo sua experiência e conhecimento para livrar a cultura midiática das "novidades transitórias", e conta com a ação dos meios para a divulgação dos valores cristãos. Com isso, notamos que é proposta uma relação de mútuo apoio entre as duas instituições, na qual a Igreja – por sua experiência enquanto instituição que se atualiza e se mantém no seio da sociedade – contribuiria para a sustentação da cultura midiática e os meios veiculariam os valores cristãos.[24]

A partir dessa carta, o incentivo a uma ação conjunta dos meios de comunicação com a Igreja para a promoção dos valores morais se torna recorrente. É destacado que toda comunicação tem uma dimensão moral e que os meios de comunicação tem o potencial de promover valores familiares mais sólidos, e esta seria a principal contribuição que os *mídia* podem realizar para a renovação social.[25]

É devido a essa complexidade que os papas convidam à participação de todas as pessoas na configuração das novas formas de interações humanas. Os pais seriam os responsáveis pela educação dos filhos na nave-

---

[24] Aliás, vale recordar que, como foi dito acima, para a Igreja somente através dos valores cristãos que a humanidade poderia chegar ao verdadeiro progresso.

[25] Na 38ª Carta, *Os "mass media" na família: um risco e uma riqueza*, João Paulo II diz: "O tema deste ano recorda também a todos, tanto aos comunicadores como a seus destinatários, que toda a comunicação tem uma dimensão moral".

6 - O que a Igreja diz sobre a mídia, família e juventude?

gação dessa nova sociedade; a escola deveria preparar os alunos para um melhor conhecimento da linguagem midiática e de seus conteúdos, para deles se servirem com critério sadio, com moderação e autodisciplina; os jovens teriam um papel importante na valorização da mídia, tendo em vista a própria formação, a fraternidade e a paz; aos poderes públicos compete a promoção do bem comum, no respeito da legítima liberdade. Este empenho diz respeito, finalmente, a todos os receptores que, com ponderada escolha das publicações diárias de periódicos, das transmissões de rádio e televisão, devem contribuir para formar a comunicação sempre mais nobre e digna de homens responsáveis.

2. A família como ambiente de educação e socialização cristã

Na primeira carta papal é apresentado um quadro de vida contemporâneo para o qual as famílias não estariam preparadas: se num momento precedente as formas de relacionamento social eram de um âmbito doméstico e a educação ficava reservada às famílias, escolas e relações cotidianas próximas, agora, com o surgimento dos meios de comunicação, a experiência do ser no mundo é ampliada e deve lidar, o tempo todo, com referências múltiplas de contextos diversificados.

Nesse panorama, que tipo de papel deve ser desempenhado pela família? Paulo VI preocupa-se com o novo papel da família cristã e ressalta que ela deve preparar os jovens, mais do que nunca, para uma relação de tensão com as experiências da vida que foram ampliadas. Não que tais experiências devam ser evitadas de todo, mas é preciso que os jovens, formados no seio de famílias estruturadas e com uma base de valores, tenham uma atitude moral e consciente diante do consumo e das novas relações. É preciso encontrar no núcleo familiar os valores cristãos que vão sustentar a experiência dos filhos no mundo.

Em conformidade com essa perspectiva, a temática da família aparece em muitas das cartas e, num primeiro momento, há uma tentativa de alertar as famílias para a centralidade que os meios de comunicação adquirem no interior das próprias casas.

> Os meios de comunicação social penetram já até no coração da vida familiar, impõe-lhe seus horários, modificam costumes, oferecem abundantes assuntos de conversação e de discussão, sobretudo têm uma incidência, por vezes profunda, sob o aspecto tanto afetivo e intelectual, como sob o aspecto moral e religioso, no ânimo de todos os seus usuários.[26]

É na família, com o reforço dos laços familiares e com a referência dos valores cristãos que sustentam a formação dos filhos e a constituição do papel de pais, que as percepções do mundo devem ser atualizadas.[27] A família deve oferecer um ambiente aberto para a presença dos meios, mas rígido para as interferências malvistas (como, por exemplo, a divulgação de padrões de comportamento incoerentes com a moral cristã).

Nas cartas seguintes são ressaltadas as responsabilidades dos pais como formadores da capacidade de julgamento dos filhos e coparticipantes do processo de formação da sociedade que está por vir. É pela crítica da centralidade da televisão na vida familiar ("a babá eletrônica")[28] que o papa fala da responsabilidade das famílias na formação dos filhos e dos próprios pais para uma educação do "saber ver". É importante destacar que para ele as famílias devem cobrar dos produtores midiáticos melhor qualidade na programação e mais responsabilidade para com a verdade na veiculação da informação.

---

[26] PAULO VI. 3ª Carta, 1969.

[27] "Chegou a hora, para a família, de enfrentar a obra de sua atualização sobre este tema enquanto, com a colaboração indispensável da escola, deve preocupar-se em educar as consciências para que todos estejam aptos a emitir juízos serenos e objetivos que deverão, depois, determinar a escolha ou a recusa dos programas propostos" (PAULO VI. 3ª Carta, 1969).

[28] JOÃO PAULO II. 27ª Carta, 1994.

6 - O que a Igreja diz sobre a mídia, família e juventude?

Fica evidente, na 31ª Carta que, dada a onipresença dos meios de comunicação e das tecnologias de informação, o exercício do papel de pais se torna cada vez mais árduo, diante das múltiplas interferências. A dificuldade maior apontada nessa carta é a pouca presença das temáticas cristãs e religiosas na programação dos meios de comunicação.[29] É então definido como dever dos pais proteger seus filhos das influências negativas dos meios de comunicação e essa proteção reside na necessária educação dos filhos para a relação com os meios.[30]

Já na 38ª Carta – "Os *mass media* na família: um risco e uma riqueza" – aparece um questionamento do modo como são representadas as famílias e as relações familiares; para além de questionar a relação que as famílias têm com os meios, amplia o problema para um segundo nível, pensando a representação das famílias nos meios de comunicação. Esta última questão nos faz ver que a compreensão da ação dos meios de comunicação é vista pela Igreja não só como tecnologias que facilitam e ampliam acesso, mas como mecanismos de construção discursiva das instituições sociais.[31] Aliás, é justamente por isso que a Igreja, ao buscar um relacionamento mais próximo com os meios de comunicação, pretende fazer circular representações sociais positivas da própria religião católica e também de práticas instituídas que são caras a ela, como a vida familiar e o ser jovem no mundo.

---

[29] "Parece diminuir nos meios de comunicação a proporção de programas que exprimem aspirações religiosas e espirituais, programas moralmente edificantes e que ajudam as pessoas a viver melhor sua vida. Não é fácil continuar a ser otimistas sobre a influência positiva dos *mass media*, quando estes parecem ignorar o papel vital da religião na vida das pessoas, ou quando as crenças religiosas são tratadas sistematicamente de maneira negativa e antipática" (JOÃO PAULO II. 31ª Carta, 1997).

[30] Na referida carta, há essa passagem: "para os pais, é sempre mais complicado proteger seus filhos de mensagens malsãs e garantir que sua educação para as relações humanas, bem como sua aprendizagem acerca do mundo, realizem-se de um modo adequado a sua idade e sensibilidade e ao desenvolvimento do sentido do bem e do mal" (JOÃO PAULO II. 31ª Carta, 1997).

[31] A referida passagem é a seguinte: "O tema escolhido para o Dia Mundial das Comunicações – «Os *mass media* na família: um risco e uma riqueza» – é um tema oportuno, dado que convida a uma reflexão sóbria sobre o uso que as famílias fazem dos meios de comunicação e, em contrapartida, do modo como os *mass media* tratam as famílias e as solicitudes familiares" (JOÃO PAULO II. 38ª Carta, 2004).

Não poderíamos deixar de acrescentar que o ideal de família que compõem as cartas papais é baseado no modelo tradicional da família, a saber: ambiência formada a partir do matrimônio entre o homem e a mulher, completada com o nascimento dos filhos. Essa seria um espaço protetor, formador e socializador das relações humanas. Esse "ser família", no olhar dos papas, está ainda impregnado das idealizações tradicionais, das quais a chamada família nuclear é um dos símbolos. A maior expectativa nos discursos das cartas é de que a família produza proteção, aprendizado dos afetos, construção de identidades e vínculos relacionais de pertencimentos. Porém, é preciso notar que as expectativas quanto ao papel nucleador da família na vida contemporânea são apenas possibilidades, e não garantias. Para os estudiosos das relações familiares, se evitarmos a naturalização desse modelo tradicional, daríamos conta de perceber que a instituição família vem construindo-se ao longo da história como um movimento de organização/desorganização/reorganização que mantêm estreita relação com o contexto sociocultural no qual ela está inscrita.[32]

3. Socialização cristã e juventude: ser jovem no mundo midiatizado

Desde a primeira carta, fica latente uma preocupação especial com a interferência que os meios de comunicação teriam na relação dos jovens com o mundo. Os meios são apontados como um possível risco caso desviem os jovens de sua "laboriosa busca" ao desiludi-los em suas justas esperanças, desorientando suas nobres aspirações e cerceando seus generosos impulsos.[33] Os meios de comunicação atingiriam de forma especial à socialização dos jovens na vida cotidiana: interferem em suas conversas diárias, em seus modos estar com as outras pessoas e no modo de os jovens olharem e verem as "coisas" no mundo.

---

[32] Cf. Carvalho, Maria do C. B. de. *A família contemporânea em debate*, 2003.
[33] Cf. PAULO VI. 1ª Carta, 1967.

6 - O que a Igreja diz sobre a mídia, família e juventude?

Neste cenário, em que a imbricação entre vida juvenil e mídia é forte, as mensagens papais convocam os adultos para uma maior compreensão do processo de sedução/atração dos jovens pela produção e pelas linguagens audiovisuais, com as quais se processam um conjunto de negociações e apropriações de sentidos por parte dos jovens. Exige-se um olhar mais atento dos adultos sobre a cultura midiática, uma vez que ela amplia o cotidiano juvenil com sua vasta oferta de possibilidades, causando atração e deslumbramento. É primordial entender as promessas, os contratos, as interações dos jovens com a mídia, para que eles sejam ajudados no relacionamento com os meios.

Nas cartas os jovens são, inicialmente, posicionados de duas formas: um grupo que precisa ser educado no seio de uma família com forte base moral, e os jovens como futuros profissionais da mídia (de modo a imprimirem seus valores nas atividades profissionais futuras). Nessa perspectiva, é expressa clara preocupação com a estrutura familiar na qual os jovens são formados. Isso é justificado porque se atribui a eles uma maior permeabilidade a novos valores e à influência midiática. É destacado que somente uma base moral referenciada na família e no cristianismo pode evitar que os jovens se percam em meio às novas possibilidades de experienciar o mundo e de se relacionar socialmente. No entanto, os meios não são de todo culpabilizados: ao reconhecer a importância da mídia, é necessário que todos se engajem na produção e na cobrança da qualidade da informação e do respeito aos valores partilhados, e os jovens são vistos como o elemento-chave para esse engajamento.

Tal impacto da mídia na vida juvenil propõe à família, à escola e à Igreja uma questão desafiadora: como educar, numa sociedade em que os dispositivos midiáticos abrem campos de possibilidades e de novas aprendizagens para os jovens. As tradicionais instituições educadoras recebem um "sujeito" atravessado por essas possibilidades múltiplas que, a seu turno, sofrem a remodelagem dessas tradicionais instituições. O conflito/impacto se registra justamente porque os dispositivos midiáti-

Cirlene Cristina de Souza & Denise Figueiredo Barros do Prado

cos são vias de acesso aos bens culturais, ao lazer e ao entretenimento, além de contribuírem para a conformação dos gostos, desejos, costumes, valores, modos de ver e de sentir. Como lidar com esses quadros de possibilidades que interferem nas escolhas e nas motivações da juventude?

Em muitas das cartas, é destacada a nobreza do trabalho dos produtores midiáticos e os jovens vocacionados para essas atividades são estimulados a desenvolver suas capacidades para melhor servirem a sociedade e para imiscuírem valores caros à Igreja e à família em sua atividade profissional. Nesse momento, o discurso que destaca que os meios de comunicação para o anúncio da Boa-Nova ganha novo fôlego, pois é a esperança, força e criatividade da juventude que podem contribuir para esse anúncio. Se os jovens cristãos passarem a fazer parte das atividades midiáticas, o discurso cristão encontra canais de penetrabilidade na produção midiática. É em um clima de exaltação da juventude que a 24ª Carta foi escrita, na qual – ao invés de expor uma postura temerosa da grande sugestionabilidade a que os jovens estão expostos – são confiadas a eles a mudança e a ação junto à mídia. Nesse caso, os jovens são valorizados como sujeitos de comunicação.

Contudo, algumas cartas tratam os jovens como um *vir a ser*. A juventude como *período preparatório, de transição*. O limite dessa abordagem é a noção de uma condição homogênea da juventude, não considerando suas singularidades, nem suas distintas e desiguais situações e formas de vida. Nos discursos papais, os verbos que se referem às experiências juvenis são postos sempre no futuro, as convicções juvenis são tomadas como propostas para uma vida que poderá ser concretizada no final desse período preparatório para a vida adulta. Essa perspectiva da incompletude do sujeito jovem torna o papel dos pais extremamente delicado, pois se considera que a personalidade do jovem é, em grande parte, aquilo que ele recebeu na educação familiar. Isso maximiza o papel da família e não dá conta da noção de que as identidades juvenis são construídas em instâncias variadas, inclusive, na relação com seus pares. Nesse sentido, perde-se a possibilidade de um diálogo mais sereno e complexo entre o mundo adulto e o mundo juvenil.

6 - O que a Igreja diz sobre a mídia, família e juventude?

Conclusão

Percebemos, ao longo do *corpus* analisado, que a postura da Igreja diante de um panorama contemporâneo, em que a vida social é fortemente marcada pela presença dos meios de comunicação, traz uma dupla compreensão do quadro sem se tornar dúbia. Ou seja, ao mesmo tempo em que são verdadeiramente elogiadas as potencialidades dos novos meios de comunicação, no sentido de permitirem acesso a maior volume e mais rapidez no acesso a informações e as possibilidades de relações sociais são ampliadas, há grande preocupação com as mudanças e atualizações que o fator midiático traz à vida social.

Longe de propor uma negação dos meios e um afastamento, a Igreja logo encara os meios de comunicação como participantes da construção social da realidade. Ao fazer isso, indica que não se deve olhar para os meios de comunicação somente enquanto tecnologias de comunicação, pois desta forma elas teriam neutralidade em sua produção quando, ao contrário disso, as tecnologias são operadas por homens e mulheres e sua produção deve ser avaliada como essencialmente discursivas, pois dizem de formas de se compreender a vida social.

Assim, preocupados e atentos com a interferência que os discursos midiáticos têm na vida cotidiana, a Igreja ressalta a importância de sua produção discursiva ser orientada por uma base de valores partilhada que vise a união e a fraternidade.

Dessa forma, sinaliza-se para uma relação de mútua afetação entre as instituições, na qual a Igreja passa a compreender a lógica de produção dos meios (e inclusive com vistas de participar da produção, dado que a Boa-Nova pode ser anunciada mais amplamente pelo uso das tecnologias da informação), buscando estabelecer diálogos a fim de atualizarem a compreensão das relações sociais e, ao mesmo tempo, procurar partilhar valores com os meios de comunicação.

Referências bibliográficas

BERGER, Peter; LUCKMANN, Thomas. *A construção social da realidade*. 19 ed. Petrópolis: Vozes, 1983.

BRAGA, José Luiz. Midiatização como processo internacional de referência. In: MÉDOLA, Ana Sílvia; ARAÚJO, Denize C.; BRUNO, Fernanda (orgs.). *Imagem, visibilidade e cultura midiática*. Porto Alegre: Sulina, 2007, v. 1, p. 141-167.

CASTORIADIS, Cornelius. *A instituição imaginária da sociedade*. Rio de Janeiro: Paz e Terra, 1991.

CARVALHO, Maria do Carmo Brant de. *A família contemporânea em debate*. São Paulo: EDUC; Cortez, 2003.

DARIVA, Noemi. *Comunicação social na Igreja:* documentos fundamentais. São Paulo: Paulinas, 2003.

LIVET, Pierre. *Les normes*. Paris: Armand Collin, 2006.

PEREIRA, William César Castilho. *Análise institucional na vida religiosa consagrada*. Belo Horizonte: Publicações CRB, 2005.

PUNTEL, Joana Terezinha. *Cultura midiática e Igreja:* uma nova ambiência. São Paulo: Paulinas, 2005.

7 – Como educar bons pregadores?

A comunicação que desafia a Igreja

José Fernandes de Oliveira[1]

Introdução

$\mathcal{L}$eio os livros de História e a vida dos santos, sobretudo os santos pregadores, que incendiaram corações e interferiram no caminhar da Igreja pelo que disseram no tempo certo, de um jeito contundente e na hora certa. Leio e repenso a importância do púlpito, do microfone, das câmeras, dos livros, das revistas e da comunicação da fé. Como eram profundos esses Paulo de Tarso, Agostinho de Hipona, Tomás de Aquino, Alberto Magno, Duns Scotus, Gregório Magno, Gregório de Nissa, Anselmo de Cantuária, Efrém Sírio, Antônio Vieira e Bernardo de Claraval, bem como Lamennais, Lacordaire, Blaise Pascal, Thomas Morus e outros, cujos escritos leio aqui ou acolá! Eles estudavam! E como estudavam! Meus colegas teólogos e professores fazem outro tanto, para passar cultura católica aos pregadores de amanhã.

---

[1] José Fernandes de Oliveira (Pe. Zezinho, SCJ) é formado em teologia pela *Catholic University of America* (Washington, USA). Autor e compositor de atuação internacional. É religioso presbítero da Congregação dos Padres do Coração de Jesus (dehonianos).

7 - Como educar bons pregadores?

1. Maturidade e competência no púlpito

Pregadores preparados

O projeto de formar pregadores preparados existe. Mas falha em algum ponto da jornada. Quase sempre esbarra na pouca disposição de mais estudos e de mais leitura por parte da maioria dos novos pregadores consagrados e leigos. Parecem não precisar da sabedoria milenar armazenada pela Igreja. Passam longe ou por cima dos grandes teólogos e não poucos deles ficam apenas nos livrinhos de biografia e de novas revelações de novos videntes. É claro que há os estudiosos. Representam a esperança desses novos grupos e dessas novas comunidades de vida que o Espírito Santo tem suscitado em nossos dias. Se eles vencerem, com seu amor pelos livros e por saber o que a Igreja ensina para todos, há esperança. Se vencerem os que não estudam, há sombras no futuro da Igreja.

Muito zelo e pouco estudo

Acham que exagero? Pesquisem, viagem e liguem seus aparelhos de televisão e de rádio e depois opinem. Nem os documentos da Igreja eles divulgam. Tem "eu" demais na pregação deles e pouco, muito pouco, conteúdo dos teólogos e pensadores da fé católica.

Qualquer um pode pregar?

Em tese, qualquer um pode pregar, mas pregar o certo não é tarefa para qualquer um. A Igreja, infelizmente, teve e tem muitos pregadores despreparados. Não passaram por exames, não possuem conteúdo suficiente para ensinar doutrinas profundas e complicadas. Não obstante, estão lá, repetindo frases que não entendem e falando do que não sabem, escudados numa doutrina mal explicada de que não precisam de tanta cultura, posto que o Espírito Santo fala por eles. Falar, ele fala, mas nem todos os que dizem que são profetas o são. Tive colegas com dificuldade de estudos que, contudo, viveram sua fé e sua vida religiosa com santidade e testemunho, mas eles não pregavam para milhões. Sabiam o que podiam e o que não podiam fazer.

O básico da Catequese

Muito antes de os apóstolos pregarem o que pregaram, eles ouviram de Jesus, em menos de três anos, os fundamentos da fé sobre os quais o Espírito Santo agiu. Jesus lhes dera cultura suficiente para se sentirem iluminados pelo Espírito Santo. Tiveram o melhor dos professores de comunicação que se possa desejar. Tanto isso é verdade que Simão, o Mago (cf. At 8,9-10) – achando que qualquer sujeito que falasse bem poderia ser apóstolo –, propôs comprar aquela sabedoria e aquele poder. Foi avisado que não era apto. Sabia encantar o povo, mas não fora escolhido para esse ministério. Simão tinha-se tornado famoso pelos prodígios e magias que realizava. Achou então que, falando daquele jeito e dizendo as mesmas coisas que os apóstolos diziam, ele também poderia ser um deles. Afinal, era um mago! Achava-se grande e capaz do mesmo ministério. Se o Espírito Santo podia agir nos apóstolos, por que não nele? Capaz, ele era! Poder, poderia! Raciocínio quase certo, mas atitude totalmente errada. Pôs dinheiro no meio. Quis comprar o dom de comunicar a fé.

Quando entra o dinheiro

O povo achava que Simão tinha poderes divinos. O mago Simão gostou tanto da nova linguagem e da nova pregação de Filipe que quis ser batizado. Lucraria com isso! Não se convertera de verdade. Quis os mesmos poderes dos apóstolos, mas para outros fins que o bem do

7 - Como educar bons pregadores?

povo. Chamou-se, sem ser chamado! Não quis ser instrumento. Quis instrumentalizar – tentação que até hoje, sobretudo na mídia, é mais que frequente. Tudo o que envolve arrecadação de dinheiro torna-se perigoso para a pregação da fé. Significativamente Jesus lembrava que não é possível servir aos dois senhores. A fé fala forte, mas o dinheiro também! Simão é um triste modelo de quem tem mais magia e dinheiro na cabeça do que fé no coração.

Ouviu o que não quis

O que Simão buscava? Provavelmente, ser reconhecido como santo e apóstolo. Afinal, dizer que Deus nos está falando naquela hora e que estamos sendo seus porta-vozes traz poder e projeção! O povo acaba acreditando que estivemos falando diretamente com Deus e que Deus nos mandou dar seu recado especial. *O Espírito Santo está me dizendo neste momento que...* Quem não gosta de ouvir isso? Mas nem todo aquele que assim fala está realmente sendo inspirado. Pode ser jogo de cena e vaidade pessoal. Em muitos casos, é! Preste atenção em certos programas de rádio e televisão e pergunte-se se aquele pregador ou aquela pregadora estava mesmo ouvindo o Espírito Santo, ou se repetiu apenas o mesmo esquema que costuma dar certo. Oram em línguas sempre do mesmo jeito e dizem sempre a mesma coisa. É só filmar e gravar e comparar. Quem garante que não decoraram aquele som?

Unção e presunção

Uma coisa é unção, e outra, a presunção! É o que muita gente faz, sem de fato ter o dom. Jeremias fala disso em 14,14 e em todo o capítulo 23 de suas profecias. Jesus alertou várias vezes contra esse risco. Há um pregador que foi capacitado, mesmo não parecendo santo, e há outro que parece santo, mas não foi capacitado. A função de saber quem pode e quem não pode deve ficar com as autoridades da Igreja e não com seus colegas e companheiros! O apóstolo precisa controlar as pretensões dos profetas, para saber quem é e quem não é chamado. O mesmo Deus que ilumina os profetas também ilumina os apóstolos, mas, na Igreja, o apóstolo tem mais autoridade. Deveria ter (cf. 1Cor 12,28).

O microfone do profeta

É fato confirmado! Muita gente, tendo de escolher entre o microfone do bispo e o de seu profeta, fica com o de seu profeta. Foi assim que, sem os microfones de agora, começaram os grandes desvios do passado. Hoje, profeta vem com microfone. Quando ele se põe acima do bispo ou do papa e desobedece, fazendo o que os bispos pediram para não se fazer, já não tem mais atitude de católico. Será uma nova forma de montanismo, donatismo, joaquinismo, nestorianismo e outros "ismos", a depender do nome de seu líder. A diferença entre o padre Ário (250-336 d.C.), líbio, moreno, bonito, simpático, teólogo, pregador envolvente, cantor, líder carismático que atraía multidões, e o diácono Efrém, sírio (?-373 d.C.), outro cantor, simpático, poeta, teólogo, escritor que também atraía multidões, é que um deles aceitava ser corrigido. Ário chegou a um ponto do qual não era mais possível voltar. Continuou sozinho sem Roma. Efrém é santo e doutor da Igreja, não porque cedeu, mas porque não impôs seu jeito de louvar sobre os outros.

Digo aos jovens entusiasmados demais com determinado caminho de fé que, para medir seu catolicismo, devem responder a esta pergunta: *Se o papa e o bispo disserem que seu teólogo, seu líder e fundador deve calar--se por cinco anos e que aquilo que vocês dizem e fazem é errado, a quem vocês seguiriam?* Alguns apostam tanto em seu padre preferido que saem pela tangente, dizendo que isso nunca acontecerá! Nem sequer admitem a hipótese. Não saberiam escolher. Nesse caso já sabem com quem está sua fidelidade.

7 - Como educar bons pregadores?

Iluminados demais

O púlpito, ocupado por pregadores incendiários, armou cruzadas e exércitos para defender a fé; ocupado por santos, como Ambrósio, Agostinho, Alberto Magno, Domingo de Gusmão e Tomás de Aquino, encheu a Igreja de cultura e de sólido pensamento espiritual e social. É claro que muitos bons pregadores erraram em alguns enfoques ou disseram coisas das quais a Igreja mais tarde discordou, mas, sem eles, a Igreja nunca teria chegado aonde chegou. Sobre as mulheres, sobre sexo, sobre a concepção e a transmissão da vida, bons pregadores nem sempre acertaram. A Igreja os corrigiu, sem esquecer que eles acertaram na quase totalidade de seu ensino.

A liderança que vem do púlpito

Os púlpitos conduzem a Igreja para a verdade ou para o erro. Conduzidos pelo Espírito Santo, apontarão caminhos fortes e serenos. Caso contrário, mesmo que o pregador fale o tempo todo que o espírito o conduz, sua pregação pode levar a descaminhos. Foi o caso de Montano, Novaciano, Êutiques, Ário, Donato, Nestório e tantos outros que falavam bonito do Espírito Santo, e cuja pregação empolgou milhares de fiéis nos primeiros séculos do cristianismo. Mas os fiéis foram para onde eles foram e não para onde foi o papa! Convém reler com cuidado a História da Igreja! Na mídia há, hoje, perigosas repetições daqueles modelos de ontem! Fiquemos atentos!

O desafio do púlpito

O púlpito foi sempre um desafio para a Igreja, não por causa dele em si, e sim por culpa de quem o ocupou. Alguns fizeram pregações políticas incendiárias, separatistas. Outros, pregações violentas contra outras igrejas. Outros, ainda, ensinaram uma religião adocicada pela qual o

José Fernandes de Oliveira

fiel é chamado a cuidar apenas da salvação de sua alma. O planeta deles parecia não ter problemas. Salvar a própria alma e ir para o céu era tudo o que contava! Pietistas, iluministas, calvinistas, quakers, jansenistas, donatistas, cátaros, circumceliones foram recebendo nomes de acordo com o que pregavam ou com os nomes de seus líderes.

Fiéis em crise

O fiel sempre teve chance de escolher a quem queria ouvir. Quando aparecia um pregador empolgante, corriam para ele. Parecia certo! Os templos se enchiam e o pregador lhes oferecia um caminho de pureza e de santidade ou de compromisso perante os pobres e sofredores. Passavam a eles a ideia de que eram mais eleitos do que os outros. Quem quisesse ser católico ou cristão de verdade teria de adotar aquele jeito de orar e de viver.

Enjaulados

Mais que pregadores, alguns eram também trancafiadores. Atraíam o fiel para seu grupo e, depois, fechavam a porta, evitando qualquer contato com outros pregadores ou com grupos de fora. Ler outros pensadores católicos era proibido ou desaconselhável, já que o outro grupo de igreja, segundo eles, era menos santo. Nunca lhes ocorria admitir que eles também não o eram! Cátaros, donatistas, albigenses, jansenistas gostavam de se ver como verdadeiros reformadores da fé. Os outros se haviam desviado, não eles! Eles, sim, estavam restaurando a verdadeira igreja de gente fraterna, pura e sem pecado! Um desses grupos, os albigenses, chegou a ensinar que quem morresse sem conhecer a igreja deles se reencarnaria para poder ter essa chance, já que ninguém entraria no céu sem ser um albigense.

7 - Como educar bons pregadores?

Para o bem e para o mal

Para o bem e para o mal, o púlpito é um desafio. Nem todos os que o utilizam estão aptos. Infelizmente não existe peneiramento. Sabe-se que tal ou qual pregador ensina doutrinas estranhas ao catecismo católico, mas ninguém faz nada. Ele nem sequer tem de provar o que diz! Continua anunciando milagres que não aconteceram e revelando visões e mensagens que ninguém questiona. Se um irmão questiona, ofende-se terrivelmente com quem ousou fazer perguntas, e, então, declara-o não mais irmão.

Jesus mandou questioná-los

No entanto, Jesus recomenda em Mt 24,23-28 que os que se declaram "cristos" e "ungidos" sejam questionados. Ele mesmo disse que estava prevenindo de antemão. Mas parece que não adiantou, porque quem ousa questionar tais "ungidos" é visto como inimigo do evangelho.

Credibilidade e credulidade

Quem é pior? Quem diz que viu, mas não aceita provar que viu, ou quem quer apenas saber se aquilo é verdade? Eu seria a favor de que, a cada cinco anos, com exceção dos bispos e alguns pregadores de comprovado conhecimento da doutrina católica, dispensados pelo bispo, todos os demais que falam no rádio ou na televisão passassem por um exame. Deveriam saber o que a Igreja disse naqueles últimos cinco anos e responder a umas 500 perguntas sobre os dogmas e a doutrina social da Igreja. Se passassem, poderiam continuar lá.

É drástico, mas evitaria o que tem acontecido: católicos que não mais se adaptam ao pensamento da Igreja e que dependem apenas da palavra de determinado padre ou de determinada linha. Nem orar junto com os outros eles conseguem! O púlpito pode levar à universalidade ou afastar dela. Depende mais de quem o utiliza do que dependeria de seus ouvintes!

2. Preparados para comunicar

Assunto desagradável

Não é assunto agradável de se abordar, mas precisa ser encarado, porque, hoje, o púlpito ampliado e amplificado atinge milhões de pessoas. "Daquele que mais recebeu, ou a quem foi dado um microfone que vai mais longe, dele se exige mais." Não pode brincar de comunicar a fé, porque levará mais gente ao erro, se não souber do que está falando.

Gente preparada

Você colocaria um enfermeiro, ainda que especializado, para dar palestras de medicina? Chamaria o porteiro de um hospital para dar aulas de saúde pública? Aceitaria que o roupeiro de um time de futebol, só porque viu muito e gosta do time, tornasse-se um dos treinadores do clube, sem primeiro provar que conhece a fundo o assunto?

Não basta entusiasmo

Basta o entusiasmo? Basta a boa vontade? Basta o querer? Querer é sempre poder? O poder é sempre conveniente? O porteiro da emissora de rádio, por ser um moço popular e querido na redondeza, até pode ter um programa de uma hora, mas será conveniente chamá-lo, quando se sabe que não tem conhecimentos adequados e nem sempre diz coisa com coisa?

7 - Como educar bons pregadores?

Vocação para as antenas

Na comunicação religiosa muitos estão preparados. Mas há os outros que:
– não levam jeito;
– não levam conteúdo;
– não demonstram ser donos de si mesmos;
– vivem de repetir as fórmulas que deram certo com os outros

Há os que se prepararam e ainda se preparam

Muitos leem e estudam, frequentam cursos, abrem a mente e conhecem o pensamento da Igreja, os novos estudos da fé, os teólogos de todas as ênfases sabem o que está acontecendo no mundo, no país e na Igreja. Podem não saber de cor algum documento, mas sabem onde achá-lo e conhecem as passagens.

Sabem o que o papa e os bispos estão dizendo!

Há os improvisadores

Vão lá sem papel, sem notas e sem ter lido nada sobre o tema. Confiam temerariamente no Espírito Santo e garantem que Deus os inspirará. Fazem como muitos declamadores e improvisadores com sua violinha. Sabem alguns vocábulos que rimam com dez outros e, não importa qual o assunto, dizem uma coisa nova e, a seguir, repetem o de sempre. Quem os ouve três vezes, percebe que, na verdade, passam por improvisadores que não são. Os verdadeiros mestres da canção de improviso conhecem o assunto. Os imitadores vivem de se repetir e de mesmice. Ouça-os por uma semana e perceberá que apenas repetem o que ouviram em algum lugar. Não estudaram e não têm o que dizer.

Mesmice perigosa

Há os que repetem o que ouviram, sem o menor esforço de ler mais. Infelizmente, não são tão poucos o quanto se tenta fazer ver. São muitos. E se você juntar dez deles – um depois do outro, sem que um tenha ouvido o pregador anterior – quase todos dirão praticamente a mesma coisa! Foram treinados, mas não foram preparados. São decoradores e declamadores da Palavra, mas não são nem pregadores, nem explicitadores da catequese da Igreja. Faltou livro e leitura!

Os que trabalham arduamente para aprender

Há os que possuem lastro cultural e espiritual adequado. É uma alegria ouvi-los. Muitos são jovens. Alguns cantores e cantoras, de fato, leram os documentos da Igreja e de fato falam do que ouviram mencionar e foram ler. Quando eles falam, percebe-se, de fato, a renovação na Igreja. Mas isso é porque mais do que "renovados" no Espírito se comportam como "renovandos" no Espírito. Sabem que a obra da conversão continua. Sentem a necessidade de aprender. Não digo seus nomes, mas fico feliz toda vez que ouço uma cantora de Belo Horizonte e um cantor do Ceará. Há centenas de outros pelo Brasil afora; mas esses dois são sólidos. Pois eles conhecem catecismo e sabem do que os papas falam. São convictos em sua escolha, mas abertos a todos os demais chamados da Igreja. Sabem dialogar, porque abriram seu coração e sua mente! Nunca serão sectários.

Os menos esforçados

Há os entusiasmados, sem catecismo e sem conteúdo eclesial. Não há muito que dizer sobre eles. Só podemos dizer que não demonstram querer saber o que os papas disseram. Falam bonito do papa, mas não ouvem o que ele diz. Acham os teólogos maravilhosos, mas nunca leram nenhum deles...

7 - Como educar bons pregadores?

Os chamados e os que se chamam

Na mídia há os chamados e convidados, porque têm o que dizer. Também há os que se convidam e até compram horário, porque acreditam que têm algo a dizer. Antes que os julguemos, é bom lembrar que a maioria dos missionários do mundo também não foi convidada nem chamada a estar lá onde está. Eles foram enviados para conquistar pessoas para a fé. Os que, não sendo chamados nem convidados, enviam-se pela mídia, fazem o que seu coração propõe. Se têm o que dizer e acreditam em si mesmos, por que não? Foram consagrados e ordenados para pregar e usam da oportunidade para fazê-lo para milhares. Merecem respeito. O importante é que tenham conteúdo e conheçam a linguagem da mídia. Façam de tudo para não aparecer demais. Isso, sim, seria inconveniente.

Tragam pessoas consigo!

Qualificados

Há os equilibrados. Passariam tranquilos num exame de sanidade mental e equilíbrio emocional. Há os que não passariam. E nunca se sabe quem os contratou e quem os pôs ali, nem porque os pôs. Não apenas sua forma de falar, mas também a forma de pensar e agir mostra falta de controle e de equilíbrio emocional. Não controlam nem o riso, nem o choro, nem as emoções. E atribuem tudo a Deus que, muito ao contrário, é fonte de equilíbrio e serenidade. Receitam sua conversão incompleta e sujeita à revisão constante para outros com problemas semelhantes. É como receitar para milhões de míopes as lentes que deram certo para os olhos deles. Não vai dar certo para os outros!

Machucados

O púlpito dói. Bispos, sacerdotes, diáconos, ministros da palavra, líderes de comunidade, catequistas morreram por tentar aplicar o Evangelho em sua área de atuação. Foram presos, exilados, torturados, mortos porque falaram em defesa dos outros. Religiosos e religiosas tombaram mortos ou foram barbaramente caluniados porque se comunicaram. Aqueles púlpitos repercutiram e incomodaram. Seria ingenuidade querer que um púlpito poderoso como o da mídia moderna não tenha seus mártires. Uma coisa é certa: usar a mídia só para dizer coisas agradáveis é brincar de evangelizar. É omitir-se. Com oportunidade tão grande, negar-se a pregar mudanças e a repercutir as doutrinas sociais da igreja, fugir do dever de tomar a defesa dos pequenos é ter um enorme pão para oferecer a uma família faminta e dar-lhe apenas um pedaço dele. O povo tem fome também do outro pedaço.

Profundos

Há os que conhecem catequese a fundo! Há os que receberam uma tintura de conhecimento, mas falam como quem sabe e como quem tem poder vindo do alto. Exorcizam sem terem sido nomeados pelo bispo, expulsam demônios, sem que a autoridade da Igreja os tenha designado para tal missão, até porque às vezes demonstram não saber o que é um demônio. Mal sabem explicar os anjos, os querubins e os serafins, e já dão aulas e shows de exorcismo pela televisão e pelo rádio. Talvez nem saibam que é preciso autorização especial para exercer aquele ministério.

Bem-preparados

Em todas as religiões e igrejas há os chamados, preparados e convidados. Pode-se confiar neles porque sabem do que estão falando. Em todas elas há os que precisam demais do microfone, das câmeras, do púlpito e do palco. Fazem qualquer coisa para estar lá em cima. Correm

7 - Como educar bons pregadores?

atrás da oportunidade, porque um vírus midiático os atingiu e eles querem aquele posto. E não há bispo, nem padre, nem conselho pastoral, nem pastor chefe que convença aquele fiel católico ou evangélico que ele não está preparado para aquele ministério. Pregar na mídia para milhões não é a mesma coisa que dar testemunho em um templo onde o pregador chefe pode corrigir algumas de suas afirmações errôneas. O da mídia vai e raramente tem conserto. Durante a correção, o destinatário pode não estar mais lá... No templo ele é bem mais assíduo.

Conclusão

A Igreja Católica tem excelentes educadores e formadores que poderiam, em tempo adequado, capacitar um sacerdote ou um fiel para a missão de comunicar, através da mídia, para milhões. Os cursos existem, mas não são frequentados o tempo suficiente por quem precisaria deles. Não se trata apenas de ensinar a pronunciar, a usar o microfone e as câmeras e tirar proveito do instrumento. Trata-se de ensinar sociologia, filosofia, teologia, pedagogia, psicologia, catecismo e os documentos da Igreja; e ainda de examinar o candidato para ver se ele pode ir lá e falar sozinho para milhões de pessoas, sem o perigo de deturpar a verdade ou a práxis da Igreja local. Quer queira, quer não, quem fala na mídia é um porta-voz.

Os deputados que elegeram um homem intempestivo e com dificuldade de pensar e de se expressar para ser o presidente de seu partido, ou da Câmara de Deputados, são os responsáveis por toda a confusão que ele aprontou. Ele queria, mas não estava preparado. Não deveriam ter-lhe dado aquela chance. Quem ignorou gente de maior conteúdo e preparo, tem culpa. Afinal, cabe à Igreja:

– Escolher bem seus pregadores cantores e comunicadores.
– Submetê-los a teste de conhecimentos básicos da fé e de um mínimo de cultura da palavra e da canção.
– Submetê-los a um teste de equilíbrio emocional.

Daí minha interrogação proposta a todos:

– Isso tem sido feito nas capelas?
– Nas novas comunidades?
– Nas paróquias?
– Nas dioceses?
– Nas emissoras?

Vale um debate!

Referências bibliográficas

CELAM. *Documento de Aparecida.* Brasília: Edições CNBB, 2007.

Concílio Vaticano II. *Compêndio do Vaticano II.* 22 ed. Petrópolis: Vozes, 1991.

González, Justo l. (ed.). *Dicionário ilustrado dos intérpretes da fé.* Santo André: Editora Academia Cristã, 2005.

Pe. Zezinho, SCJ. *Do púlpito para as antenas:* a difícil transição. São Paulo: Paulinas, 2007.

_____. *Novos púlpitos, novos pregadores.* São Paulo: Paulinas, 2004.

8 – Nova evangelização: novos evangelizadores?

O perfil dos evangelizadores a partir Conferência de Aparecida

Djalma Lopes Siqueira[1]

Introdução

*I*greja, em sua atuação evangelizadora, procura respeitar a situação em que se encontram seus destinatários. Por isso, mesmo possuindo a totalidade dos meios da salvação, realiza sua missão através de tentativas e passos.[2] Assim, "as diferenças de atividade, no âmbito da única missão da Igreja, nascem não de motivações intrínsecas à própria missão, mas sim das diversas circunstâncias onde ela se exerce".[3] Esse critério evangelizador reveste-se de muita importância nos dias de hoje, pois a situação religiosa tende a receber influências dos rápidos câmbios da sociedade, apresentando-se de forma diversificada e em constante processo de mudanças.[4] Isso exige que a missão geral da Igreja especifique-se de acordo com a situação dos destinatários.

---

[1] Mestre em missiologia pelo Instituto Teológico e Pastoral da América Latina – ITEPAL, Bogotá (Colômbia). Presbítero da diocese de São José dos Campos, SP.
[2] Cf. *Ad gentes* 6 (daqui adiante, AG).
[3] *Redemptoris missio* 33 (daqui adiante, RMi).
[4] Idem, 32.

8 - Nova evangelização: novos evangelizadores?

A partir desse princípio, a *Redemptoris missio* 33 propõe três estilos de atividade evangelizadora que a Igreja deve realizar para responder às situações religiosas que caracterizam o mundo atual:

a) A necessidade de a Igreja cumprir a missão *ad gentes*, que se destina a "povos, grupos humanos, contextos socioculturais em que Cristo e seu Evangelho não são conhecidos, onde faltam comunidades cristãs suficientemente amadurecidas para poderem encarnar a fé no próprio ambiente e anunciá-la a outros grupos".[5] A missão dinamiza a semeadura do Evangelho que faz nascer Igrejas autóctones particulares. Estas, por sua vez, devem constituir-se também como comunhão orgânica e missionária, visto que a missionaridade da Igreja é sempre dinâmica.[6] Assim tendo já sido constituídas como Igreja particular, essas Igrejas, sem deixar de ser missionárias, abrem-se a uma nova fase em sua ação evangelizadora, estabelecendo condições para dispor aos fiéis os meios de crescimento que possibilitem que a semente do anúncio, acolhida nos corações, cresça e produza frutos de vida cristã plena e madura.[7]

b) Nesse sentido, temos a ação pastoral que toda Igreja particular deve empreender, a fim de formar discípulos missionários. Essa atividade adquire proeminência em "comunidades cristãs que possuem sólidas e adequadas estruturas eclesiais. São fermento de fé e de vida, irradiando o testemunho do Evangelho em seu ambiente e sentindo o compromisso da missão universal".[8] Portanto, a *pastoral* destina-se àqueles cristãos que assumem seu batismo e aderem a Cristo, praticando sua fé. A etapa pastoral consiste em proporcionar a eles os meios para que eles cresçam na vida cristã (cf. 2Pd 3,18; At 2,42).

---

[5] RMi 32-33

[6] Cf. *Christifideles laici* 20 e 25 (daqui adiante, ChL).

[7] Cf. AG 6.

[8] RMi 33.

c) Por fim, *Redemptoris missio* apresenta a nova evangelização (ou reevangelização) como atividade eclesial que busca responder a uma situação intermediária. Essa demanda evangelizadora dá-se "nos países de antiga tradição cristã, mas, por vezes, também nas Igrejas mais jovens, onde grupos inteiros de batizados perderam o sentido vivo da fé, não se reconhecendo já como membros da Igreja e conduzindo uma vida distante de Cristo e de seu Evangelho".[9] É significativo que o papa tenha apresentado a nova evangelização como situação intermediária. Isso revela que essa atividade cumpre no âmbito interno das Igrejas particulares, tanto a missão como a pastoral, ou seja, trata-se de cumprir a atividade missionária *ad intra*, com os que estão afastados da vida eclesial, e ao mesmo tempo a atividade pastoral, com os já evangelizados.

1. A "nova evangelização"

Como a situação da América Latina e do Caribe exige principalmente a nova evangelização, é oportuno deter-se mais nesta atividade evangelizadora. A nova evangelização já foi definida como o programa fundamental do pontificado do Papa João Paulo II. Mas existe o risco de se entendê-la como algo específico de um pontificado, sem considerar que sua intuição profética deve ter um alcance mais amplo. Assim, ela será uma mera onda eclesial, que passará sem realizar o propósito de Deus, que é um novo impulso na Igreja, com uma positiva e duradoura repercussão no mundo. Nesse sentido, no documento *Novo millennio ineunte*, o próprio João Paulo II alertou a Igreja sobre o risco de um arrefecimento após a celebração do Jubileu[10] e reiterou o convite para a nova evangelização, demonstrando que ela não se limita ao contexto da celebração do Jubileu.[11]

---

[9] RMi 33.
[10] Cf. *Novo millennio ineunte* 15 (daqui adiante, NMI).
[11] Cf. Ibidem 40.

8 - Nova evangelização: novos evangelizadores?

Também o Papa Bento XVI expressa essa consciência ampla e duradoura da nova evangelização. Por isso, ao invés de elaborar um programa novo, reiterou a necessidade de dar continuidade a esse projeto, criando o Pontifício Conselho para a Promoção da Nova Evangelização e convocando um novo Sínodo para 2012, com o objetivo de refletir sobre esse tema.

É significativo que Aparecida, ao mesmo tempo em que assumiu a nova linguagem do discipulado e da missão, tenha se referido à nova evangelização não só como desafio,[12] mas também como realidade que vai sendo concretizada no Continente.[13] Na verdade, a nova evangelização transpassa todo o documento de Aparecida, pois seu próprio lema, que foi o desafio que a 5ª Conferência buscou responder,[14] é, em si, uma forma de concretizar esse projeto, pois, conforme foi dito acima, a nova evangelização supõe buscar os afastados (missão) para que retornem à comunidade cristã e acompanhar os que já estão inseridos, a fim de que eles cresçam no seguimento de Jesus (discipulado). Trata-se de um processo circular que, para realizar seu giro fecundo, supõe essas duas forças de impulsão.

2. Mudança de época e desafios à nova evangelização

Não obstante os esforços feitos, é preciso reconhecer que muitos dos apelos do pontificado de João Paulo II e de Bento XVI, bem como das Conferências latino-americanas e caribenhas, não foram ainda escutados nas Igrejas do continente. Em muitas partes, ainda permanecem práticas eclesiais anacrônicas e estruturas eclesiais ultrapassadas que comprometem a ação evangelizadora.[15]

---

[12] Cf. *Documento de Aparecida* 287 (daqui adiante, DAp).
[13] Cf. DAp 99 e 307.
[14] Cf. DAp 14.
[15] Cf. DAp 365.

Um problema sério na evangelização católica é que ainda existe uma concentração no aspecto litúrgico. É certo que a liturgia tem também um acento profético e real. Mas concentrar tudo no litúrgico significa empobrecer a missão da Igreja. A liturgia é fonte e ápice da vida da Igreja, mas ela supõe a evangelização, tanto em sua etapa kerigmática como catequética. Em geral, a dimensão profética tem ficado reduzida à catequese infantil e, no caso dos adultos, à Liturgia da Palavra na celebração eucarística dominical. A dimensão régia, apesar de todos os documentos e esforços realizados no Continente, não tem promovido suficientemente os leigos como presença transformadora na sociedade.

A consequência concreta desse reducionismo é o enfraquecimento da vida cristã e de seu impacto na sociedade. Além disso, tal reducionismo é gerador de clericalismo e sacramentalismo que enfraquecem a liturgia, impedindo que ela seja realmente *fonte e ápice* da vida cristã. A fonte é o início de um rio, por isso não pode ser considerada de forma isolada, e sim em sintonia com sua continuidade. Por outro lado, o ápice supõe um itinerário de ascendência até o ponto mais alto. Apesar dos avanços significativos na reflexão eclesial, no sentido de se cumprir a missão da Igreja de forma mais integral, a superação desse quadro na ação evangelizadora das Igrejas locais ainda têm sido tímidas.

Nesse sentido, Aparecida denuncia a tendência da mediocridade na vida cristã, que faz com que o cristianismo seja vivido sem a vitalidade que lhe é própria. "Nossa maior ameaça é o medíocre pragmatismo da vida cotidiana da Igreja, na qual, aparentemente, tudo procede com normalidade, mas na verdade a fé vai desgastando-se e degenerando em mesquinhez."[16]

Além desses obstáculos que se fazem presentes no interior das comunidades eclesiais, existe hoje também o fenômeno da mudança de época que, enquanto apresenta aspectos positivos, suscita dificuldades

---

[16] DAp 12.

8 - Nova evangelização: novos evangelizadores?

novas para o cumprimento da missão da Igreja. O consumismo e o hedonismo da sociedade vigente têm gerado uma verdadeira ditadura do relativismo, que enfraquece a opção cristã. Devido à globalização, esse fenômeno em maior ou menor medida tem-se manifestado também na América Latina e no Caribe.

Diante desse quadro, a ação evangelizadora da Igreja encontra-se ainda, sob muitos aspectos, debilitada e impossibilitada de promover para muitos de seus membros uma maior consistência e maturidade na fé. Apesar das riquezas do catolicismo popular latino-americano, reconhecido por Aparecida,[17] não se pode negar que apenas uma camada desse catolicismo alcança o nível da maturidade. Em um alto percentual de nosso povo, esse catolicismo manifesta-se enfraquecido e até sincrético.[18]

3. Evangelização: realidade plural, dinâmica e complexa

O Concílio Vaticano II, com seu forte acento eclesiológico-pastoral, significou um avanço na autocompreensão da Igreja acerca de sua missão. Essa renovação conciliar hauriu inspiração dos movimentos de reflexão eclesial que, a partir do avanço dos estudos bíblicos e patrísticos, buscaram um retorno às fontes para impulsionar a renovação da Igreja. Podemos citar nessa perspectiva, principalmente, os movimentos bíblico, catequético, ecumênico e litúrgico.

Como preparação e como contexto da renovação conciliar, merecem destaque também as experiências missionárias na África, que influenciaram a Europa pelos anos cinquenta, bem como os trabalhos históricos e teológicos de investigação sobre o catecumenato dos primeiros séculos, que possibilitaram a percepção da necessidade de um

---

[17] Cf. DAp 258-265.
[18] Cf. *Evangelii nuntiandi* 48 (EN); *Documento de Puebla* 641a (DP).

retorno à iniciação cristã e de uma reiniciação cristã, ou reevangelização catecumenal adaptada aos já batizados. Os Diretórios Gerais catequéticos de 1972 e de 1997 são ecos diretos desses ventos renovadores na Igreja assumidos no Concílio e que valorizaram esse aspecto fundamental da missão da Igreja.

No âmbito da teologia pastoral também houve uma fecunda renovação nestes últimos decênios. Isso possibilitou uma compreensão mais profunda acerca da natureza da missão da Igreja, fazendo com que ela redescubra sua vocação evangelizadora, como proposta global. Nesse aspecto foi fundamental, em profunda continuidade com a reflexão conciliar, o Sínodo de 1974, que teve como fruto a exortação *Evangelii nuntiandi* (EN).

Nessa Exortação Apostólica, a missão da Igreja aparece em profunda continuidade com a missão de Cristo,[19] por isso ela não se acha situada apenas na perspectiva profética, mas também integra a dimensão sacerdotal e régia. Nessa compreensão mais ampla, a evangelização torna-se sinônimo da totalidade da missão da Igreja e razão de sua própria existência histórica, pois "ela existe para evangelizar".[20]

Nesse sentido, "nenhuma definição parcial e fragmentária, porém, chegará a dar a razão da realidade rica, complexa e dinâmica que é a evangelização, a não ser com o risco de empobrecê-la e até mesmo de mutilá-la. É impossível captá-la se não se procurar abranger com uma visão de conjunto todos os seus elementos essenciais".[21] Certamente, visões reducionistas do significado da ação evangelizadora eclesial têm prejudicado o exercício da missão da Igreja. Se a evangelização é composta de elementos essenciais, significa que eles não são facultativos. Nesse sentido a missão da Igreja, entendida em sentido amplo, pode ser exercida de modo mais ou menos completo.

---

[19] Cf. EN 6-16.
[20] EN 14.
[21] EN 17.

8 - Nova evangelização: novos evangelizadores?

Também o número 24 dessa Exortação Apostólica, em sintonia com o número 17, elucida o rico significado da ação evangelizadora: "A evangelização, por tudo o que dissemos, é uma diligência complexa, em que há variados elementos [...]. Esses elementos, na aparência, podem afigurar-se contrastantes. Na realidade, porém, eles são complementares e reciprocamente enriquecedores uns dos outros. É necessário encarar sempre cada um deles em sua integração com os demais" (n. 24).

Toda a reflexão eclesial posterior, tanto em nível universal como latino-americano, teve como fundamento essa visão de evangelização própria do Concílio Vaticano II e da *Evangelii nuntiandi*. Isso se aplica também à nova evangelização, como um projeto eclesial global proposto por João Paulo II, que tem como objetivo vitalizar todas as dimensões da missão da Igreja.

Por isso, na *Tertio millennio adveniente* (TMA) o Papa João Paulo II afirmou que o cumprimento da nova evangelização exigia da Igreja um aprofundamento do Concílio e dos Sínodos para fazer avançar no plano eclesial suas grandes intuições.[22] Também com referência aos Sínodos, o Papa João Paulo II afirmou que o tema de fundo deles "*é o da evangelização, ou melhor, da nova evangelização, cujas bases foram colocadas pela exortação apostólica Evangelii nuntiandi*".[23] Tendo esse fundamento amplo, a nova evangelização também deve ter uma projeção de longo alcance, não devendo ser entendida como um projeto eclesial provisório e circunstancial.

---

[22] Cf. TMA 18-20.
[23] TMA 21.

4. Conferência de Aparecida: uma proposta inspiradora

As intuições de Aparecida se inserem nesta rica reflexão eclesial acerca da evangelização, que foi tornando-se mais clara desde a *Evangelii nuntiandi*. A nova evangelização, pelo que vimos, também é um eco dessa autocompreensão eclesial acerca de sua missão. Ela foi utilizada primeiramente como uma proposta para a América Latina, em 1983, mas depois foi assumida para toda a Igreja na encíclica *Redemptoris missio*, a partir de 1990.

Nesse sentido, apesar da expressão nova evangelização não ter sido utilizada muitas vezes em Aparecida, não só continuou vigente nessa Conferência como recebeu dela novas luzes. A nosso ver, a maior contribuição de Aparecida à nova evangelização é exatamente sua proposta integral e integradora. Evidentemente, as Conferências anteriores também buscaram essa globalidade em suas propostas evangelizadoras, contribuindo também com a reflexão do Magistério universal, mas a proposta de Aparecida destaca-se por sua integralidade e articulação.

Cremos que o *Documento de Aparecida* (DAp) representa o ponto mais alto do Magistério da Igreja latino-americana e caribenha. É o melhor documento produzido, até hoje, por nossos bispos e talvez por qualquer outro episcopado regional. Ele recapitula o que há de melhor nas Conferências Gerais anteriores, e isso dentro de um quadro teológico muito rico, seguro e homogêneo. Cremos que o documento da 5ª Conferência, além de dar um passo à frente, abre uma "nova fase" na missão da Igreja no Continente.

Tendo o Concílio Vaticano II como sólido fundamento e essa rica reflexão posterior, tanto no âmbito do Magistério universal, como do Magistério latino-americano, Aparecida teve um suporte muito rico para significar um momento de muita profundidade e síntese na reflexão eclesial e inaugurar uma nova fase de recepção criativa do Concílio no continente, exigida pelo câmbio epocal. As novas características da cultura atual, que incidem em todos os campos da vida

8 - Nova evangelização: novos evangelizadores?

humana e se manifestam como uma verdadeira ditadura do relativismo, forçaram a reflexão em Aparecida no sentido de buscar respostas para fortalecer o sujeito eclesial.

Quanto ao aspecto social, o discernimento eclesial já estava maduro e purificado com referência à teologia da libertação. Por isso, mesmo sem citá-la, Aparecida reafirmou suas intuições autênticas que são comuns ao Magistério social da Igreja. Dessa forma ela não arrefeceu o profetismo das Conferências anteriores.

O *Documento de Aparecida* desenvolve-se numa relação recíproca e enriquecedora entre discipulado e missão, tendo como eixo transversal a vida em Cristo. A missão supõe o discipulado e, por outro lado, a missionariedade expressa o nível de maturidade discipular da comunidade eclesial e deve constituir-se como um fermento de vida para o mundo.

Mas uma exigência fundamental desse processo formativo do discípulo missionário em Aparecida é a integração de elementos que são constitutivos do crescimento cristão. Nesse sentido Aparecida apresenta verdadeiras sínteses integradas daquilo que a Igreja deve dispor para cumprir o objetivo fundamental da 5ª Conferência, ou seja, a formação de discípulos missionários.[24]

Trata-se de uma proposta inovadora e desafiante que exige a conversão pastoral da Igreja para ela se apresentar ao mundo, com um rosto renovado, à luz da eclesiologia conciliar. Nesse sentido pode-se constatar que de Aparecida emerge um modelo de Igreja, com três traços fundamentais e em profunda sintonia com seu lema.

Antes de tudo, perfila-se uma Igreja "discipular": ouvinte da Palavra, meditadora, orante, contemplativa, adoradora e eucarística. Depois, será uma Igreja "missionária": anunciadora alegre e entusiasta da Boa-Nova do amor de Deus em Cristo, como o que enche

---

[24] Cf. DAp 158; 226; 278; 292.

de sentido o coração do ser humano, também nesta vida. Será, enfim, uma Igreja "agápica", enquanto se faz samaritana de todos os caídos à beira das estradas, cuidando deles e os curando.

A partir de agora, esta reflexão se propõe a abordar estas três expressões do rosto da Igreja em Aparecida: uma Igreja discipular, uma Igreja missionária e uma Igreja agápica. Por outro lado, deseja-se recuperar o que foi falado sobre a evangelização, à luz dos números 17 e 24 da *Evangelii nuntiandi*, ou seja, como uma realidade que deve ser constituída sempre de elementos complementares e mutuamente enriquecedores. Por serem elementos distintos e possuidores de significado específico, serão tratados separadamente, no contexto de sua dimensão eclesial mais própria. A partir daí, integram-se numa perspectiva integrada de evangelização, já que são vinculados entre si.

4.1. Igreja discipular

a) Comunidades eclesiais de base ou pequenas comunidades: Igreja casa e escola de comunhão

Em Aparecida, o chamado que cada batizado recebe para o discipulado e a missão estão profundamente ligados ao chamado à comunidade. Sem a vivência da comunhão não existe autêntico discipulado;[25] por isso, no cumprimento de sua missão discipular, a Igreja deverá ser casa e escola de comunhão.[26] Deus não quis nos salvar de forma isolada; por isso, a pertença a uma comunidade concreta é constitutiva do acontecimento cristão.[27]

Na realidade atual da vida da Igreja, essa vivência da comunhão torna-se mais concreta através da inserção numa Comunidade Eclesial de

---

[25] Cf. DAp 156.
[26] Cf. NMI 43.
[27] Cf. DAp 156 e 164.

8 - Nova evangelização: novos evangelizadores?

Base ou outra forma de pequena comunidade. Além disso, mediante essa pertença, é garantido ao cristão um processo de formação permanente, visto que a pequena comunidade é espaço privilegiado de catequese e formação.[28]

A paróquia, como célula da diocese,[29] é a instância eclesial mais indicada para se articular como comunidade de comunidades. Assim ela se torna mediadora de eclesialidade para as pequenas comunidades, e estas se tornam estruturas de descentralização e articulação da comunidade paroquial e fontes de sua vitalidade apostólica. Dessa forma, a paróquia possibilita a superação de um acompanhamento pastoral fundado apenas em eventos ocasionais e estabelece uma estrutura básica que possibilita um processo contínuo de crescimento na fé, ajudando os fiéis a experimentarem uma profunda alegria de serem discípulos missionários.[30]

O anonimato das cidades, a mobilidade humana, a socialização, a secularização e o pluralismo são os maiores desafios da sociedade pós-moderna para a ação evangelizadora da Igreja. Diante de desafios como estes, torna-se insuficiente uma estrutura pastoral massificada: "Nossos fiéis procuram comunidades cristãs, onde sejam acolhidos fraternalmente e se sintam valorizados, visíveis e eclesialmente incluídos. É necessário que nossos fiéis sintam-se realmente membros de uma comunidade eclesial e corresponsáveis em seu desenvolvimento. Isso permitirá um maior compromisso e entrega em e pela Igreja".[31]

O Concílio Vaticano II recuperou a eclesiologia de comunhão do Novo Testamento; e as CEBs ou pequenas comunidades não são outra coisa senão o eco da renovação proporcionada pelo Concílio. Sendo assim, todas essas experiências de pequenas comunidades, próprios da

---

[28] Cf. *Diretório geral catequético* 26.
[29] Cf. *Apostolicam actuositatem* 10 (daqui adiante, AA).
[30] Cf. DAp: *Mensagem final* 3.
[31] DAp 226b.

experiência das CEBs ou de outros modelos pastorais, são, de certo modo, um retorno às fontes, visto que elas encontram sua fundamentação nos Atos dos Apóstolos[32] e se assemelham às "Igrejas domésticas" ou comunidades cristãs que se reuniam nas casas e aparecem citadas em algumas epístolas do Apóstolo Paulo (cf. 1Cor 16,19; cf. Rm 16,5; Cl 4,15; Flm v. 2).

b) Lectio divina: Igreja ouvinte e servidora da Palavra

Uma Igreja discipular é aquela que cultiva uma relação com a Escritura como referência vital de seu caminhar histórico, para renovar-se constantemente em sua vocação e missão. Existe uma profunda relação entre a Igreja e a Escritura, e a base dessa relação encontra-se em Cristo, plenitude da Revelação.[33] A Igreja é intérprete autorizada da Sagrada Escritura, mas não está acima dela, e sim a seu serviço.[34] Por outro lado, a Palavra de Deus contida tanto na Sagrada Escritura, como na Tradição, edifica a Igreja e garante sua identidade discipular.[35]

O Concílio Vaticano II, no âmbito da pastoral bíblica, ajudou a Igreja a superar um apostolado bíblico que se limitava apenas a divulgar a Bíblia entre os católicos e despertou a Igreja no sentido de ela oferecer meios para o povo cristão fazer uma reta leitura das Sagradas Escrituras.[36] Mas como a eclesiologia do Concílio motivou, no plano prático, o surgimento de pastorais específicas, a pastoral bíblica passou a ser entendida como uma pastoral entre outras, cujo campo era o de promover a leitura da Bíblia.

Certamente, iniciativas específicas são necessárias, mas a pastoral bíblica, em nome do espírito mesmo da *Dei Verbum*, não pode ser entendida como um compartimento fechado. Ela deve ser vivenciada

---

[32] Cf. DAP 178.
[33] Cf. *Dei Verbum* 4 (daqui adiante, DV).
[34] Cf. DV 10; *Verbum Domini* 47 (daqui adiante, VD).
[35] Cf. *Documento de Santo Domingo* 143.
[36] Cf. DV 14.

8 - Nova evangelização: novos evangelizadores?

numa perspectiva de transversalidade, a fim de animar todo o povo de Deus a dar à Palavra de Deus a justa proeminência que ela deve ter na vida cristã.[37] Por isso, Aparecida utilizou a expressão *animação bíblica da pastoral,* propondo que a Bíblia seja o fundamento de toda pastoral. Trata-se de uma proposta muito rica e necessária, visto que é fundamental que a Bíblia ilumine e alimente cada dimensão da vida da Igreja, para o bom êxito da ação evangelizadora.

Aparecida sugere também com insistência a prática da *lectio divina,* a fim de que o povo de Deus, através da leitura, da meditação, da oração e da contemplação das Escrituras, alimente-se do pão da Palavra e tenha a experiência do encontro com Cristo.[38] Essa proposta de Aparecida está em profunda coerência com sua proposta fundamental que é o fortalecimento da identidade cristã no continente, mediante a promoção de um renovado discipulado missionário.[39] Mediante a prática da *lectio divina,* o mundo bíblico penetra no mundo psicológico do discípulo, possibilitando-lhe entrar num processo permanente de conversão.

c) Catequese: Igreja que persevera no ensino dos Apóstolos

Na experiência eclesial do cristianismo das origens, a transmissão da mensagem cristã deu-se primeiro através do *kerigma* e da *didaché,* que a Igreja chamou depois de Catequese. Com a redação do Novo Testamento e posteriormente a definição do cânon bíblico, a distinção entre tradição oral e escrita tornou-se clara, mas a relação de interdependência conserva todo o seu vigor.[40]

---

[37] Cf. *Diretório geral de catequese* 127.
[38] Cf. DAp 247.
[39] Cf. DAp 14.
[40] Cf. *Catechesi tradendae* 20 (daqui adiante, CT).

Djalma Lopes Siqueira

A tarefa discipular da Igreja tem sido identificada tradicionalmente com a catequese, entendida em sentido amplo. "Bem depressa se começou a chamar catequese ao conjunto dos esforços envidados na Igreja para fazer discípulos."[41] Esta identidade discipular da catequese supõe que ela seja edificada sobre o sólido alicerce da proclamação kerigmática,[42] visto que o kerigma abre o coração, suscita a conversão e leva aquele que o escuta a fazer uma opção fundamental pelo seguimento de Cristo.

Nem tudo na catequese terá referência direta a Cristo, mas tudo deve ser assimilado de modo a favorecer o aprofundamento na adesão a sua pessoa. Para isso, ela deve ser ministrada como um processo de iniciação cristã e de formação permanente, a fim de poder integrar o conhecimento, o sentimento e o comportamento dos discípulos do Senhor.[43]

Nessa perspectiva renovada da catequese, Aparecida questiona como tem sido realizada a educação na fé no continente[44] e insiste em um catecumenato batismal para os não batizados que proporcione, segundo a antiga tradição da Igreja, uma iniciação cristã com um caráter de experiência de encontro com Cristo.[45]

Para as crianças, a Igreja deve oferecer uma catequese que os levem a completar bem sua iniciação cristã.[46] Já no caso dos adultos batizados, não suficientemente catequizados, Aparecida apresenta – na linha da *Evangelii nuntiandi* 44 – a necessidade de um catecumenato pós-batismal, distinto de outros processos catequéticos e formativos que têm a iniciação cristã como base.[47] O termo catecumenato, aplicado a essa proposta, sugere que Aparecida entende esse itinerário como algo intenso e com um tempo definido, a fim de revitalizar a fé dos batizados.

---

[41] CT 1.
[42] Cf. CT 19 e DAp 289.
[43] Cf. DAp 518.
[44] Cf. DAp 287.
[45] Cf. DAp 290.
[46] Cf. DAp 239.
[47] Cf. DAp 288.

8 - Nova evangelização: novos evangelizadores?

Mas Aparecida vai além, em sua compreensão da missão catequética da Igreja, sugerindo, em sintonia com o Diretório Geral Catequético e a proposta do Papa em seu *Discurso inaugural* (cf. n. 3), "um processo catequético orgânico e progressivo que se propague por toda a vida, desde a infância até a terceira idade [...] levando em consideração [...] a catequese de adultos como a forma fundamental da educação na fé".[48]

d) *Celebração eucarística dominical: Igreja que se faz pela eucaristia*

A importância e a centralidade da Eucaristia na Igreja e na vida de cada um de seus membros explicam-se, em primeiro lugar, a partir de suas relações diretas com o acontecimento fundante do cristianismo, ou seja, o sacrifício de Jesus na cruz, como núcleo de seu mistério pascal.[49] "Este sacrifício é tão decisivo para a salvação do gênero humano que Jesus Cristo o realizou e voltou ao Pai só depois de haver deixado o meio para participar dele, como se estivéssemos estado presentes."[50] Por essa relação estreita entre o Sacrifício Eucarístico e Sacrifício do Calvário, a Eucaristia é sempre o centro da história da salvação que continuamente faz a Igreja.

Essa identificação entre a Igreja e Cristo pelo sacrifício eucarístico se dá, também, através da inserção da Igreja na dinâmica pascal de Cristo. Essa compreensão remonta à Igreja Primitiva, pois ela tinha a consciência de sua profunda inserção na dinâmica pascal de Cristo, que se dá principalmente mediante a acolhida da proclamação do kerigma e pelos sacramentos do batismo (cf. Rm 6,3-4) e da eucaristia (cf. 1Cor 11,26).

Além de muitos outros aspectos, essa realidade oblativa-pascal dos sacramentos, especialmente da eucaristia, justifica sua fecundidade discipular, porque insere continuamente o discípulo no acontecimento

---

[48] DAp 289.
[49] Cf. *Catecismo da Igreja Católica* 1367.
[50] *Ecclesia de eucharistia* 11 (daqui adiante, EE).

178

fundante e permanente do Cristianismo,[51] que constitui o alicerce da vida cristã. "Pelos Sacramentos Cristo continua, mediante a Igreja, a se encontrar com os homens e salvá-los."[52] Isso "coloca-nos a exigência de uma evangelização integral".[53]

Em relação a esse tema, Aparecida acolheu as indicações da carta apostólica *Dies Domini*, da *Novo millennio ineunte* 35-36 e do *Discurso inaugural* 4, propondo uma pastoral do domingo.[54] Esse acento de Aparecida é muito importante, pois Guardini afirma que na teologia pastoral, em geral, "a santificação do domingo não foi considerada senão, de forma exagerada sob a perspectiva da lei e do dever, com menosprezo do aspecto essencial da santidade do dia do Senhor".

Nessa perspectiva de uma ação evangelizadora integral e integradora, a base cristã construída pelo kerigma é solidificada pela catequese na iniciação ou reiniciação cristã e fortalece-se ainda mais pela *lectio divina* e pela Celebração Eucarística, gerando discípulos que sejam autênticos seguidores de Jesus Cristo, num contínuo processo de amadurecimento na fé.

4.2. Igreja missionária

a) Santidade: Igreja que testemunha o Evangelho com a vida

Para uma Igreja missionária é fundamental o testemunho de vida, pois "dos que vivem em Cristo se espera um testemunho muito crível de santidade e de compromisso".[55] A credibilidade da fé cristã, para os que ainda não se comprometeram com ela, é, em certa medida, proporcional ao nível de vivência da santidade dos cristãos. Nesse

---

[51] Cf. *Catecismo da Igreja Católica* 1085.
[52] DP 923.
[53] DAp 176.
[54] Cf. DAp 252-253.
[55] DAp 352.

8 - Nova evangelização: novos evangelizadores?

sentido, o testemunho de vida *é "um elemento essencial, geralmente o primeiro de todos, na evangelização"*,[56] pois a Igreja é "missionária enquanto discípula".

Aparecida segue a intuição do Papa João Paulo II publicada em *Novo millennio ineunte*, apresentando a santidade como o ponto de arranque da ação pastoral (cf. n. 30). O discipulado é pressuposto da missão e a missão supõe o testemunho discipular em comunhão fraterna.[57] Esta interação entre discipulado e apostolado faz parte da própria dinâmica da fé, pois a fé, para ser autêntica, exige ações visíveis.

Mas o testemunho cristão deve ser dado de forma a não forçar as consciências, e sim a ressaltar a ação misericordiosa de Deus no meio deles.[58] Isso supõe da parte dos discípulos missionários a vivência do mandamento novo como a marca distintiva do discipulado (cf. Jo 13,35; DAp 138), pois o chamado à santidade comporta um apelo para que os cristãos coloquem-se como servos do amor, no seguimento de Cristo abandonado, presente em cada pessoa que sofre. Assim, eles se sentem projetados para o coração do mundo e compreendem que "a santidade não é uma fuga para o intimismo ou para o individualismo religioso, muito menos um abandono da realidade urgente dos grandes problemas econômicos, sociais e políticos da *América Latina e do mundo*".[59]

Essa é uma característica fundamental de uma Igreja comprometida com um anúncio eloquente, num mundo recém-saído dos totalitarismos que reclama testemunhos concretos de solidariedade e caridade fraterna. Diante dessa realidade, só a santidade, que tem como marca principal o amor a Deus e ao próximo, possibilitará à Igreja dar um testemunho crível no mundo, tendo autoridade moral para evange-

---

[56] EN 21.
[57] Cf. DAp 368.
[58] Cf. *Documento de Puebla* 980.
[59] DAp 148.

lizar. "O homem contemporâneo escuta com melhor boa vontade as testemunhas do que os mestres [...] ou, então, se escuta os mestres, é porque eles são testemunhas."[60]

Esse testemunho relaciona-se com todos os elementos constitutivos do discipulado, visto acima. Assim, através da vida em comunidade, da leitura orante da Bíblia, da catequese permanente e progressiva e da vida sacramental, o cristão chamado ao seguimento de Cristo[61] vai tornando-se parecido com o Mestre[62] e recebe os meios para anunciar com ardor o Evangelho do Reino de vida.[63]

b) Saída missionária: Igreja enviada

O conceito de missão evoluiu significativamente nas últimas décadas como resposta às novas situações que se apresentaram à Igreja. Antes dessa renovação, desde as experiências de expansão missionária do século XVI, falava-se mais de missões no plural e o termo se restringia à missão *ad gentes*.

No entanto, depois da ampliação de seu significado, em um contexto de reconhecimento de que os países de tradição cristã são também terras de missão, passou-se a utilizar o termo missão no singular, no sentido da missão evangelizadora da Igreja que tem também como destinatários os afastados da vida eclesial e batizados insuficientemente evangelizados. Um marco importante dessa virada missionária foi o livro de H. Godin, intitulado *França, País de Missão?* (1943), que deu origem a uma rica e ampla reflexão realizada por teólogos e pastoralistas franceses.

---

[60] EN 41.
[61] Cf. DAp 129-135.
[62] Cf. DAp 136-142.
[63] Cf. DAp 143-148.

8 - Nova evangelização: novos evangelizadores?

Como vimos, essa compreensão coincide também com uma etapa da nova evangelização, pois ela deve buscar os afastados e também promover o acompanhamento pastoral dos que estão inseridos na vida eclesial.[64] Se há indiferentismo e superficialidade, há também uma abertura existencial para a mensagem evangélica que demonstram a urgência da evangelização.[65] Aparecida constata essa realidade paradoxal e convida a Igreja do continente a responder a essas novas possibilidades para a ação evangelizadora. Para isso, é necessário passar "de uma pastoral de mera conservação para uma pastoral decididamente missionária".[66]

Quanto as estratégias de ação evangelizadora, Aparecida apresenta em primeiro lugar a necessidade de a Igreja viver em *permanente estado de missão*. Mas ela não descarta que as comunidades promovam também momentos específicos de empenho missionário, como as missões populares intensivas e a prática das visitas domiciliares.[67]

Com relação à Missão Continental, Aparecida propõe que ela se realize em um processo de longo prazo,[68] supondo o primado da graça e um constante empenho das dioceses, que têm em primeiro lugar o encargo de impulsioná-la.

Por fim, não se deve deixar de enfocar que essa renovada consciência missionária da Igreja Particular deve manifestar-se também em sua disposição em transpor seus limites geográficos e se lançar em iniciativas missionárias *ad gentes*, com a disposição de "ir 'à outra margem', àquela onde Cristo não é ainda reconhecido como Deus e Senhor e a Igreja não está presente".[69]

---

[64] Cf. *Documento de Santo Domingo* 131.
[65] Cf. *Ecclesia in America* 67.
[66] DAp 370.
[67] Cf. DAp 300.
[68] Cf. DAp 551.
[69] DAp 376.

c) Anúncio kerigmático: Igreja que proclama a Boa-Nova

A Igreja do terceiro milênio deve empenhar-se em ser Igreja missionária, tendo em sua pregação uma forte concentração kerygmática, pois "não se começa a ser cristão por uma decisão ética ou uma grande ideia, mas pelo encontro com um acontecimento, com uma Pessoa, que dá um novo horizonte à vida e, com isso, uma orientação decisiva".[70]

Sem esse alicerce imprescindível a moral da Igreja cai em moralismos e sua doutrina em dogmatismos, porque ficam privadas de seu necessário fundamento. Além disso, a cultura atual, geradora de superficialidade em relação à dimensão transcendental da existência, tem necessidade dessa proclamação que faz com que ela se confronte com o amor de Deus, plenamente manifestado na loucura da cruz (cf. 1Cor 1,23-25).

Sob essa perspectiva, respeitando as diferenças, podemos ver um paralelo entre os desafios da evangelização atual e aqueles que os primeiros cristãos tiveram de enfrentar. "Para reevangelizar o mundo pós-cristão é indispensável, creio, conhecer o caminho seguido pelos apóstolos para evangelizar o mundo pré-cristão! As duas situações têm muito em comum." Entre muitos outros fatores, um segredo do sucesso da evangelização desses operários da primeira hora, foi certamente o *kerigma*. Nesse sentido, é significativo que o Papa João Paulo II disse em *Novo millennio ineunte*: renovando o convite para a Igreja empreender uma nova evangelização, conclamou a todos para "reacender o zelo das origens, deixando-se invadir pelo ardor da pregação apostólica que se seguiu ao Pentecostes".[71]

De fato, após a morte de Cristo, os primeiros cristãos, por força daquilo que não compreendiam, permaneceram congregados, cultivando a experiência de fé com o Ressuscitado. Então, o Espírito Santo

---

[70] *Deus caritas est* 1 (daqui adiante, DCE).
[71] NMI 40.

8 - Nova evangelização: novos evangelizadores?

veio sobre eles e suscitou uma verdadeira "explosão inicial", que fez com que a Igreja irrompesse com uma mensagem de salvação viva e eloquente. Com isso, eles aprofundaram o sentido da morte de Jesus na cruz, à luz da Ressurreição e com base nas Escrituras, e estruturaram progressivamente o *kerigma*.

Aparecida, haurindo desse apelo de retorno ao primeiro anúncio que tem se repetido desde a *Evangelii nuntiandi* 52 e sentindo as grandes necessidades da ação evangelizadora no continente, repete, muitas vezes, a necessidade do *kerigma* como integrante do conteúdo da evangelização. O enfoque que a 5ª Conferência deu à missão e a uma renovada iniciação cristã para formar autênticos discípulos missionários exigiu que ela abordasse também a temática do *kerigma*.

Na base da iniciação cristã[72] e de todo o processo cristão integral e integrador,[73] o *kerigma* é o que mais necessita ser anunciado, pois dele parte o convite a se tomar consciência do amor de Deus,[74] e sem ele os outros aspectos do processo cristão ficam condenados à esterilidade.[75] Mas o *kerigma* "não é somente uma etapa, mas o fio condutor de um processo que culmina na maturidade do discípulo de Jesus Cristo".[76] Sua proclamação exige o testemunho de vida para levar ao encontro com Cristo e se chegar a uma conversão pessoal e uma mudança de vida integral.[77] Além disso, ele deve dar-se não só de forma direta, individual e comunitária, como também através dos meios de comunicação social.[78]

---

[72] Cf. DAp 278 a.
[73] Cf. DAp 226.
[74] Cf. DAp 348.
[75] Cf. DAp 278 a.
[76] Ibidem.
[77] Cf. DAp 226 a.
[78] Cf. DAp 485.

4.3. Igreja agápica

a) Ministérios: Igreja, povo de servidores

A atitude samaritana da Igreja deve impregnar todas as dimensões de sua missão. Por isso, ela deve ser promotora da diversidade de serviços e ministérios, incentivando todos os seus membros a assumir a tarefa evangelizadora. Assim, cada batizado disponibiliza seus dons para crescer em unidade e complementaridade com os dos outros e fortalece a Igreja, a fim de que ela tenha condições de atender às múltiplas demandas que se apresentam a sua missão.[79]

Assim se vivencia a corresponsabilidade eclesial e se faz a passagem de uma autocompreensão eclesial hierarcológica para uma autocompreensão de totalidade que favorece a vivência comunional, suscitando uma variedade de ministérios e serviços. Todos são Igreja e todos fazem a Igreja, ou seja, são membros de um único corpo, fazem parte do mesmo povo, cada um tem sua tarefa e todos se empenham em levar a Boa-Nova da salvação ao mundo.

Da mesma forma que a Igreja é comunhão e todos são chamados a vivê-la, é também missionária e ministerial, e todos são chamados a testemunhar sua fé no âmbito intraeclesial e intrassecular. Por isso, além da trilogia ministerial sob os três graus do sacramento da Ordem, tem surgido, nos últimos decênios, uma gama de pastorais específicas que podem ser chamadas também de ministérios diversificados, pois mesmo não sendo formalmente instituídos, são reconhecidos pela autoridade eclesiástica. Trata-se de campos específicos de ação pastoral que, numa atitude de diálogo com a realidade e utilizando uma linguagem apropriada, buscam responder às necessidades concretas da vida eclesial e da sociedade marcada pelo pluralismo.[80]

---

[79] Cf. DAp 162.
[80] Cf. DAp 100 d.

8 - Nova evangelização: novos evangelizadores?

O chamado a assumir funções na ação evangelizadora eclesial através do exercício de ministérios tem, no caso dos leigos, seu fundamento nos sacramentos da iniciação e em alguns casos do matrimônio. Por isso a catequese e a teologia, em suas abordagens acerca desses sacramentos, não devem dar ênfase somente na graça santificante que eles comunicam, mas também no chamado e na força que eles proporcionam, para participar efetivamente da missão da Igreja. Desse modo, os sacramentos são vividos de uma forma histórica e existencial, interpelando continuamente a vida dos discípulos-missionários com sua dinâmica pascal, para que eles sejam portadores de vida para os demais.

Toda pastoral ou ministério, por ser uma ação eclesial, tem necessidade, para sua fecundidade, dos carismas,[81] apesar de que nem todo carisma se manifesta e amadurece necessariamente em um ministério. Devido a essa relação intrínseca entre os carismas e os ministérios, a ação pastoral necessita de uma equilibrada teologia dos carismas, como também superar certos receios ou preconceitos em relação a esse tema. Dessa forma, os dons do Espírito serão colocados à disposição dos demais para fazer circular a caridade (cf. 1Cor 12–13; DAp 162).

As pastorais ou ministérios devem também, conscientes do primado da graça (cf. NMI 38), incentivar a vida espiritual de seus agentes, visto que a união vital com Cristo é condição para a fecundidade no apostolado (cf. Jo 15,6). Nesse sentido, Aparecida coloca o discipulado antes da missão e afirma a centralidade de Cristo como condição para a fecundidade apostólica: "a condição do discípulo brota de Jesus Cristo como de sua fonte pela fé e pelo batismo e cresce na igreja, comunidade onde todos os seus membros adquirem dignidade e participam de diversos ministérios e carismas".[82]

Por isso se pode afirmar que, apesar de Aparecida não falar muito dos ministérios, em sentido direto, seu forte acento na missão, como chamado à instauração do Reino de Vida, oferece muitas luzes para a continuidade das experiências dos ministérios não ordenados nas Igrejas do continente.

---

[81] Cf. DAp 100.
[82] DAp 184.

b) Ação social: Igreja animadora da justiça e da solidariedade

Para os discípulos missionários deste início do terceiro milênio, cujas vidas devem estar fundamentadas na rocha da Palavra, permanece o desafio de superar toda forma de dicotomia entre a fé e a vida[83] e lançar-se na vivência da solidariedade. O mundo de hoje é regido por um sistema de mercado sem alma, gerador de uma contracultura de morte. Diante dessa realidade, os cristãos, fazendo a experiência da Vida Nova em Cristo, são chamados a introduzir a lógica de um coração novo e compassivo (cf. Ez 36,26), capaz de globalizar a solidariedade. "É de se esperar que o século e o milênio que estão começando vejam a que grau de dedicação pode chegar a caridade para com os mais pobres."[84]

Esta é, segundo Aparecida, uma marca imprescindível do autêntico discipulado missionário, pois como seguidores de Cristo, os discípulos devem assimilar o estilo de vida de Jesus. "Hoje contemplamos a Jesus Cristo tal como os Evangelhos nos transmitiram para conhecer o que Ele fez e para discernir o que nós devemos fazer nas atuais circunstâncias."[85]

Essa ação social da Igreja deve dar-se não só em nível assistencial para situações extremas, como também em nível promocional e estrutural. Em relação ao nível assistencial, Aparecida afirma sua necessidade, mas ao mesmo tempo alerta para o perigo de se criar um círculo vicioso que acabe contribuindo com a lógica iníqua e excludente do sistema econômico. Por isso, um critério importante que justifique esse nível de ação social deve ser o compromisso por uma justiça social autêntica, que promova a cada pessoa como *protagonista* e/ou *sujeito* de seu desenvolvimento.[86]

---

[83] Cf. GS 43 e *Ecclesa in America* 26.
[84] NMI 49.
[85] DAp 139.
[86] Cf. DAp 385.

8 - Nova evangelização: novos evangelizadores?

Ao vincular a assistência com a promoção humana e com a mudança de estruturas,[87] Aparecida não assume a posição marxista, pois esta condena toda forma de assistência, sacrificando a pessoa humana, a fim de forçar a mudança do sistema. Aparecida também evita cair na armadilha do sistema neoliberal que se sente cômodo diante de um assistencialismo que ajude a manter o *status quo*.[88]

Em relação à promoção humana, Aparecida retoma a doutrina da *Gaudium et spes* e da *Populorum progressio*, tendo a vida plena em Cristo como base e uma forte ênfase na opção preferencial pelos pobres. Por isso, afirma que ela deve ser integral, ou seja, deve possibilitar o crescimento de todo homem e do homem todo a partir da vida nova em Cristo, fazendo com que ele seja sujeito de seu próprio desenvolvimento.[89]

O discurso inaugural do Papa ofereceu contribuições importantes para o empenho da Igreja na mudança de estruturas, que é também um nível do trabalho eclesial no campo social. Dessa forma, a 5ª Conferência não abandonou o profetismo social que é uma marca do episcopado latino-americano e caribenho, principalmente a partir de *Medellín*. Em um continente que sente de perto as consequências das estruturas sociais iníquas, o papa teve muita lucidez em denunciar as estruturas injustas e sua lógica de morte e oferecer pistas importantes para que os cristãos cumpram a desafiadora tarefa de transformá-las (cf. Discurso Inaugural n. 4).

Esses níveis da ação social da Igreja supõem que as Conferências Episcopais e as Igrejas locais promovam uma Pastoral Social estruturada, orgânica e integral,[90] fundamentada na Doutrina Social da Igreja que facilite a atuação dos discípulos missionários, tanto no âmbito intraeclesial como no âmbito intrassecular.[91]

---

[87] Cf. DAp 384.
[88] Cf. DAp 26.
[89] Cf. DAp 399.
[90] Cf. DAp 401.
[91] Cf. DAp 505.

Aparecida recorda que a presença transformadora no mundo é o chamado específico dos leigos.[92] No entanto, muitas vezes falta a eles essa consciência acerca de sua identidade; e muitos cultivam uma espiritualidade individualista ou possuem mentalidade relativista no campo ético e religioso. Quanto aos que assumem tarefas de serviço à sociedade, tem lhes faltado um sólido acompanhamento, para que eles sejam fermento nos ambientes onde estão inseridos.

Conclusão

A renovação eclesial deste último século, que encontrou no Concílio Vaticano II um sulco fecundo para se concretizar, deve levar a uma consciência mais profunda de toda a riqueza do seguimento de Cristo. Aparecida, desde seu lema, debruçou-se sobre esse tema central do Cristianismo. A salvação em Cristo – para se tornar plena na vida dos crentes – supõe uma adesão discipular, mas o discipulado, como resultado da ação evangelizadora da Igreja, supõe pôr em realce elementos que estavam um pouco ausentes da experiência cristã.

A vocação universal à santidade colocada em realce pelo Concílio Vaticano II pode encontrar nos elementos destacados nesta reflexão condições para ser vivenciada. Dessa forma, Aparecida significará um aprofundamento pastoral do Concílio na realidade latino-americana neste tempo em que a mudança de época gera um relativismo que ameaça a autenticidade da vida cristã.

Nenhum dos elementos tratados neste segundo capítulo pode ser tirado da proposta cristã, pois se isso acontecer a Igreja é prejudicada naquilo que caracteriza sua missão, que é formar discípulos missionários. Nesse sentido, a supressão ou esterilidade de qualquer um desses elementos compromete sua própria dinâmica evangelizadora.

---

[92] Cf. DAp 505 e 174.

8 - Nova evangelização: novos evangelizadores?

Evidentemente, devido ao fundamento e significado teológico específico de cada um desses elementos, foi possível pensá-los separadamente. Mas cada um deles deve ser sempre lido e aplicado em relação com os demais. É somente à medida que os planos de ação evangelizadora das Igrejas Particulares do continente proporcionarem esses elementos que a vida cristã poderá tornar-se realmente discipular e missionária.

Referências bibliográficas

BENTO XVI. *Caritas in veritate*. São Paulo: Paulinas, 2009, n. 2 (A voz do Papa, 193).

_____. *Deus caritas est*. 2 ed. São Paulo: Paulinas, 2006 (A voz do Papa, 189).

_____. *Exortação apostólica pós-sinodal Sacramentum caritatis*. São Paulo: Paulinas, 2007 (A voz do Papa, 190).

CELAM. *Documento de Aparecida*. Brasília: Edições CNBB, 2007.

CONCÍLIO VATICANO II. *Compêndio do Vaticano II*. 26 ed. Petrópolis: Vozes, 1997.

JOÃO PAULO II. *Encíclicas de João Paulo II*. São Paulo: Paulus, 1997.

_____. *Documentos de João XXIII*. São Paulo: Paulus, 1999.

PAULO VI. *Documentos de Paulo VI*. São Paulo: Paulus, 1997.

9 – Unidade dos cristãos e pentecostalismo: quais as perspectivas?

Cenários, sujeitos e práticas

Walter Kasper[1]

Introdução

*N*as últimas décadas, as assembleias plenárias do Pontifício Conselho para a Unidade dos Cristãos têm-nos mostrado que a situação ecumênica internacional tem características muito diversas, nas diferentes partes do mundo. A reflexão concentrou-se especialmente nos países da África, Ásia e América Latina, onde se constata o vasto surgimento de igrejas pentecostais e de igrejas ditas "independentes". Nesses países emerge uma nova situação: ao mesmo tempo em que prossegue o diálogo ecumênico com nossos interlocutores mais tradicionais (Igrejas Orientais e Igrejas históricas oriundas da Reforma), deparamo-nos com comunidades eclesiais novas, em ritmo de acelerado crescimento. Comunidades com as quais, na maioria dos casos, não temos nenhum diálogo ou com quem

---

[1] Doutor em teologia pela Faculdade Teológica da Universidade de Tübingen (Alemanha). Bispo emérito de Rottenburg-Stuttgart (Alemanha). Cardeal da Igreja romana. Presidiu o Pontifício Conselho para a Unidade dos Cristãos de 2001 a 2010. Autor e conferencista de renome internacional.

9 - Unidade dos cristãos e pentecostalismo: quais as perspectivas?

o diálogo se torna particularmente difícil, senão impossível. Por essa razão, decidiu-se que – em colaboração com as Conferências Episcopais e os peritos em temática ecumênica – fossem promovidos simpósios para bispos e outros envolvidos no assunto, para examinar os desafios que o Pentecostalismo nos apresenta e buscar orientações pastorais adequadas.

Realizaram-se simpósios em Nairóbi, para a África de língua inglesa, e em Dakar, para a África de língua francesa; também no Brasil (cidade de São Paulo), aberto à participação latino-americana. Neste sentido, desejamos concentrar-nos especialmente no fenômeno do pentecostalismo.

A promoção de simpósios sobre o Pentecostalismo corresponde às informações que recebemos nos últimos anos junto ao Pontifício Conselho para a Unidade dos Cristãos e, de modo particular, às informações colhidas em nossos encontros com os diversos grupos de bispos brasileiros que vinham a Roma para suas visitas *ad limina*. Ao centro dos muitos diálogos que tivemos, citava-se o crescimento exponencial dos grupos pentecostais e a necessidade de uma reflexão séria sobre essa nova situação. Uma reflexão que pudesse oferecer pistas de ação. Por isso, o Pontifício Conselho para a Unidade dos Cristãos – juntamente com a CNBB e com o apoio da Fundação Goetz – tomou a iniciativa de propor esse encontro, convicto da importância de uma reflexão local aprofundada sobre o fenômeno pentecostal. Dentre os objetivos, destacamos:

– aprofundar o conhecimento dos grupos pentecostais;
– analisar os diversos cenários religiosos ao interno da Igreja católica e suas possibilidades de evangelização;
– identificar propostas pastorais concretas a serem efetivadas;
– promover o diálogo católico-pentecostal em nível local.

Prosseguindo nessa direção, proponho alguns tópicos que considero oportunos para abrir nossas análises e práticas.

Walter Kasper

1. Princípios católicos do diálogo ecumênico

Antes de iniciar nosso debate em torno do pentecostalismo, gostaria de recordar, aqui, os princípios católicos do ecumenismo. Ainda que o contexto atual seja diversificado nas várias partes da Igreja em geral e particularmente novo no caso do Brasil, os princípios ecumênicos fundamentais permanecem os mesmos emitidos pelo Concílio Vaticano II, de valor permanente e universal. Pois o diálogo ecumênico não é questão de moda, mas se fundamenta no mandato de nosso Senhor que – às vésperas de sua paixão – ora ao Pai "para que todos sejam um" (Jo 17,21). Essa oração de Jesus é seu testamento para nós e o fundamento do movimento ecumênico.

O Concílio Vaticano II, no decreto *Unitatis redintegratio*, soube ouvir o mandato de Jesus contido em sua oração sacerdotal e declarou que a restauração da unidade da Igreja é um de seus principais objetivos.[2] O Papa João Paulo II, na encíclica *Ut unum sint* (1995), retomou essa intenção do Concílio e escreveu que o ecumenismo não é algo marginal ou acidental, muito menos um apêndice, mas se fundamenta no desígnio de Deus para a Igreja. O ecumenismo, portanto, integra a vida orgânica da Igreja e igualmente sua ação pastoral.[3] Crer em Cristo – segundo o papa – significa desejar a unidade da Igreja.[4] Cristo quis uma só Igreja e, por isso, as divisões entre nós cristãos constituem pecado e escândalo perante o mundo.

Com sua firme opção pelo ecumenismo, o Concílio Vaticano II não abandonou a doutrina tradicional sobre a Igreja, nem tampouco fundou alguma forma nova de Igreja. O que de fato aconteceu foi um renovado aprofundamento da consciência que a Igreja tinha de si mesma. Sendo assim, o Concílio ensina com precisão que a Igreja de Cristo subsiste na Igreja católica, ou seja, na Igreja que vive em comunhão com o inteiro episcopado e o papa.[5]

---

[2] Cf. Decreto *Unitatis redintegratio* sobre o ecumenismo 1. Adiante, indicado pela sigla UR.
[3] Cf. JOÃO PAULO II. *Carta encíclica "Ut unum sint" sobre o empenho ecumênico*. São Paulo: Paulinas, 1995, n. 20, p. 27 (A voz do papa 142). Adiante, indicada pela sigla UUS.
[4] UUS 9.
[5] Constituição dogmática *Lumen gentium* 8. Adiante, indicada pela sigla LG.

9 - Unidade dos cristãos e pentecostalismo: quais as perspectivas?

A Igreja católica se compreende, pois, como a verdadeira Igreja de Cristo. Mas a fórmula "subsiste" (*subsistit in*) no lugar do "é" (*est*) é particularmente importante para nossa compreensão. Com a expressão "subsiste", o Concílio não identifica de modo absoluto a Igreja de Cristo com a Igreja romana, para dizer que a Igreja de Cristo *se encontra* concreta, visível e permanentemente *na* Igreja Católica (una, santa, apostólica, universal). Portanto, deixa espaço para aqueles elementos eclesiais presentes fora da estrutura católica, como – sobretudo – a Palavra de Deus, o batismo, a graça salvífica, a fé, a esperança, a caridade e até mesmo o martírio. Isso significa que Jesus Cristo está eficazmente presente – mediante seu Espírito Santo – nas demais Igrejas e Comunidades eclesiais. Daí se conclui que fora dos limites visíveis da Igreja católica não existe um mero vazio ou vácuo eclesial.[6] Se, de um lado, as comunidades oriundas da Reforma não constituem Igreja em sentido próprio (preservando, contudo, elementos eclesiais),[7] as comunidades orientais – que celebram validamente a eucaristia – são verdadeiras Igrejas Particulares. Pois onde está a eucaristia, ali está a Igreja.

O Concílio aprofundou essa concepção eclesiológica utilizando o conceito de comunhão (*communio*) – conceito-chave para todo o Vaticano II. De fato, o Sínodo extraordinário dos bispos de 1985 reafirmou que a eclesiologia de comunhão é a ideia central e fundamental de todos os documentos conciliares. Sobre essa base, o Concílio estabeleceu uma distinção entre "comunhão plena", existente na Igreja católica, e "comunhão incompleta" ou "parcial", existente com as outras Igrejas e Comunidades eclesiais.

---

[6] Cf. UUS 13.

[7] Em "sentido próprio" quer dizer: não constituem Igrejas no sentido em que a Igreja Católica se compreende "Igreja", sobretudo por sua concepção de *ministério* (em linha de sucessão apostólica) e de *eucaristia* (sacramento da oblação pascal de Jesus). Contudo, o diálogo ecumênico tem tratado com propriedade essas questões, pontuando inclusive algumas perspectivas de convergência, como mostra o importante documento *BEM - Batismo, eucaristia e ministério*. Cf. COMISSÃO FÉ E CONSTITUIÇÃO. Batismo, eucaristia e ministério. In: *SEDOC* 16 (1983), c. 27-64.

Walter Kasper

O escopo do ecumenismo é passar da comunhão incompleta à comunhão completa. Isto quer dizer que no diálogo ecumênico nós não começamos do zero, mas partimos de comunidades que já possuem suas riquezas espirituais, seus carismas e que, em certos casos, desenvolveram alguns aspectos da vida cristã até melhor do que a Igreja católica. Por isso, o Papa João Paulo II descreveu o diálogo ecumênico não apenas como uma partilha de ideias, mas como uma partilha de dons. Podemos aprender uns com os outros. Por exemplo: desde o Concílio Vaticano II nós católicos aprendemos com os protestantes a importância da Palavra de Deus e sua proclamação, enquanto eles aprendem conosco o significado dos sinais sacramentais.

O ecumenismo, compreendido como tal partilha de dons, não é um caminho de retrocessos, mas um caminho de avanços. Ecumenismo não é abandonar ou perder alguma coisa, mas sim um processo de crescimento recíproco, no qual caminhamos juntos, rumo à plenitude em Cristo: unidos plenamente com Cristo poderemos, então, estar unidos uns com os outros. Tal unidade, segundo a concepção católica, consiste em unidade na fé, na participação nos mesmos sacramentos e no mesmo ministério apostólico, ou seja, no episcopado que sucede os apóstolos. Importa, contudo, recordar que essa unidade de fé, sacramentos e ministério não significa uniformidade, mas *unidade na diversidade* e *diversidade na unidade*.[8]

O Concílio Vaticano II assumiu uma concepção dinâmica do ecumenismo, visto pela Igreja católica exatamente como um movimento: o "movimento ecumênico".[9] Por sua vez, também o ecumenismo compreende a Igreja dinamicamente, como "o povo de Deus a caminho".[10] Desse modo, o Concílio deu um novo valor à dimensão escatológica da Igreja, mostrando que esta não é uma realidade estática, mas dinâmica: é o povo de Deus que peregrina entre

---

[8] É importante reafirmar a perspectiva eclesiológica que caracteriza não o uniformismo, mas a *comunhão*, na linha do que disse João Paulo II em UUS 61. A "unidade na diversidade" se enraíza na *koinonia* das Pessoas trinitárias (distintas, mas não divididas) e reflete a teologia paulina da variedade de membros no único Corpo de Cristo (cf. 1Cor 12).
[9] UR 1.
[10] LG 2, 8, 9 e 48-51 e também UR 2.

9 - Unidade dos cristãos e pentecostalismo: quais as perspectivas?

o *já* e o *ainda não*. E é exatamente nessa dinâmica escatológica que o Concílio integrou o movimento ecumênico, caminho para a unidade. Nesse sentido, podemos dizer que o ecumenismo é o caminho da Igreja.[11]

A *missão* e o *ecumenismo* constituem as duas formas do caminho escatológico e da dinâmica escatológica da Igreja. De fato, a missão é um fenômeno escatológico graças ao qual a Igreja assume o patrimônio cultural dos povos, o purifica e o enriquece, enriquecendo-se a si mesma e atingindo a plenitude de sua catolicidade.[12] Do mesmo modo, no movimento ecumênico, a Igreja participa da partilha de dons com as Igrejas separadas,[13] faz seus os dons recebidos e as enriquece com os dons partilhados, promovendo a catolicidade das outras Igrejas, e – assim fazendo – realiza plenamente sua própria catolicidade.[14] As duas formas do caminho escatológico (missão e ecumenismo) são intimamente ligadas, pois somente a Igreja Una, que anuncia a uma só voz, consegue ser plenamente convincente em seu anúncio.

Em última análise, o caminho ecumênico supõe um caminho espiritual. Somente o Espírito Santo, que deu impulso originário ao movimento ecumênico, pode conduzi-lo a seu pleno cumprimento. Nós não podemos organizar ou inventar a unidade: esta será um dom do Espírito. O coração do ecumenismo é, portanto, o ecumenismo espiritual: a oração perseverante para que todos sejam um, a conversão do coração e a santificação da própria vida. Viver o Evangelho segundo as bem-aventuranças é uma das melhores formas de ecumenismo: está no cerne do compromisso ecumênico vivido pela Igreja ao longo do ano litúrgico e, particularmente, durante a Semana de Oração pela Unidade dos Cristãos.

Dito isso, perguntemo-nos, pois: Onde nos encontramos agora? Qual é o estado atual do ecumenismo?

---

[11] Cf. UUS 7.
[12] Cf. Decreto *Ad gentes* sobre a atividade missionária 1 e 9. Adiante, indicado pela sigla AG.
[13] Cf. UUS 28 e 57.
[14] Cf. UR 4.

2. Um olhar sobre a situação ecumênica

Por ocasião dos 40 anos do decreto *Unitatis redintegratio* realizou-se um congresso, nos arredores de Roma, para avaliar os resultados e novos desafios do diálogo ecumênico. Em preparação a esse encontro, o Pontifício Conselho para a Unidade dos Cristãos enviou um questionário às Conferências Episcopais e aos Sínodos das Igrejas Orientais católicas, a fim de elaborar um relatório sobre a situação atual do ecumenismo ao interno da Igreja católica e em âmbito local.

A enquete mostrou com clareza que, em cada parte do mundo, as palavras de *Unitatis redintegratio* favoreceu um melhoramento radical da postura católica em face dos demais cristãos, superando a abordagem polêmica do passado. A grande maioria das respostas evidenciou que os católicos manifestam uma abordagem positiva da tarefa ecumênica. Prova de tal abertura tem sido o desejo de conhecer as outras Igrejas e Comunidades cristãs e a disposição em participar dos vários eventos e encontros ecumênicos, especialmente quando se trata de orar juntos pela unidade.[15]

Ao mesmo tempo, a enquete individuou resistências e reticências da parte de católicos, em diversos níveis. De fato, algumas respostas mostraram ausência de motivação e consequentemente pouco entusiasmo, nos casos de quem suspeita que o ecumenismo enfraqueça a missão evangelizadora da Igreja. Alguns católicos opinam que o ecumenismo compromete sua fé e equivaleria a admitir certas acomodações na Igreja católica, as quais eles não se sentem preparados para aceitar. Em determinadas regiões onde a Igreja é amplamente majoritária, o exíguo número de cristãos pertencentes a outras Igrejas é usado como justificativa para uma total falta de iniciativa ecumênica.

Em outras situações, as Comunidades evangélicas e pentecostais mais recentes costumam ser consideradas pelos católicos como denominações sem legitimidade eclesial. Além disso, o uso indiscriminado

---

[15] Cf. Pontificio Consiglio per la Promozione Dell'Unità Cristiana. *L'ecumenismo oggi:* la situazione nella Chiesa cattolica. Rocca di Papa: Città Nuova, 2004.

9 - Unidade dos cristãos e pentecostalismo: quais as perspectivas?

do termo "seita" não ajuda e continua a criar problemas, em países dos vários continentes. Algumas Comunidades eclesiais (sobretudo batistas, pentecostais e evangelicais)[16] com as quais a Igreja católica mantém diálogo teológico e relações internacionais há décadas, ainda aparecem na lista das "seitas". Por outro lado – especialmente na América Latina – as respostas ao questionário demonstram que muitos católicos não reconhecem o caráter cristão de alguns grupos evangelicais e pentecostais.

No que concerne às Igrejas orientais, sobretudo quanto a sua doutrina, tem sido confirmada e até aprofundada nossa herança comum. Com as Igrejas orientais ortodoxas (coptas, sírios, etíopes, armênios e outros), foram superadas antigas diferenças cristológicas sobre o dogma de Calcedônia. Mais recentemente, já numa segunda fase dos contatos bilaterais, ingressamos num diálogo sobre o significado da comunhão eclesial, que nos levará sobretudo à questão do primado do Bispo de Roma. Com os ortodoxos – concluída uma etapa muito rica de estudos sobre a eucaristia, os sacramentos, a ordenação sacerdotal e o ministério dos bispos –, tivemos um período crítico em consequência das mudanças políticas ocorridas na Europa oriental nos anos 1989-1990. Velhos problemas a respeito do proselitismo e do uniatismo voltaram à cena e causaram polêmica, sobretudo com a Igreja ortodoxa russa; enquanto que com os patriarcados de Constantinopla, de Alexandria e de Antioquia, as relações permaneceram fraternas. Atualmente, o incremento de diálogos pacientes e informais tem ajudado a melhorar nossas relações com o Patriarcado de Moscou, de maneira que – entre outubro de 2005 e fevereiro de 2006 – poderemos reativar formalmente o diálogo internacional com todas as Igrejas ortodoxas em seu conjunto. O tema será a comunhão e o ministério petrino. Creio que nosso relacionamento com os ortodoxos reencontrou sua boa estrada.

---

[16] Evangelicais, do inglês "evangelicals": protestantes de tendência pietista, que acentuam a conversão pessoal e adulta; interpretam a Bíblia de modo literal e pregam o novo nascimento em Jesus; mostram-se rigorosos quanto à moral e privilegiam uma recepção pessoal da fé, muitas vezes acompanhada de manifestações carismáticas.

Sobre o diálogo com as Comunidades eclesiais nascidas da Reforma, a situação é diversa, porque elas têm outra compreensão de si mesmas enquanto "Igrejas". Contudo, destacamos positivamente o fato de que a Igreja católica mantém diálogos internacionais com quase todas essas Comunidades eclesiais e inclusive com as chamadas Igrejas livres e parte dos pentecostais. Através desses diálogos, superamos vários mal-entendidos e explicitamos muitos pontos de convergência (até mesmo de consenso) em relação ao reconhecimento mútuo do batismo – o que nos permite partilhar o título honroso de *cristãos*. O passo mais significativo foi dado com os luteranos, com a *Declaração Conjunta católico-luterana sobre a Justificação por Graça e Fé* – foco de nossas diferenças ao longo do século XVI. Outras posições polêmicas, por exemplo: a visão da missa como "idolatria" e do papa como "anticristo", hoje são coisas do passado. Permanecem, porém, em aberto, questões sobre a natureza da Igreja, o ministério ordenado e a relação entre a Palavra de Deus e a Igreja (a questão do magistério).

Assinalo ainda que os recentes funerais do papa João Paulo II foram uma demonstração evidente do progresso ecumênico alcançado. Na ocasião, quase todas as Igrejas e Comunidades eclesiais participaram e expressaram sua alta estima por esse pontífice. Durante seu longo pontificado, Roma se tornou efetivamente um ponto de referência para todos, sem que isso significasse que as outras Confissões tenham aceitado os dogmas do Concílio Vaticano I sobre o primado romano. Terminado esse embasamento, podemos agora tratar das retrospectivas e prospectivas do caminho ecumênico.

3. Retrospectivas e prospectivas do caminho ecumênico

Em síntese, tivemos os seguintes avanços:

– Alcançamos uma situação intermediária: a recepção do ecumenismo e a consciência da Igreja a respeito cresceram; como cresceram as expectativas e, às vezes, certa apreensão. Destacamos, sobretudo, a atuação do papa João Paulo II que, desde o primeiro dia de seu lon-

9 - Unidade dos cristãos e pentecostalismo: quais as perspectivas?

go pontificado, assumiu pessoalmente o compromisso ecumênico e o promoveu com palavras encorajadoras e gestos convincentes.

– Através dos diálogos, seja em nível internacional, seja em nível regional e local, eliminamos muitos mal-entendidos e preconceitos, superamos diferenças do passado, aprofundamos e enriquecemos nossa comum profissão de fé, além de estabelecer muitos laços de amizade.

– Na maior parte da Igreja católica, a convivência e a colaboração ecumênicas fazem parte da vida eclesial cotidiana das paróquias e das dioceses; nesses casos o ecumenismo integra normalmente a vida da Igreja.

– O ecumenismo espiritual cresce constantemente e permite que o povo de Deus participe ativamente de sua vocação ecumênica.

Mas é preciso reconhecer que:

– Há casos em que os velhos preconceitos persistem. Frequentemente, a memória do passado pesa sobre o presente e impede um futuro comum. Devem ser indicadas também a preguiça e a estreiteza de visão, acompanhadas de um dobrar-se das Igrejas e Comunidades eclesiais sobre si mesmas, desfavorecendo diálogo ecumênico.

– Do lado inverso, há casos em que o ecumenismo se torna presa de um ativismo superficial ou então se reduz a relacionamentos puramente formais e de cortesia, como se fosse questão de diplomacia ou mesmo de mera burocracia.

– A imagem do ecumenismo, tal qual a Igreja católica o compreende, muitas vezes é distorcida por equívocos e abusos, que não só atrapalham, mas chegam a provocar reações contrárias e contraproducentes. Somente o ecumenismo calcado na doutrina e na disciplina da Igreja terá futuro.

– Hoje encaramos novos desafios: de uma parte, o relativismo e o pluralismo qualitativo pós-moderno, que não se põe à questão fundamental da verdade; de outra parte, um fundamentalismo agressivo praticado por velhos e novos grupos, com os quais ainda não conseguimos estabelecer relações de respeito mútuo e de diálogo.

– Em algumas Comunidades eclesiais, constata-se um tipo de liberalismo doutrinal e sobretudo ético que provoca novas divergências, seja no interior dessas mesmas Comunidades, seja no relacionamento delas com a Igreja católica. Tais ocorrências minam as bases doutrinais e morais até agora comuns a todas as Igrejas e Comunidades eclesiais.

4. Novos cenários religiosos e a busca da unidade

Durante nossos encontros, alguns bispos se referiam à realidade religiosa do Brasil e se diziam "numa situação de crise". Se admitirmos essa realidade, penso que também deveríamos assumir o fato de que uma situação de crise é uma situação que demonstra a falência de antigos procedimentos e cria espaço para novas possibilidades. É, pois, um desafio e um tempo oportuno à tomada de decisões. Prefiro pensar o termo *crise* como indicativo de uma situação pendular – ou como o fiel da balança – que pode evoluir, positiva ou negativamente, para um lado ou para o outro. As duas tendências são possíveis. Dependem, em parte, do que decidirmos e fizermos a respeito.

Mudanças e expectativas

Em nível mundial, podemos dizer que o cenário religioso realmente mudou. Aos sinais evidentes de mudança se acrescenta a distância temporal que nos separa do Concílio Vaticano II e da decisão da Igreja católica de participar do movimento ecumênico. Em nossos dias, para muitos o ecumenismo se tornou algo óbvio. Isto é um dado positivo, pela abertura dos católicos diante de outros cristãos. Afinal, muita coisa mudou no relacionamento entre católicos, protestantes e ortodoxos. Mas há também um dado negativo, já que as novas gerações (distantes do Concílio) não compreendem suficientemente *como* as coisas mudaram, nem *porque* mudaram. Não compreendem os problemas teológicos que,

9 - Unidade dos cristãos e pentecostalismo: quais as perspectivas?

consequentemente, deixam de ser problema. Mais: o pouco conhecimento da doutrina católica e da doutrina das outras Confissões impede que se compreendam suas diferenças. Em alguns países, há cristãos que se sentem insatisfeitos por não poderem participar juntos da Mesa do Senhor – quando há grande proximidade entre eles e vivem ligados por sólidos laços de fraternidade. Nesses casos particulares, a insatisfação, às vezes, se transforma em frustração e oposição.

A questão da identidade

Um segundo elemento do contexto atual é o forte acento dado à *identidade*. Surge a pergunta: quem somos nós, cristãos? Quem sou eu? Como podemos, como posso, evitar ser absorvido por um conjunto sem rosto, maior que eu, maior que nós? Isso acontece também com as Igrejas e Comunidades eclesiais. Em suas consequências mais extremas, a questão da identidade se radicaliza nos movimentos fundamentalistas que – em certa medida – são uma reação ao pluralismo pós-moderno.

No caso dos movimentos fundamentalistas, a questão da identidade se torna um modo de autoafirmação e geralmente indica o medo de perder-se. Consequentemente, o ecumenismo vai ser acusado (ou malvisto) como algo que negaria a identidade confessional e conduziria ao pluralismo arbitrário, à indiferença, ao relativismo e ao sincretismo. Nesses ambientes, o ecumenismo tornou-se um termo de acepção negativa.

Certamente, a questão da identidade como tal é uma questão legítima; aliás, essencial. De fato, o genuíno diálogo é possível entre pessoas que possuem identidade própria. Essa, todavia, pode constituir uma limitação ou até um obstáculo. Resta-nos a tarefa de chegar a uma identidade madura e aberta, porque a identidade é uma realidade relacional: tenho minha identidade à medida que me relaciono com os outros e no partilhar com os outros. É nessa ótica que devemos esclarecer sempre mais o conceito de "ecumenismo". Devemos realçar claramente que um sério ecumenismo é totalmente diverso da indiferença confessional e do relativismo que tende a construir união à base de um mínimo denominador comum.[17] O ecumenismo deverá ser entendido por nós como identidade católica aberta e partilhada; como um aspecto e uma expressão genuína da *catolicidade* – no sentido mais profundo do termo.[18]

Diferenciação no interior das famílias confessionais

Um terceiro elemento é a diferenciação e, por vezes, crescente tensão no interior das famílias confessionais.[19] Tensões relativas a questões institucionais e problemáticas éticas como o aborto, a homossexualidade, a bioética e a moral política – só para citar algumas. Consequentemente, é de se perguntar *se* e *como* é possível continuar o diálogo apenas através das Federações e Alianças confessionais mundiais, no caso dos protestantes (cujas comunidades locais têm divergências entre si, embora incluídas numa Federação ou Aliança maior). Acontece que, dentro dessas famílias confessionais, encontramos grupos que não concordam com as tendências liberais assumidas por setores de sua hierarquia e que acabam sentindo-se mais próximos da Igreja católica. Alguns olham para nós com esperança e até vêm bater a nossa porta.

Nesse sentido, retomo a pergunta que fiz em uma das assembleias plenárias do Pontifício Conselho para a Unidade dos Cristãos: Qual será a velocidade do ecumenismo no futuro? Será um ecumenismo de dupla velo-

---

[17] UUS 78 fala de unidade "suficiente", supondo um correspondente consenso "suficiente" em matéria de fé, sacramentos e ministérios. A unidade "suficiente" é propósito mais complexo e exigente do que a ideia de uma unidade "mínima", na linha do "mínimo denominador comum".

[18] Note-se a origem etimológica dos termos "católico" e "catolicidade": do grego *kat'holon*: conforme a totalidade, e *katholikos*: universal. Noção assumida pela teologia e aplicada à Igreja de Cristo, como uma das *notae ecclesiae*: una, santa, universal e apostólica.

[19] "Famílias confessionais" são grupos de Confissões cristãs que se aproximam por causa de sua origem ou de sua concepção teológico-ministerial, formando juntas as Federações ou Alianças internacionais. Por exemplo: Aliança Batista Mundial, Federação Luterana Mundial, Conselho Metodista Mundial, Aliança Mundial de Igrejas Reformadas, Comunhão Anglicana e outras.

9 - Unidade dos cristãos e pentecostalismo: quais as perspectivas?

cidade ou mais?[20] Provavelmente sim. Mas com riscos e com a obrigação de afrontar novos problemas. Apesar dessas novas situações, não podemos dar a impressão de um *divide et impera*.[21] Faríamos um péssimo ecumenismo se criássemos novas divisões nas outras Igrejas e famílias confessionais ou se tendêssemos a uma nova forma de uniatismo.[22] Penso que um ecumenismo de dupla velocidade é algo assaz delicado e deve ser tratado com o máximo de discernimento – enquanto não houver, na atual situação, uma alternativa realista. Do ponto de vista católico, pensar um diálogo de dupla velocidade e supor sua prática requer uma responsabilidade ecumênica que equilibre a Igreja universal e as Igrejas locais. As Igrejas locais devem assumir suas responsabilidades perante os grupos confessionais mencionados.

Abordagem realista da questão ecumênica

O quarto e último ponto que acrescento é que temos uma visão mais realista da questão da unidade dos cristãos.[23] A época do entusiasmo ecumênico – que caracterizou o período imediatamente posterior ao Concílio Vaticano II – já se concluiu. A nova abordagem da questão da unidade configura, hoje, um ecumenismo mais experiente e adulto, que vai além do entusiasmo de sua juventude e do estilo pouco elaborado de sua adolescência. Tornou-se maduro e realista.

---

[20] "Ecumenismo de dupla velocidade": uma, em ritmo internacional, pelo diálogo com as Federações e Alianças mundiais; outra, em ritmo localizado, pelo diálogo com grupos específicos que desaprovam certas tendências ou posições do restante de suas Confissões.

[21] "Dividir o povo para melhor governar": máxima política do Império Romano.

[22] "Uniatismo": a estratégia de estabelecer comunidades unidas a Roma, formadas pelos grupos protestantes dissidentes que tenderiam a ingressar na Igreja Católica. Algo similar aconteceu na formação das Igrejas Orientais católicas. No caso do protestantismo atual, desaconselhamos essa estratégia, julgando-a inadequada ao caminho ecumênico. Ademais, nos últimos 20 anos o "uniatismo" atraiu críticas e adquiriu conotação pejorativa.

[23] Em 1994, na carta apostólica *Tertio millennio adveniente*, João Paulo II manifestou sua esperança de que, com a celebração do Grande Jubileu do Ano 2000, pudéssemos alcançar a plena comunhão com as Igrejas Ortodoxas; ou pelo menos estaríamos mais próximos de sua realização (n. 34). Contudo, após o Grande Jubileu, em sua carta apostólica *Novo millennio ineunte*, o papa foi cauteloso e falou da longa estrada ainda a percorrer (n. 12 e 48).

Em poucas palavras – e examinando o que nos parece mais provável – podemos prever um longo período ecumênico, no qual viveremos uma situação parecida com a presente, caracterizada por uma comunhão de fato existente e até profunda, mas que não configura ainda a comunhão plena. Vale dizer, uma situação em que superamos as antigas hostilidades e a indiferença; situação na qual pudemos redescobrir a fraternidade entre todos os cristãos. Creio que este seja um dos mais importantes resultados das últimas décadas de ecumenismo. Contudo, devemos permanecer realistas e não traçar modelos abstratos de unidade que, cedo ou tarde, nos conduziriam simplesmente a novas desilusões. A questão é vitalizar e estruturar adequadamente essa nossa atual situação, que provavelmente durará mais tempo do que tínhamos imaginado.

Porém, isto não significa que podemos ou pretendemos regredir, voltando ao estágio anterior, quando não existia essa rica herança ecumênica. Para a Igreja católica, não há alternativas ao caminho ecumênico.[24]

5. O pentecostalismo, nova fronteira ecumênica

Desde o Concílio Vaticano II e da promulgação do decreto *Unitatis redintegratio* sobre o ecumenismo já se passaram quarenta anos. A situação ecumênica mudou. Não só na América Latina, mas em todas as partes do mundo. A mudança mais importante e o desafio mais urgente é a emergência dos novos movimentos religiosos. Estes constituem o mais sério desafio pastoral, sobretudo na América Latina. Há somente três anos, foi publicado um *best-seller* de Philip Jenkins intitulado *The next Christendom: the coming of global Christianity* (O cristianismo do

---

[24] Não há alternativas que substituam o diálogo ecumênico, já que este toca a vida orgânica da Igreja, chamada por Cristo à plena unidade. O autor insiste que prossigamos a via da unidade, mediante o diálogo paciente e competente, no campo espiritual, doutrinal e pastoral: "Com o Concílio Vaticano II, a Igreja Católica comprometeu-se *de modo irreversível* a percorrer o caminho da unidade" (UUS 3).

9 - Unidade dos cristãos e pentecostalismo: quais as perspectivas?

futuro: o advento da cristandade global).[25] O autor descreve a rápida e vasta emergência de movimentos evangélicos e carismáticos em todo o mundo, mas particularmente nos países do hemisfério sul, enquanto que as Igrejas protestantes históricas (*mainline Churches*) diminuem. Jenkins escreve: "Atualmente, estamos atravessando um dos momentos de mutação na história mundial das religiões".[26] Essa situação está causando uma transformação extraordinária no cenário ecumênico, trazendo consigo um enorme desafio pastoral e ecumênico para a Igreja católica.

Nos últimos vinte anos, praticamente todas as Conferências Episcopais têm expressado sua grande preocupação sobre tal fenômeno durante as visitas *ad limina*, em Roma. O papa João Paulo II dedicou uma atenção particular a essa questão em seus pronunciamentos ao longo dos anos. Na encíclica *Redemptoris missio* (1990), ele fala de uma cultura secularizada e da busca espiritual como uma das causas das chamadas "seitas" e dos novos movimentos religiosos.[27] Falando aos bispos do México em 12 de maio de 1990, o papa apresentou o problema em um contexto mais amplo:

> A presença das chamadas "seitas" é uma razão mais que suficiente para fazer um profundo exame da vida pastoral da Igreja local. Diante deste desafio, vós estabelecestes algumas Opções Pastorais muito oportunas (cf. La Iglesia y los nuevos grupos religiosos: 16-04-1988, III). Essas Opções vão além de uma mera resposta ao presente desafio, pois querem ser também caminhos para a nova evangelização, tão urgente enquanto constituem meios concretos para aprofundar a fé e a vida cristã das vossas comunidades.[28]

---

[25] Cf. JENKINS, Philip. *The next Christendom:* the coming of global Christianity. Oxford-New York, 2002.

[26] Idem, p. 1.

[27] JOÃO PAULO II. *Carta encíclica "Redemptoris missio" sobre a validade permanente do mandato missionário*. São Paulo: Paulinas, 1991, n. 38, p. 65 (A voz do papa 125).

[28] GIOVANNI PAOLO II. Incontro con i membri della Conferenza Episcopale Messicana: Città del Messico 12 maggio 1990. In: *Attività della Santa Sede*. Città del Vaticano: LEV, 1990, p. 370.

Walter Kasper

O Consistório extraordinário dos Cardeais (1991) deu particular atenção a esse fenômeno. A mensagem final do Consistório descreveu o desafio dos novos movimentos religiosos como "um fenômeno em plena mutação, de proporções preocupantes". Estava presente quase em todas as partes do mundo com "tendências e manifestações diferenciadas. Na África, domina a multiplicação de igrejas autônomas de tipo sincretista. Na América Latina, predominam comunidades de estilo evangélico, fundamentalista e espontaneísta, que se distanciam da tradição unitária católica, rompendo o próprio tecido social. No Ocidente, encontram-se ainda grupos de inspiração gnóstica. Também na Ásia, os ambientes católicos populares de alguns países estão submetidos a uma propaganda sectária intensa de tipo cristão independente".[29]

Quando descrevemos essa situação, devemos estar atentos ao uso da palavra "seita". Em geral, esta palavra tem conotação negativa e difamatória. É, pois, necessário usar a palavra "seita" de modo responsável. Creio que seja oportuno saber claramente a diferença entre *Comunidade eclesial* e "seita". O termo "seita" não é facilmente definível e não há consenso entre os especialistas sobre sua definição. De qualquer modo, o termo "seita" não pode ser definido só de modo quantitativo e aplicado a todos os pequenos grupos. "Seita" tem um significado qualitativo e via de regra implica uma compreensão por si mesma exclusiva, conexa a um comportamento fanático, fundamentalista e agressivo que torna o diálogo impossível. O proselitismo e seus métodos típicos caracterizam a maioria das seitas.[30]

Foram feitos muitos estudos sobre essa questão, mas menciono apenas dois: o documento do Grupo de Trabalho Conjunto entre a Igreja católica e o Conselho Mundial de Igrejas, intitulado *The Challenge of Proselytism and*

---

[29] CONCISTORO STRAORDINARIO. Dichiarazione. In: *Attività della Santa Sede*. Città del Vaticano: LEV, 1990, p. 281.

[30] O qualificativo "seita" é limitado e até contraproducente, pois é um termo sociológico que caracteriza mais um comportamento (sectário, no caso) do que uma identidade confessional. No diálogo com os Pentecostais, importa esclarecer o estatuto teológico das Comunidades em questão, discernindo os elementos eclesiais ali presentes, para percorrer um caminho comum, sincero e frutuoso, em vista da reconciliação e da comunhão.

9 - Unidade dos cristãos e pentecostalismo: quais as perspectivas?

the Calling to Commom Witness (O desafio do proselitismo e o chamado ao testemunho comum),[31] e o estudo do Grupo Internacional de Diálogo Católico-Pentecostal, chamado *Evangelization, Proselytism and Common Witness* (Evangelização, proselitismo e testemunho comum)[32] de 1998.

O *Diretório Ecumênico* (1993) faz uma clara distinção entre ecumenismo e o desafio das seitas. O texto faz referência a um relatório provisório – fruto do estudo de alguns dicastérios da Cúria Romana de 1986 – "que chama a atenção sobre a distinção fundamental que se deve fazer entre as seitas e os novos movimentos religiosos, de um lado, e as Igrejas e Comunidades eclesiais, de outro" (n. 35). Falando da diversidade das seitas, o *Diretório Ecumênico* afirma que:

> A situação é muito complexa e se apresenta de modo diferenciado, conforme o contexto cultural. Em alguns países, as seitas se desenvolvem num ambiente cultural fundamentalmente religioso. Em outros lugares, difundem-se em sociedades cada vez mais secularizadas, mas que, ao mesmo tempo, conservam crenças e superstições. Certas seitas são e se dizem de origem não cristã. Outras são ecléticas. Outras ainda se declaram cristãs, mas podem ter rompido com as comunidades cristãs ou conservam ainda algum liame com o cristianismo.[33]

No contexto dessa reflexão, não focamos os novos movimentos religiosos em geral, mas nos limitamos ao fenômeno pentecostal. Prefiro chamar os pentecostais nem com o nome de "seita" nem com o nome de Igreja ou Comunidade eclesial. É suficiente chamá-los

---

[31] PONTIFICIO CONSIGLIO PER LA PROMOZIONE DELL'UNITÀ CRISTIANA. *Information Service* 91 (1996) I-II, p. 77-83.

[32] Cf. PONTIFÍCIO CONSELHO PARA A UNIDADE DOS CRISTÃOS. *Diálogo católico-pentecostal – Evangelização, proselitismo e testemunho comum.* São Paulo: Paulinas, 1999 (A voz do papa 162).

[33] Idem. *Diretório para a aplicação dos princípios e normas sobre o ecumenismo.* São Paulo: Paulinas, 1994, n. 36 (A voz do papa 132). Citado simplesmente como *Diretório ecumênico* (DE).

simplesmente "pentecostais" e, consequentemente, falar de "comunidades pentecostais". Trata-se de uma realidade muito complexa e ainda em desenvolvimento.

Desde 1800 são notórios, no âmbito da Reforma, os movimentos de *revival* (reavivamento ou despertar religioso), a corrente *pietista* e o surgimento das "igrejas livres" (*free Churches*), com destaque à "liberdade do Espírito" e, em parte, como reação às Igrejas Protestantes que em pouco tempo se tornaram institucionalizadas e estruturadas. Os pentecostais carismáticos são continuadores dessa tradição de reavivamento, pietismo e livre ação do Espírito Santo. Caracterizam-se, ademais, por um forte individualismo e subjetivismo. Os neo-pentecostais acrescentam ainda certo ecletismo e pluralismo, conforme lhes convém: é a versão deles para o pluralismo moderno e pós-moderno.

Hoje verificamos movimentos pentecostais na África, Ásia e América Latina, que se difundem rapidamente. O crescente pluralismo religioso brasileiro é "um fenômeno de fragmentação e de proliferação de expressões religiosas populares de dissidência do cristianismo tradicional organizado, especialmente pentecostais, que se localizam nas periferias das grandes cidades, mas também no ambiente rural".[34]

Os pentecostais nem sempre se abrem ao diálogo. Muitos dentre eles têm posturas agressivas e ativamente proselitistas. Com eles o diálogo – que pressupõe respeito recíproco – é difícil e, em certas circunstâncias, impossível. Entretanto, se o diálogo ecumênico em sentido próprio é pouco viável, permanece a possibilidade do diálogo entre sujeitos, inserido nas várias circunstâncias da vida cotidiana.[35]

---

[34] Conferência Nacional dos Bispos do Brasil. *A Igreja Católica diante do pluralismo religioso no Brasil II*. São Paulo: Paulinas, 1993, p. 127 (Estudos da CNBB 69).
[35] No Brasil, tem-se consolidado uma plataforma de encontro católico-pentecostal, desde 2007, chamada Encristus – Encontro de Cristãos em busca de Unidade e Santidade. Os encontros são anuais, reunindo participantes de vinte e uma denominações. A CNBB tem acompanhado essa agenda.

9 - Unidade dos cristãos e pentecostalismo: quais as perspectivas?

Como referi acima, o Pontifício Conselho para a Unidade dos Cristãos tem realizado, desde 1972, um diálogo positivo com representantes pentecostais clássicos, embasado na confiança recíproca e com agenda temática muito pertinente. Constatamos que esses representantes são cristãos de grande integridade, que assumem seriamente a mensagem bíblica, professam a divindade de Jesus Cristo e os mandamentos divinos. Demonstram ser solidamente ancorados na fé trinitária e cristológica e partilham conosco muitas convicções éticas. Com algumas dessas Comunidades temos um bom diálogo, relações de amizade ou, pelo menos, contatos positivos e promissores quanto ao futuro. As questões surgidas desses diálogos se concentram sobretudo na pneumatologia, particularmente na relação entre a dimensão carismática, sacramental e institucional da Igreja. Quanto à eclesiologia, essas Comunidades estão longe da sistematização doutrinal que nós católicos elaboramos.

Os diálogos com esses grupos são muito importantes para o presente e o futuro do diálogo ecumênico como um todo. Penso que os contatos católico-pentecostais possam ter uma função maiêutica, pois ajudam essas Comunidades a se interrogarem e a esclarecerem sua própria identidade. Além disso, o diálogo levanta várias questões até o momento pouco abordadas pelas Comunidades pentecostais. O diálogo não tocou a questão teológica da unidade da Igreja, mas se concentra no esforço fraterno para superar mal-entendidos, criar um melhor conhecimento mútuo, firmar a amizade e promover a cooperação conjunta aonde for possível. Faço notar, como mencionado, que o diálogo internacional católico-pentecostal foi iniciado em 1972. Até agora foram publicados cinco Relatórios Finais, entre os quais: *Perspectivas sobre a koinonia* (1990) e o texto já citado *Evangelização, proselitismo e testemunho comum* (1998). O mais recente, altamente significativo, é o documento: *Tornar-se cristão: perspectivas bíblicas e patrísticas sobre a Iniciação Cristã e o batismo no Espírito Santo*.[36]

---

[36] COMISSÃO INTERNACIONAL DE DIÁLOGO CATÓLICO-PENTECOSTAL. *Tornar-se cristão:* inspiração da Escritura e dos textos da Patrística com algumas reflexões contemporâneas. Brasília: Edições CNBB, 2010.

Durante o presente Simpósio, nossos trabalhos terão um duplo valor: missionário e ecumênico. Missionário, pois nossa reflexão deverá identificar propostas pastorais concretas para a ação das comunidades católicas. Ecumênico, pois queremos sondar um *modus procedendi* (modo de proceder) que favoreça um processo de aproximação entre católicos e pentecostais, de modo a superar as dificuldades tão sentidas. Cada país tem uma situação peculiar que informa e transforma o ecumenismo; e a qualidade dos interlocutores pode ter impacto positivo ou negativo no diálogo. Importa, antes de tudo, que os bispos sejam disponíveis a esse diálogo, como os primeiros responsáveis pela promoção da unidade cristã.

6. Em busca de respostas pastorais

Ainda que o diálogo com os pentecostais seja difícil em muitos casos e impossível em certas circunstâncias, o desafio pastoral que eles comportam, permanece. Na falta do diálogo, não conseguimos propor-lhes nossas interrogações. Mesmo assim, a presença pentecostal nos apresenta suas interrogações, solicitando um exame de nossa consciência pastoral. Simplesmente condenar as atividades proselitistas desses grupos ou referir-se a eles como meras "seitas" pode ser uma postura contraproducente. Vale observar que nossa resposta pastoral não deverá ficar apenas na crítica e polêmica com os grupos pentecostais, nem poderá restringir em si todos os instrumentos do diálogo – visto que há um diálogo possível com as igrejas históricas e tradicionais, fortemente apoiado pelo Concílio.

Nossa primeira reação deve ser um exame crítico da consciência pastoral católica. Deveríamos perguntar-nos com senso crítico: Por que muitos católicos deixam nossa Igreja e se tornam vítimas desses grupos? Além de refletir sobre as limitações dos pentecostais, há que refletir sobre nossas próprias limitações: O que, entre nós, não fun-

9 - Unidade dos cristãos e pentecostalismo: quais as perspectivas?

ciona? O que falta à vida de nossas paróquias? O que dizem as pessoas sobre nossas lacunas? O que elas não encontram em nós e esperam encontrar nos grupos pentecostais? Por que esses católicos mudam sua filiação religiosa? E mais: podemos, nós, aprender alguma coisa da metodologia pentecostal – como o forte senso de comunidade e a satisfação de necessidades básicas das pessoas, sobretudo em áreas rurais e pobres? Por outro lado, o que devemos evitar? Essas perguntas são importantes para iluminar uma reflexão pastoral que responda aos problemas enfrentados pela Igreja católica na América Latina. De momento, gostaria de limitar-me a quatro questões pastorais.

a) *Agilizar nossa solicitude social* – Frequentemente, a razão pela qual alguém deixa a Igreja católica tem cunho materialista; uma promessa de ajuda material, que praticamente compra, adquire a pessoa; deixando-a depois como que traída e desiludida. Alguns grupos pentecostais recebem recursos do exterior que nós não dispomos (sem falar de nossa postura ética, visto que nós não queremos "comprar" os fiéis). Mas, às vezes, isso pode indicar uma falta de solicitude social e caritativa de nossa parte. Não se trata só de recursos financeiros. Mas de solicitude e sensibilidade. Sabemos que os grupos pentecostais se infiltram nas comunidades justamente nas ocasiões de sofrimento, de um acidente, de uma carência extraordinária e assim por diante. Daí que a questão é: Por que eles se dão conta da situação, fazem-se presentes... e nós não? Falando aos bispos de Ghana (África) durante sua *visita ad limina* a Roma em 1993, João Paulo II observou que "por vezes o atrativo desses movimentos se baseia sobre seu aparente sucesso em responder às necessidades espirituais das pessoas – a carência de seus corações por algo de mais profundo, pela cura, pela consolação e proximidade com o transcendente".[37]

---

[37] Discurso de João Paulo II aos bispos de Gana, na visita *ad limina* de 23 de fevereiro de 1993.

b) *Fomentar pequenas comunidades e formar liderança leiga* – Neste contexto encontramos uma segunda razão para deixar a Igreja. Em geral, temos paróquias tão grandes que nossos fiéis não se sentem em casa, mas sim deixados de lado e abandonados; enquanto que se sentem em casa – aceitos, estimados e acolhidos – nas pequenas comunidades dos grupos pentecostais. Uma possível resposta de nossa parte é incrementar o clima de família nas paróquias através de pequenas comunidades, grupos de oração, grupos juvenis e outros, investindo decididamente na formação de leigos que possam guiar tais grupos. Certamente, tocar nesse ponto significa repensar nossas estruturas pastorais. Pois é verdade que há carência de sacerdotes e não podemos multiplicar pequenas paróquias. Mas talvez possamos subdividir nossas vastas estruturas e formar leigos que tenham a disposição e o preparo para animar pequenos grupos nos serviços de oração, leitura da Palavra e auxílio às necessidades sociais.

c) *Investir na catequese e na formação bíblica* – Uma terceira razão pode ser a ignorância sobre a fé católica, em contraste com a propaganda de outros grupos religiosos. Grande parte das pessoas que se deixam influenciar provém de áreas rurais, são católicos ingênuos ou pessoas das periferias pobres das cidades, desprovidas de um suficiente aprofundamento em sua fé. Devemos encontrar novas respostas a essa situação, através de maiores esforços catequéticos, preparando as pessoas ao melhor conhecimento da fé e a responder com segurança às propagandas e acusações contra a Igreja. É necessária uma melhor formação religiosa dos fiéis, sobretudo os menos escolarizados e os camponeses. Isso requer catequistas bem-formados, que possam atuar como multiplicadores na educação da fé. O *Diretório Ecumênico* sublinha a importância dessa formação:[38] indica os meios e os âmbitos mais aptos a essa formação, como a paróquia, a escola, os grupos organiza-

---

[38] Cf. Especialmente o capítulo III sobre a formação ecumênica na Igreja Católica.

9 - Unidade dos cristãos e pentecostalismo: quais as perspectivas?

dos, as associações, os movimentos eclesiais etc. Além disso, os documentos insistem na importância da formação doutrinal para aqueles que se dedicam ao ministério pastoral, com uma atenção especial à formação oferecida pelas Instituições de Ensino Superior.[39]

d) *Cultivar a espiritualidade e discernir a dimensão carismática da Igreja* – Enfim, uma quarta razão. Os pentecostais buscam uma experiência espiritual; desejam experimentar o Espírito Santo e o poder de Deus de modo imediato, aqui e agora. Nesse sentido, constata-se um forte componente emocional. Em função disso, referem-se continuamente às Escrituras, apelando sobretudo às passagens do Novo Testamento que tratam dos carismas. Em contrapartida, nossas liturgias e nossa doutrina parecem muito secas, abstratas e intelectualizadas, como se fossem distantes da experiência humana. É verdade que muitas das ditas "experiências do Espírito Santo" são ambíguas e necessitam do discernimento dos espíritos. Por outro lado, a Igreja católica redescobriu sua legítima preocupação sobre as manifestações do Espírito Santo: o Concílio Vaticano II reafirmou o aspecto pneumatológico-carismático da Igreja e introduziu uma renovação da dimensão carismática da Igreja.[40]

Uma consequência prática dessa redescoberta tem sido o movimento carismático, através do qual o movimento pentecostal abriu espaço dentro da Igreja católica. Em certo sentido, poder-se-ia falar até mesmo de uma "pentecostalização" da Igreja católica. Mas, ao contrário do que acontece com o movimento pentecostal fora do catolicismo, o movimento carismático católico permanece dentro das estruturas sacramentais e institucionais da Igreja, de sorte a infundir estímulo espiritual ao corpo da própria Igreja.

---

[39] Cf. Pontifício Conselho para a Unidade dos Cristãos. *A dimensão ecumênica na formação dos que trabalham no ministério pastoral.* São Paulo: Paulinas, 1998.
[40] Cf. LG 4, 7, 21 e 49.

O enfoque pneumatológico deu vida a uma eclesiologia renovada e se tornou o tema-chave da maioria dos documentos do diálogo ecumênico da última década. A ideia central e fundamental é a participação de todos os cristãos na vida de Deus Uno e Trino mediante o Espírito Paráclito (cf. 1Jo 1,3). O Espírito Santo oferece uma diversidade de dons (cf. 1Cor 12,4-11). Disso decorrem numerosas consequências eclesiológicas, que incluem as relações entre o sacerdócio universal de todos os batizados e o sacerdócio hierárquico; entre o primado e as estruturas sinodais-colegiais da Igreja; entre os bispos, os diáconos e os presbíteros; entre os pastores e o inteiro Povo de Deus. O enfoque pneumatológico ajuda a resolver tais questões de um modo mais dinâmico e menos estático. Em outros termos: creio que há uma maneira de tomarmos em consideração algumas reivindicações legítimas do pentecostalismo na Igreja. A partir daí, conceber o diálogo católico-pentecostal como partilha de dons será algo possível e útil para o futuro da Igreja.

Com esse último aspecto, retorno ao que falei antes sobre o ecumenismo espiritual – concebido como o coração do movimento ecumênico.[41] Dissemos, acima, que nós não podemos "produzir" ou organizar a unidade da Igreja; que esta não resultará de uma decisão de algum grupo de diálogo ecumênico, ainda que altamente qualificado. A unidade é um dom do Espírito Santo. Só ele pode tocar nossos corações e os reconciliar. O Espírito Divino está sempre pronto a surpreender. Ele mesmo suscitou o processo ecumênico – que já nos rendeu tantos frutos. Confiemos nele, pois levará a bom-termo a obra que iniciou. Quando, como e onde – não sabemos. Mas certamente podemos orar: "Vem, Espírito Santo". Sem essa espiritualidade todas as nossas atividades se tornam máquinas sem alma. Isso ainda mais importante em nosso contexto atual, pois nosso confronto com os pentecostais é, em última análise, um problema espiritual e requer o compromisso igualmente espiritual do "discernimento dos espíritos".

---

[41] Cf. UR 8.

9 - Unidade dos cristãos e pentecostalismo: quais as perspectivas?

Conclusão

A meu ver, fica evidente que a resposta ao desafio do pentecostalismo encontra-se nas perspectivas de uma efetiva "nova evangelização". Além do compromisso pastoral ordinário e permanente – que não deve cessar, mas prosseguir –, a situação requer uma nova evangelização, um novo impulso missionário, capaz de incidir sobre o contexto atual, em rápida transformação, no qual muitas pessoas se encontram fora do alcance dos meios "clássicos" da evangelização paroquial. Todos têm necessidade do Evangelho, pois este se destina a todos e não a um círculo limitado de pessoas. Por isso, o Evangelho mesmo nos obriga a buscar novos métodos de anúncio, para levá-lo a todos. A Igreja é missionária por natureza.

Vista nessa perspectiva, a presença pentecostal no Brasil não é apenas questão numérica ou quantitativa. Essa implica mudanças religiosas e institucionais significativas a serem consideradas quando elaboramos nossos programas pastorais. O chamado "desafio pentecostal" por si mesmo é um *desafio ecumênico e missionário*; e enquanto tal é, em última análise, um *desafio espiritual* e *de renovação espiritual*. Só através de um despertar espiritual e de um novo Pentecostes seremos capazes de responder a tal desafio. Meu sincero desejo é que esse Simpósio seja uma modesta e humilde contribuição para o novo ardor que interpela a toda a Igreja católica – particularmente no Brasil – e que sirva para encontrar os meios aptos para melhorar a atual situação das relações católico-pentecostais, em vista do futuro da Igreja na América Latina.

Referências bibliográficas

Comissão Fé e Constituição. Batismo, eucaristia e ministério. In: *SEDOC* 16 (1983), c. 27-64.

Comissão Internacional de Diálogo Católico-Pentecostal. *Tornar-se cristão:* inspiração da Escritura e dos textos da Patrística com algumas reflexões contemporâneas. Brasília: Edições CNBB, 2010.

Concílio Vaticano II. *Compêndio do Vaticano II*. 22 ed. Petrópolis: Vozes, 1991.

Conferência Nacional dos Bispos do Brasil. *A Igreja Católica diante do pluralismo religioso no Brasil II*. São Paulo: Paulinas, 1993, p. 127 (Estudos da CNBB 69).

Concistoro Straordinario. Dichiarazione. In: *Attività della Santa Sede*. Città del Vaticano: LEV, 1990.

Giovanni Paolo II. Incontro con i membri della Conferenza Episcopale Messicana: Città del Messico 12 maggio 1990. In: *Attività della Santa Sede*. Città del Vaticano: LEV, 1990.

Jenkins, Philip. *The next Christendom:* the coming of global Christianity. Oxford-New York, 2002.

João Paulo II. *Carta encíclica "Redemptoris missio" sobre a validade permanente do mandato missionário*. São Paulo: Paulinas, 1991 (A voz do papa 125).

_____. *Carta encíclica "Ut unum sint" sobre o empenho ecumênico*. São Paulo: Paulinas, 1995 (A voz do papa 142).

Maçaneiro, Marcial. Católicos e pentecostais em diálogo: um sinal dos tempos. In: *Veni Creator* n. 2 julho/dezembro (2012), p. 37-45.

Pontificio Consiglio per la Promozione dell'Unità Cristiana. *L'ecumenismo oggi:* la situazione nella Chiesa cattolica. Rocca di Papa: Città Nuova, 2004.

_____. *Information Service* 91(1996) I-II, p. 77-83.

Pontifício Conselho para a Unidade dos Cristãos. *Diálogo católico-pentecostal:* evangelização, proselitismo e testemunho comum. São Paulo: Paulinas, 1999 (A voz do papa 162).

9 - Unidade dos cristãos e pentecostalismo: quais as perspectivas?

_____. *Diretório para a aplicação dos princípios e normas sobre o ecumenismo.* São Paulo: Paulinas, 1994, n. 36 (A voz do papa 132).

_____. *A dimensão ecumênica na formação dos que trabalham no ministério pastoral.* São Paulo: Paulinas, 1998.

10 – Diálogo Inter-Religioso: o que dizem os documentos da Igreja?

Princípios e proposições

Marcial Maçaneiro[1]

Introdução

$\mathcal{A}$ relação da Igreja com as religiões não cristãs tem sido um tema candente para a teologia e a evangelização, antes e depois do Concílio Vaticano II. A questão aparece no Novo Testamento e na Patrística, intensificando-se no campo missionário "ad gentes". Os documentos *Ecclesiam suam* (1964), *Nostra aetate* (1965), *Redemptoris missio* (1990), *Diálogo e anúncio* (1991) e *Dominus Iesus* (2000) registram o discernimento do magistério católico sobre o lugar das religiões no plano de salvação.[2] Esse "registro magisterial", por sua vez, não é autônomo, mas se baseia no "registro bíblico". De sorte que, para refletirmos sobre religiões e salvação na 5ª Conferência, devemos antes ouvir a Bíblia e o magistério dela decorrente.

---

[1] Doutor em teologia pela Pontifícia Universidade Gregoriana de Roma. Editor da revista "TQ Teologia em Questão". Religioso presbítero da Congregação dos Padres do Coração de Jesus (dehonianos).

[2] Documentos e siglas neste capítulo: *Ecclesiam suam* (ES), *Lumen gentium* (LG), *Ad gentes* (AG), *Nostra aetate* (NA), *Gaudium et spes* (GS), *Novo millennio ineunte* (NMI), *Diálogo e anúncio* (DA), *Dominus Iesus* (DI), *Documento de Aparecida* (DAp).

10 - Diálogo Inter-Religioso: o que dizem os documentos da Igreja?

O que lemos na Bíblia?

A Bíblia insere as religiões numa única História da Salvação: em qualquer etnia ou crença, a pessoa humana é imagem de Deus (Gn 1,26); Enoc é arrebatado e se torna emblema do caminho místico universal (Gn 5,24); Noé (semelhante a Guilgamesh e Tamandaré) contrai uma aliança cósmica com o Criador (Gn 9,8-17); alguns arameus, como Abraão, são considerados monoteístas sinceros (Gn 12,1-8); o sacerdócio de Melquisedec se torna figura do sacerdócio messiânico (Gn 14,18-20); Deus declara estima por Ismael, personagem matriz da fé islâmica (Gn 21,18); as religiões têm acesso à Revelação divina inscrita no cosmos (Sl 18,1-5; Rm 1,20); o Sopro Divino inspira povos muito além de Israel (Sb 1,7); Jerusalém se abre às nações (Is 60,3); figuras não israelitas aparecem na genealogia de Jesus (Mt 1,1-17); todos os povos são atingidos pela Luz do Verbo (Jo 1,4.9); os astrônomos persas encontram e adoram o Menino Jesus em Belém (Mt 2,1-11); a mulher fenícia e o samaritano são apresentados como exemplos de fé e misericórdia (Mc 7,24-30; Lc 10,30-37); a mulher samaritana, que cultura a Deus no monte Garizim, é acolhida por Jesus (Jo 4,5-30); prosélitos e adoradores estrangeiros são incluídos no Pentecostes (At 2,9-11); o Paráclito se derrama sobre gentios não batizados (At 10,44-45); o romano Cornélio é elogiado por sua bondade e fé (At 10,22); Apolo, antes mesmo de receber o batismo, manifesta dons de sabedoria e ciência (At 18,24-25), e a busca religiosa dos gregos é reconhecida por Paulo (At 17,27).

Em todos esses casos a Bíblia discerne elementos de verdade e santidade na vivência religiosa de pessoas não cristãs, cuja maioria não era sequer israelita. Donde Pedro conclui:

> Bem sabeis que é ilícito ao judeu relacionar-se com estrangeiro ou mesmo dirigir-se a sua casa. Mas Deus acaba de mostrar-me que a nenhum homem se deve chamar de profano ou impuro. [...] Dou-me conta, em verdade, que Deus não faz acepção de pessoas; mas que, em qualquer nação, quem o teme e pratica a justiça, lhe é agradável (At 10,28.34-35).

Pouco depois, Paulo dirá, falando aos gentios:

> O Deus que criou o mundo e tudo o que nele existe [...] de um só homem fez toda a espécie humana, para habitar sobre toda a face da terra, tendo estabelecido o ritmo dos tempos e os limites de sua habitação. Assim fez, para que buscassem a Deus e, talvez às apalpadelas, encontrassem-no, a ele que na realidade não está longe de cada um de nós (At 17,24.26-27).

> De fato, as perfeições invisíveis de Deus – não somente seu poder eterno, mas também sua eterna divindade – são percebidas pelo intelecto, através de suas obras, desde a criação do mundo (Rm 1,20).

A teologia patrística

No período patrístico, desenvolveu-se uma Teologia da História na qual a *salus hominum* (salvação dos homens) se realiza em alianças progressivas, até se consumar em Jesus Cristo, "luz verdadeira" e "ícone do Deus invisível" (Jo 1,9; Cl 1,15). De um lado – envolvidas nos reveses humanos e incapazes de contemplar o Mistério face a face – as religiões são marcadas por limites e tateiam entre sombras. De outro – movidas por reta intenção e amparadas pela graça – as religiões captam lampejos da Revelação divina, promovem as virtudes e celebram o destino transcendente da humanidade "imago Dei".

> Justino fala dos "germes" lançados pelo Logos nas tradições religiosas. Mas só mediante a encarnação é que a manifestação do Logos se torna completa (1 Apol. 46,1-4; 2 Apol. 81 / 10,1-3; 13,4-6). Para Irineu, o Filho, manifestação visível do Pai, revelou-se aos homens "desde o princípio" e, portanto, a encarnação traz consigo algo de essencialmente novo (Adv. Haer. 4 / 6,5-7; 4, 7, 2; 20, 6-7). Segundo Clemente de Alexandria, a "filosofia" foi dada aos gregos por Deus como

10 - Diálogo Inter-Religioso: o que dizem os documentos da Igreja?

> "uma aliança", "uma pedra de expectativa para a filoso-
> fia segundo Cristo", um "pedagogo" que conduziria o
> espírito grego para Ele (Stromata 1,5; 6,8; 7,2).[3]

A partir daí, a Igreja enviada *ad gentes* tem se relacionado com as religiões não cristãs e seus adeptos, em distintos itinerários históricos, até confluir no "diálogo e anúncio", compreendidos como "os dois caminhos da única missão".[4]

1. As religiões e a salvação em Cristo

Em face das religiões, a primeira afirmação de fé professada com convicção pela Igreja Católica é a *unidade do plano de salvação*. Não há dois, três ou quatro "planos" salvíficos para as muitas culturas e credos, mas um só e universal desígnio que, em Cristo, abraça toda a humanidade (cf. Mt 28,19; Jo 1,3-4; Ef 1,9-10; 1Tm 2,4-6). É por conta desse único e universal plano divino que as religiões se incluem na obra salvadora da Trindade.[5] "Explicitar e promover esta salvação já operante no mundo é uma das tarefas da Igreja."[6] Essa convicção se funda na Revelação cristã e ilumina todo o discernimento da Igreja sobre as religiões mundiais. Esse discernimento se dá em dois níveis: a) discernimento antecedente: no qual o magistério estabelece os princípios gerais à luz da Palavra de Deus; b) discernimento consequente: a partir do diálogo com uma religião específica.

---

[3] DA 24, nota 7 do rodapé.
[4] DA 82, também DAp 237.
[5] Cf. DA 28-29.
[6] DAp 236.

2. Princípios gerais de discernimento

a) *A vontade salvífica de Deus é universal:* o plano de salvação nasce do "amor-fontal" de Deus Trino,[7] cuja vontade visa à comunhão plena de todos os seres humanos na vida divina.[8] Esse desígnio implica na oferta da graça salvífica, que opera nos corações, dentro e fora da Igreja visível.[9] Em virtude desse plano, mediante a presença universal do Logos, existem "germes" de salvação nas culturas e religiões dos povos, verdadeiras "sementes do Verbo aí ocultas".[10] Essa manifestação "em sementes" aponta para a manifestação do mesmo Verbo "na carne" (cf. 1Jo 4,2).[11]

b) *Cristo é o único redentor da humanidade:* Jesus é a encarnação do Verbo. Constituído Senhor e Messias na força do Espírito Santo,[12] ele deu a vida "em redenção por muitos, isto é, por todos".[13] Jesus não realiza a salvação em virtude da força arquetípica de sua pessoa, nem de sua expressiva numinosidade. Pois ele não se reduz a uma potência mítica, nem há outros "redentores" equiparáveis a ele.[14] Sua identidade e sua obra são únicas: Jesus é o "centro" e "autor da salvação".[15] "Pois não há, sob o céu, outro Nome dado aos homens pelo qual devamos ser salvos."[16] A Igreja crê que na redenção de Cristo são sanadas e consumadas as buscas de todas as religiões.[17] Nele se unem todos os *remidos,* sejam cristãos ou não cristãos.[18]

c) *O Espírito Santo atua universalmente, antes mesmo da encarnação do Verbo*: conforme as Escrituras, há uma "ação universal do Espírito Santo no mundo, antes da economia do evangelho" e "também fora do

---

[7] AG 1.
[8] Cf. LG 2.
[9] Cf. LG 16 e GS 22.
[10] DA 24, AG 11 e DI 12.
[11] Cf. DI 14.
[12] Cf. DA 60.
[13] AG 3.
[14] Cf. DI 13.
[15] DA 28 e LG 9.
[16] GS 10, citanto At 4,12.
[17] Cf. AG 3, DA 22 e 30.
[18] Cf. GS 2 e 22, DA 28-29, DAp 236.

10 - Diálogo Inter-Religioso: o que dizem os documentos da Igreja?

Corpo visível da Igreja".[19] O Pneuma é *universalmente* atuante, em consonância com a vontade salvífica do Pai e a redenção do Filho, igualmente universais. Completa-se, assim, um esquema trinitário coerente, que apresenta a salvação como obra da Trindade no mundo (que acontece *na* Igreja e *além* da Igreja, mas sempre *em Cristo*). O Espírito age nos corações e nas tradições religiosas[20] e "se antecipa" à pregação dos missionários.[21] "A presença e ação do Espírito não atingem apenas os indivíduos, mas também a sociedade e a história, os povos, as culturas, as religiões (...). Cristo ressuscitado, pela virtude de seu Espírito, já atua no coração dos homens. É ainda o mesmo Espírito que infunde as sementes do Verbo presentes nos ritos e nas culturas, e as faz maturar em Cristo."[22] O Paráclito inspira a oração autêntica dos seguidores de outros credos, abre suas consciências à luz do evangelho e os associa ao mistério pascal.[23]

d) *A pessoa humana é "imago Dei":* dizer que a pessoa humana é criada "à imagem de Deus" (Gn 1,27) é uma afirmação ontológica assumida pela Igreja, com consequências para a antropologia, a moral, a filosofia, a mística e a dogmática cristãs.[24] Isso significa que a criatura humana é dotada de arbítrio racional, com o amparo da graça, para conhecer e corresponder à vontade do Criador. O ser humano *imago Dei* é interlocutor e hermeneuta da Revelação, inscrita no cosmos, na história e em sua profundidade pessoal.[25] Essa mesma Revelação se explicita de modo definitivo no Messias Jesus, em quem converge toda busca humana da Verdade.[26] Pois, desde Adão, todos os seres humanos foram criados conformes à imagem do Filho-Verbo, sendo universalmente destinados

---

[19] DA 26, com base em: Gn 1,2; Sl 104,27-30; Sb 1,7; Jl 3,1-2; Jo 3,8; At 2,1-13 e 10,44-48.

[20] Cf. AG 4 e DA 28.

[21] AG 29.

[22] DI 12.

[23] Cf. "imago Dei" no DAp 523, 529, 532, 533, 537, 546. Também GS 22, DA 27 e 68.

[24] COMISSÃO TEOLÓGICA INTERNACIONAL. *O cristianismo e as religiões*, n. 110, p. 56-57.

[25] Ou "imago Trinitatis", na perspectiva agostiniana que associa as pessoas divinas Pai-Filho--Espírito à memória-intelecto-vontade da pessoa humana.

[26] DI 15.

à adoção filial (cf. Ef 1,4-6).[27] O batismo expressa essa filiação e incorpora os fiéis à Igreja; mas a condição de *imago Dei* é anterior a esse sacramento. Ser "imagem de Deus" é estatuto ontológico que vincula toda e qualquer criatura humana à Trindade – aquela mesma Trindade em cujo nome se ministra o batismo. Nas diferentes culturas, religiões e etnias, as pessoas são *imago Dei* destinadas a conhecer, amar e corresponder ao desígnio de Deus, iluminadas pelo Verbo Criador (cf. Jo 1,5.9; Cl 1,16) e consoladas pelo Espírito da Verdade (cf. Sb 1,7; At 2,9-11; Rm 1,20), ainda que não conheçam ou professem a Trindade como nós, cristãos.

e) *A Igreja é enviada por Cristo como sacramento de salvação*: a Igreja não produz salvação como obra sua, mas se refere continuamente à obra salvadora de Jesus: dele ouve a Palavra e por seu mandato a anuncia (cf. Mt 28,19-20). Ela é "o sacramento ou o sinal e instrumento da íntima união com Deus e da unidade de todo o gênero humano".[28] A Igreja é espaço privilegiado de salvação, mas não espaço exclusivo, pois a salvação em Cristo se estende para fora e além de sua visibilidade institucional.[29] Daí a "catolicidade" da Igreja: ser sinal de Cristo para os povos. Por isso, o kerigma cristão não se reduz ao anúncio, mas integra *anúncio* e *diálogo* como as duas faces da evangelização.[30] A Igreja dá testemunho do Redentor também quando dialoga com seguidores de outras religiões, discernindo neles as "sementes do Verbo" para que amadureçam à luz do evangelho.[31]

f) *A Igreja se aplica em discernir o valor salvífico das religiões*: com esta postura de proximidade e diálogo, a Igreja se empenha em avaliar o sentido e o valor salvífico das religiões.[32] Visto que há um único desígnio para toda a humanidade e um único Nome no qual somos salvos, as reli-

---

[27] Argumento desenvolvido em DI 11.

[28] LG 1.

[29] Cf. DA 35, novamente em DI 14 e 16.

[30] Cf. DAp 237 e DA 77.

[31] Cf. NA 3, AG 11, DA 39-41.

[32] DA 14.

10 - Diálogo Inter-Religioso: o que dizem os documentos da Igreja?

giões não cristãs participam, de algum modo, deste único plano divino.[33] O que há de bom nos corações e nos ritos dos povos é assumido. O que há de erro, deve ser sanado pelo evangelho.[34]

3. O lugar das religiões no plano da salvação

a) *As religiões são termos vivos, embora limitados, do diálogo de salvação:* a categoria "diálogo de salvação" recorda a intuição fundamental que Paulo VI colheu da Teologia do Verbo e explicitou na encíclica *Ecclesiam suam.*[35] É uma categoria teológica sólida, retomada pelo documento *Diálogo e anúncio* para discernir o significado salvífico das religiões não cristãs. Trata-se efetivamente de um dado doutrinal: o Deus da fé cristã é o Deus da Revelação, que se autocomunica, dando-se a conhecer aos seres humanos de todas as gerações, visando à comunhão plena entre a criatura (*imago Dei*) e o Criador (*ipse Deus*). Poderíamos inclusive reler o conjunto de documentos à luz da categoria "diálogo salvífico" (*salutis colloquium*). À luz do "diálogo de salvação", as religiões são percebidas entre as muitas palavras que Deus prodigalizou aos povos. Embora limitadas em seus horizontes históricos, culturais e semânticos, as religiões comprovam e até registram, a seu modo, o colóquio entre Deus e a humanidade. Colóquio salvífico que tem seu termo definitivo em Jesus Cristo, Palavra encarnada.

b) *As religiões favorecem o conhecimento de Deus:* inseridas no diálogo que a Trindade estabelece com os seres humanos, as religiões podem favorecer a seus adeptos o "conhecimento de uma Suprema Divindade ou até do Pai".[36] Junto à função antropológica de expressar o *sensus religiosus* da humanidade, as religiões são vias para o conhecimento

---

[33] Cf. GS 22 e DA 29; o tema retorna na terceira parte da *Declaração Dominus Iesus* (DI).
[34] AG 9 e DA 31 dizem *sanatio* (cura).
[35] Cf. PAULO VI. Ecclesiam suam. In: *Documentos de Paulo VI*. São Paulo: Paulinas, 1997, p. 13-67.
[36] NA 2.

divino: iniciam seus crentes na busca da Verdade, oportunizando vivências de oração e comunhão com a divindade.[37] É admissível que as tradições não cristãs acolham algo da autocomunicação de Deus, encontrando-se nelas "lampejos" daquela Revelação que se ofereceu plenamente em Cristo.[38] Pois Deus quer "que todos os homens se salvem e cheguem ao conhecimento da verdade" (1Tm 2,4-5) e destinou o ser humano à comunhão com sua vida divina desde a criação (cf. Ef 1,3-5). Assim, "os crentes, de qualquer religião, sempre ouviram a voz de Deus e sua manifestação na linguagem das criaturas",[39] aumentando o número "daqueles que reconhecem o Criador".[40]

c) *Nas religiões, a prática de valores autênticos é resposta positiva à graça:* as religiões não cristãs "contêm valores espirituais e humanos"[41] e ensinam a prática de virtudes, amor fraterno e oração. Isso nasce da busca sincera de Deus e mostra que a salvação se realiza "de um modo quase secreto no interior dos homens".[42] Distinguindo o que for erro ou equívoco nas muitas crenças, a Igreja acolhe o que possuem de verdadeiro e santo como indício de que a graça já atua nelas.[43] Pois "toda a oração autêntica é suscitada pelo Espírito Santo, o qual está misteriosamente presente no coração de cada homem, quer seja cristão, quer não".[44] Além disso, pela prática da justiça e da caridade fraterna, os não cristãos cumprem o mandamento de amor ensinado pelo Cristo, que Mateus propõe como critério de salvação (cf. Mt 25,34-40). Portanto, "é através da prática daquilo que é bom em suas próprias tradições religiosas e seguindo os ditames de sua consciência que os membros das outras religiões respondem, afirmativamente, ao convite de Deus

---

[37] Cf. NA 2, DA 27.
[38] Cf. NA 3, com base em Sl 18; Sb 13,4; Mt 2,1-2; At 10,44-46; Rm 1,20.
[39] GS 36.
[40] LG 16.
[41] DA 14.
[42] AG 3.
[43] Cf. NA 2.
[44] DA 27, com frase de João Paulo II.

10 - Diálogo Inter-Religioso: o que dizem os documentos da Igreja?

e recebem a salvação em Jesus Cristo, mesmo se não o reconhecem como seu Salvador".[45] Isso, contudo, não dispensa a proclamação do evangelho, pois cabe à Igreja discernir o itinerário de salvação das religiões e testemunhar, diante delas, que este mesmo itinerário aponta para Cristo e nele se realiza.[46]

d) *As religiões exercem um papel providencial na economia da salvação:* as religiões não cristãs "desempenharam e ainda desempenham um papel providencial na economia divina da salvação".[47] Elas não apenas dispõem certos recursos da graça a seus membros, como são *elas mesmas* um recurso do amor providente de Deus, alcançando a muitos além do Corpo visível da Igreja.[48] Deus as concebeu em suas "disposições salvadoras" (*consilia salutis*)[49] para que seu plano salvífico atingisse todo o gênero humano, "até que os eleitos se reúnam na Cidade Santa que será iluminada pelo esplendor de Deus e em cuja luz caminharão os povos".[50] Em vista disso, o Verbo espalhou suas sementes no coração e nos ritos dos povos,[51] onde encontramos "lampejos daquela Verdade que ilumina a todos os homens".[52]

e) *As religiões são alcançadas pela eficácia salvadora do mistério pascal:* a vida no Espírito é oferecida de modo expresso no sacramento do batismo, que introduz os cristãos no Corpo de Cristo, que é a Igreja. Isso, porém, não vale "somente para os cristãos, mas também para todos os homens de boa vontade em cujos corações a graça opera de modo invisível. Com efeito, tendo Cristo morrido por todos e sendo uma só a vocação última do homem, isto é, divina, devemos admitir que o Espírito Santo oferece a todos a possibilidade de se associarem,

---

[45] DA 29.
[46] Cf. DI 22.
[47] DA 17.
[48] Cf. LG 16 e DA 26.
[49] NA 1.
[50] Ibidem.
[51] Cf. AG 1.
[52] NA 2, citando Jo 1,3-4.

de modo conhecido por Deus, a esse mistério pascal".[53] Há uma "presença ativa do Espírito Santo na vida religiosa dos membros das outras tradições religiosas".[54] "Todos os homens e todas as mulheres que são salvos participam, embora de modo diferente, do mesmo mistério de salvação em Jesus Cristo",[55] mediante a "ação invisível do Espírito" que os atinge, associando-os mesmo "sem o saberem ao mistério pascal de Jesus Cristo".[56]

f) *As religiões são pedagogia e preparação à plenitude salvífica em Cristo:* as iniciativas religiosas dos não cristãos "devem ser iluminadas e sanadas, embora por benigna disposição da providência divina possam ser consideradas como pedagogia para o Deus verdadeiro ou como preparação evangélica".[57] "Tudo o que de bom e verdadeiro se encontra entre eles, a Igreja julga-o como uma preparação evangélica, dada por Aquele que ilumina todo homem, para que enfim tenham a vida."[58] Portanto, as religiões – apesar dos limites e até equívocos – exercem função de *pedagogia e preparação* à plenitude redentora em Cristo. A manifestação do Logos seminal nessas tradições, com suas sementes de verdade e santificação ali lançadas, "é uma prefiguração da revelação plena em Jesus Cristo, que tal manifestação indica".[59]

4. E o "valor salvífico" das religiões?

Como vimos acima, o magistério da Igreja descarta tanto o exclusivismo eclesiocêntrico (que reduz a salvação à fronteira visível das Igrejas Cristãs), quanto o pluralismo equitativo (que pensa as religiões

---

[53] GS 16, retorna no DAp 236.
[54] DA 28.
[55] Idem, 29.
[56] Idem, 68.
[57] AG 3.
[58] LG 16.
[59] DA 24.

10 - Diálogo Inter-Religioso: o que dizem os documentos da Igreja?

como autonomamente salvadoras e, portanto, equivalentes). A teologia católica evita esses dois equívocos e assume a postura do *cristocentrismo inclusivo* – em coerência com os enunciados do Novo Testamento: a fé na única e universal redenção em Jesus Cristo, que é o Verbo de Deus encarnado e Luz de toda a humanidade, segundo o plano amoroso do Pai e o dinamismo santificador do Espírito. Fica também sob crítica qualquer opinião que negue a centralidade de Cristo em função de um diálogo facilitado, que dissocie Cristo e o Verbo ou que separe Cristo e ação universal do Espírito, ou ainda que relativize a novidade cristã a ponto de equiparar todos os credos indistintamente.

As religiões são apreciadas como *marcos constitutivos* da única história de salvação: nelas se ouve a voz de Deus e se progride na busca da verdade, firmando nos corações a retidão de vida e a prática de autênticos valores espirituais e humanos, por cuja vivência e sob ação do Paráclito, os não cristãos se associam ao mistério redentor de Cristo. O magistério católico inclui adequadamente as religiões do plano salvífico: nem as menospreza, nem diz que tudo nelas tem igual valor salvífico. O que lemos nos documentos é uma apreciação que insere as religiões no projeto salvador de Deus e as avalia teologicamente a partir das afirmações centrais da fé apostólica, sem prejuízo para a cristologia, nem para eclesiologia.[60]

Segundo os documentos, as religiões não possuem *autonomia* salvífica, mas têm *valor* salvífico.[61] Ou seja: elas não salvam autonomamente e nem tudo nelas é igualmente salutar; mas constituem uma "mediação participada", à medida que possibilitam a seus adeptos o acesso à "única mediação de Cristo".[62] Essa reflexão ecoa no parágrafo 236 do Documento de Aparecida, breve, mas teologicamente denso:

---

[60] Cf. DI 22.
[61] COMISSÃO TEOLÓGICA INTERNACIONAL. *O Cristianismo e as Religiões*, n. 81-87.
[62] DI 14.

> Pelo sopro do Espírito Santo e outros meios de Deus conhecidos, a graça de Cristo pode alcançar todos os que ele remiu, para além da comunidade eclesial, de modos diferentes (cf. Diálogo e anúncio 29). Explicitar e promover esta salvação já operante no mundo é uma das tarefas da Igreja com respeito às palavras do Senhor: "Sereis minhas testemunhas até os extremos da terra" (At 1,8).

5. Princípios específicos, no diálogo com cada religião

A prática do diálogo nos permite aplicar os princípios gerais a cada religião em particular. Vamos, assim, do discernimento antecedente (geral) para o discernimento consequente (específico). Isto supõe, efetivamente, que participemos de uma agenda progressiva de diálogo. O discernimento sobre "como" e "em que sentido" determinada religião se insere no plano salvífico não funciona com posturas unilaterais, mas requer a interlocução dialógica.

Esse discernimento específico e teológico foi parcialmente incluído na metodologia da declaração *Nostra aetate*. Os parágrafos 2 a 4 traçam uma apreciação breve do Hinduísmo, Budismo, Religiões tradicionais (ameríndias, africanas, aborígenes), Islamismo e Judaísmo. Para cada religião citada há uma apreciação com elementos definidos da doutrina, cosmovisão, culto ou moral. Contudo, não se trata de uma tipologia científica ou teológica conclusiva, pois faltam dados da Fenomenologia, da História e da Antropologia religiosa. A abordagem do *homo religiosus* é insuficiente e não se fala claramente do Zoroastrismo, Xintoísmo, Confucionismo, Fé Bahai, Religião Sik ou Kardecismo. Fato compreensível, pois o escopo de *Nostrae aetate* é pontual e estratégico: quer abrir portas de encontro, discernimento e diálogo da Igreja com as religiões mundiais, consolidando os contatos já iniciados em muitos países.

10 - Diálogo Inter-Religioso: o que dizem os documentos da Igreja?

A partir daí a Teologia das Religiões se desenvolveu como reflexão sistemática, presente nos documentos da Igreja e no currículo da Teologia, como disciplina específica de eixo soteriológico e missiológico.[63] Enquanto o magistério e a universidade fazem sua tarefa, a própria Igreja espera que outros elementos – provenientes da prática do diálogo – garantam uma abordagem cada vez mais consistente das religiões e seu lugar no plano de Deus.[64]

Esse "discernimento consequente" (atento a cada religião em diálogo) reaparece na encíclica *Redemptoris missio* 55-57, na carta apostólica *Tertio millennio adveniente* 52-53 e no documento *O cristianismo e as religiões* 105-106, da Comissão Teológica Internacional. Nessa linha, *Dominus Iesus* 14 solicita dos teólogos a reflexão sobre o valor salvífico das religiões, o que supõe o conhecimento de suas "figuras e elementos positivos":

> A teologia hoje, meditando na presença de outras experiências religiosas e em seu significado no plano salvífico de Deus, é convidada a explorar se e como também figuras e elementos positivos de outras religiões reentram no plano divino de salvação. Neste empenho de reflexão abre-se à investigação teológica um vasto campo de trabalho sob a guia do Magistério da Igreja.

No terreno latino-americano, onde nos situamos, é interessante seguir nossa abordagem à luz da 5ª Conferência (2007). O *Documento de Aparecida* assimila o "discernimento consequente" quando diz que "é necessário investir no conhecimento das religiões e no discernimen-

---

[63] "O seminário deverá oferecer formação intelectual séria e profunda, no campo da filosofia, das ciências humanas e, especialmente, da teologia e da missiologia" (DAp 323). O estudo das religiões e seu lugar no plano da salvação cabem no conteúdo programático da missiologia ou formam uma disciplina própria, o que seria mais aconselhável para o currículo teológico.

[64] Cf. NA 2 e 5. DA 30-32 retoma, preocupado com elementos positivos e negativos das religiões.

232

to teológico-pastoral [delas], atendendo às diferentes visões religiosas presentes nas culturas de nosso Continente".[65] Em outros parágrafos, a 5ª Conferência trata de algumas identidades religiosas, com as quais o diálogo deve seguir agendas diferenciadas. Vejamos cada tópico, acrescentando a voz dos outros documentos da Igreja a respeito.

a) O povo judeu e a religião de Israel

> Reconhecemos com gratidão os laços que nos relacionam com o povo judeu, que nos une na fé no único Deus e sua palavra revelada no Antigo Testamento (cf. NA 4). São nossos "irmãos maiores" na fé de Abraão, Isaac e Jacó. Dói em nós a história de desencontros que eles têm sofrido, também em nossos países. São muitas as causas comuns que na atualidade exigem maior colaboração e respeito.[66]

Essas linhas fazem eco não apenas a *Nostra aetate* 4, mas também a dois documentos de relevância para as relações judaico-cristãs: *Notas para a correta apresentação dos judeus e do judaísmo na pregação e na catequese da Igreja Católica* (1985) e *O povo judeu e suas Escrituras na Bíblia Cristã* (2002). Na linguagem desses documentos, aliás, "povo judeu" não significa a população e a política israelenses, mas o "povo da aliança" em sentido histórico-teológico, com quem a Igreja se vincula desde Abraão. Há também o documento *Nós recordamos – uma reflexão sobre a Shoah* (1998) e, da parte judaica, a declaração *Dabr'u êmet: falai a verdade* (2000), na qual o judaísmo internacional se pronuncia sobre os cristãos.[67] Da parte católica, nossas propostas de formação em

---

[65] DAp 238.
[66] DAp 235.
[67] Cf. SINGER, Michael et alii. "Falai a verdade": um pronunciamento judaico a respeito dos

10 - Diálogo Inter-Religioso: o que dizem os documentos da Igreja?

exegese bíblica, hermenêutica histórica, teologia, liturgia e catequese deverão refletir o conteúdo desses documentos. Pois ali se inscrevem valores, paradigmas, evoluções e pedagogias da identidade judaica e cristã, mutuamente relacionadas no mistério da salvação. Lamentamos profundamente que tantos ministros ordenados, docentes de ensino religioso, catequistas e missionários ignorem esses documentos e apelamos – com os bispos – que se promova amplamente seu estudo.

b) Religiões monoteístas

> O diálogo inter-religioso, em especial com as religiões monoteístas, fundamenta-se justamente na missão que Cristo nos confiou, solicitando a sábia articulação entre o anúncio e o diálogo como elementos constitutivos da evangelização (NMI 55).[68]

A 5ª Conferência diz "religiões monoteístas", mas não as elenca. Logo, estão implicitamente presentes nesta linha muitas tradições: o Judaísmo (novamente), o Islamismo Sunita, o Islamismo Xiita, a Fé Bahai, o Sikhismo, a adoração monoteísta de Krishna, o Kardecismo e até mesmo o Candomblé, se considerarmos a identidade única de Olorum (Senhor dos Céus).[69] A indagação que nos pesa é se temos nos preparado, como Igreja, para cumprir esse diálogo: há (ou não) disposição doutrinal e prática para o diálogo inter-religioso nos seminários, dioceses, congregações, movimentos e Novas Comunidades?

Além disso, os documentos da Santa Sé aplicam "diálogo e anúncio" às religiões em geral e não somente aos credos monoteístas, como postura das Igrejas Locais e de seus agentes evangelizadores:

---

cristãos e do cristianismo. In: BIZON, José (org.). *Diálogo católico-judaico no Brasil*. São Paulo: Loyola, 2005, p. 175-179.

[68] DAp 237.

[69] Cf. REHBEIN, Franziska. *Candomblé e salvação*. São Paulo, Loyola, 1985, p. 95-98.

234

> O diálogo inter-religioso e o anúncio, embora não no mesmo nível, são autênticos elementos da missão evangelizadora da Igreja. São legítimos e necessários. Estão intimamente ligados, mas não são intercambiáveis: o verdadeiro diálogo inter-religioso supõe, da parte cristã, o desejo de fazer conhecer melhor, reconhecer e amar a Jesus Cristo; e o anúncio de Jesus Cristo deve fazer-se no espírito evangélico do diálogo. As duas atividades permanecem distintas; mas, como a experiência o demonstra, a mesma Igreja Local e a mesma pessoa podem estar diversamente empenhadas em ambas.[70]

c) Cultura negra e religiões de matriz africana

A abordagem histórica e fenomenológica da "cultura negra" presente no Continente constata a vigência de uma religiosidade própria, seja no chamado catolicismo popular, seja nas religiões de matriz africana (Candomblé e Umbanda, no Brasil). Com raras exceções, reina entre a maioria dos evangelizadores uma ignorância quase total das hierofanias, narrativas ancestrais, cosmovisão, ritualidade e funcionamento dessas religiões. Há certamente elementos que contrastam com a fé cristã, a serem discernidos adequadamente. Mas como fazer isso, com tão poucos agentes qualificados? E como qualificá-los, se a ignorância – aliada ao estranhamento simbólico e semântico – desemboca no preconceito e na demonização generalizada das tradições de matriz africana? É urgente converter-nos à proximidade e ao conhecimento:

> Conhecer os valores culturais, a história e as tradições dos afro-americanos, entrar em diálogo fraterno com eles, é um passo importante na missão evangelizadora da Igreja. [...] A Igreja apoia o diálogo entre cultura negra e fé cristã e suas lutas pela justiça social.[71]

---

[70] DA 77.
[71] DAp 532 e 533, respectivamente.

10 - Diálogo Inter-Religioso: o que dizem os documentos da Igreja?

A leitura pastoral deverá otimizar ao máximo essas diretrizes do Documento de Aparecida, com a participação do Setor Diálogo e Comunhão do CELAM, das Conferências Episcopais, dos centros universitários e institutos de pesquisa, e da Pastoral Orgânica das dioceses.

d) Tradições indígenas

> Como discípulos de Jesus Cristo, encarnado na vida de todos os povos, descobrimos e reconhecemos a partir da fé as "sementes do Verbo" (SD 245) presentes nas tradições e culturas dos povos indígenas da América Latina.[72]

O reconhecimento de "sementes do Verbo" na tradição e cultura indígena não nos permite uma leitura redutora, visto que o magistério católico aplica esse discernimento também a outras expressões religiosas, inclusive àquelas de matriz africana. Voltamos ao lembrete inicial de que devemos ler o Documento de Aparecida em conexão com o registro bíblico e magisterial sobre as religiões no plano da salvação. No presente caso, este parágrafo inclui todo o complexo de crenças indígenas latino-americanas, multicor e milenar, tão feridas no período colonial e ainda hoje pela pobreza, violência e má gestão dos governos. Cabe ao missionário qualificar-se para mergulhar nesse universo religioso-cultural, no qual "diálogo e anúncio" implicam tanto o serviço sacramental-pastoral, quanto a afirmação da dignidade e direitos dos povos autóctones.

e) Religiões em geral

> Mesmo quando o subjetivismo e a identidade pouco definida de certas propostas dificultam os contatos, isso não nos permite abandonar o compromisso e a graça do diálogo (cf. Diálogo e anúncio 89).[73]

---

[72] DAp 529.
[73] DAp 238.

Mais uma vez os bispos optaram pela brevidade includente. O texto começa citando duas dificuldades do diálogo no âmbito do atual pluralismo: "o subjetivismo" e a "identidade pouco definida" de algumas propostas religiosas. Em seguida, reenvia-nos ao diálogo inter-religioso, caracterizado de modo afirmativo como "compromisso" e "graça". É compromisso porque faz parte da missão evangelizadora. É graça porque está referido à autonomia salvífica de Deus – de cujo plano a Igreja é ministra. Se o compromisso nos pede empenho, a graça nos pede discernimento espiritual; e ambos acontecem sob a luz do Espírito Santo:

> Neste diálogo de salvação, os cristãos e os demais são chamados a colaborar com o Espírito do Senhor Ressuscitado, Espírito que está presente e age universalmente. O diálogo inter-religioso não tende simplesmente a uma compreensão mútua ou relação amistosa. Atinge um nível mais profundo, que o do espírito, onde o intercâmbio e a partilha consistem num testemunho mútuo do próprio credo e numa descoberta comum das respectivas convicções religiosas. Mediante o diálogo, os cristãos e os outros são convidados a aprofundar seu compromisso religioso e a responder, com crescente sinceridade, ao apelo pessoal de Deus e ao dom gratuito que ele faz de si mesmo, dom que sempre passa, como proclama nossa fé, através da mediação de Jesus Cristo e da obra de seu Espírito.[74]

6. Uma questão de fé e testemunho

> A razão fundamental do empenho da Igreja no diálogo não é meramente de natureza antropológica, mas principalmente teológica. Deus, num diálogo que dura ao longo dos tempos, ofereceu e continua a oferecer a salvação à humanidade. Para ser fiel à iniciativa divina, a Igreja deve entrar num diálogo de salvação com todos.[75]

---

[74] DA 40.
[75] DA 38.

10 - Diálogo Inter-Religioso: o que dizem os documentos da Igreja?

O diálogo inter-religioso é questão de "compromisso" e "graça", como diz a 5ª Conferência. Pois a Igreja é enviada por Jesus como *ministra salutis* e *ministra communionis* para congregar a humanidade no rebanho dos justos, sinal e realização do Reino de Deus.[76]

> Pelo sopro do Espírito Santo e outros meios de Deus conhecidos, a graça de Cristo pode alcançar todos os que ele remiu, além da comunidade eclesial, de modos diferentes (cf. Diálogo e anúncio 29). Explicitar e promover essa salvação já operante no mundo é uma das tarefas da Igreja em respeito às palavras do Senhor: "Sereis minhas testemunhas até os confins da terra" (At 1,8).[77]

Essa tarefa é exercida pela "sábia articulação entre o anúncio e o diálogo, como elementos constitutivos da evangelização".[78] Trata-se de uma *diaconia* pela qual a Igreja discerne as sementes do Verbo espalhadas nos corações e ritos dos povos, apontando mais para Cristo do que para si mesma. Essas sementes do Verbo (e outros sinais de verdade e santidade presentes nas religiões) não nos deveriam causar estranheza. Afinal, ali estão porque foram semeadas pela multiforme graça de Deus. Deveriam, portanto, ser assumidas como setas ou sinais que nos direcionam no caminho da evangelização. Com essa atitude, "a Igreja reflete a luz de Cristo que ilumina todo homem (Jo 1,9)".[79]

---

[76] Argumento presente no DAp 155.
[77] DAp 236.
[78] DAp 237.
[79] Ibidem.

7. Instâncias organizadas e agentes competentes

A 5ª Conferência preocupou-se com a evangelização autêntica, em que o anúncio de Cristo não se reduz à proclamação unilateral, mas inclui a inserção na história, a interlocução responsável, o testemunho de valores evangélicos e a cooperação solidária em projetos relevantes para a humanidade:

> A presença da Igreja entre as religiões não cristãs é feita de empenho, discernimento e testemunho, apoiados na fé, esperança e caridade teologais (cf. Diálogo e anúncio 40). [...] O diálogo inter-religioso, além de seu caráter teológico, tem um especial significado na construção da nova humanidade: abre vias inéditas de testemunho cristão, promove a liberdade e dignidade dos povos, estimula a colaboração pelo bem comum, supera a violência religiosa motivada por atitudes religiosas fundamentalistas, educa à paz e à convivência cidadã: é um terreno de bem-aventuranças, na esteira da Doutrina Social da Igreja.[80]

Isso implica habilidades teológicas e pastorais a serem desenvolvidas, longe do amadorismo e da improvisação. O pluralismo religioso desafia nossa competência e, ao mesmo tempo, abre-nos oportunidades de interlocução e evangelização:

> Em vez de desistir, há que se investir no conhecimento das religiões, no discernimento teológico-pastoral e na formação de agentes competentes de diálogo inter-religioso, com atenção às diferentes visões religiosas presentes nas culturas de nosso continente.[81]

---

[80] DAp 237 e 239, respectivamente.
[81] DAp 238.

8. Formação e conversão pastoral

Se tomadas a sério, essas sugestões nos levam a incluir o estudo e a teologia das religiões nos processos de "formação integral" e "conversão pastoral" dos evangelizadores, "na perspectiva do diálogo e da transformação".[82] Seja em seu viés generalista, como dimensão de toda a ação pastoral; seja em seu viés especialista, com um programa de diálogo organizado e realizado por agentes competentes. Em certos contextos acadêmicos e pastorais, há instâncias e pessoas preparadas para o diálogo e cooperação inter-religiosa. Em outros, o despreparo tem sido motivo de desconforto e perda de oportunidades de testemunhar o evangelho em outros areópagos. O fato é que o evangelho e os sinais dos tempos pedem-nos o corajoso passo da proximidade dialógica:

> A nós compete estarmos atentos às moções do Espírito. Quer o anúncio seja possível ou não, a Igreja prossegue sua missão no respeito da liberdade, mediante o diálogo inter-religioso, testemunhando e compartilhando os valores evangélicos.[83]

Pois o sectarismo, o fundamentalismo e a violência religiosa pecam contra a dignidade humana e a universalidade da graça, pedindo da Igreja Católica uma firme postura em favor da reconciliação dos povos, culturas e crenças:

> Na nova situação cultural afirmamos que o projeto do Reino está presente e é possível, e por isso aspiramos a uma América Latina e Caribe unida, reconciliada e integrada. Esta casa comum é habitada por uma complexa mestiçagem e uma pluralidade étnica e cultural, na qual o Evangelho tem-se transformado no elemento-chave de uma síntese dinâmica que, com cores diversas segundo as nações, expressa de todas as formas a identidade dos povos latino-americanos.[84]

---

[82] DAp 279, 367 e 283, respectivamente.
[83] DA 84.
[84] DAp 520.

Marcial Maçaneiro

9. Correta compreensão de "extra ecclesiam nulla salus"

Essa frase foi dita, originalmente, só para católicos que estavam divididos entre si, num litígio que os impedia de comungar juntos. A frase não se aplicava, portanto, aos demais credos além da Igreja. Era um alerta grave (*parênese*) aos católicos de então, chamados a se reconciliar entre si, como irmãos no Senhor: ou se reconciliavam, ou arriscavam não ser salvos em consequência do pecado da divisão. Mas no correr dos séculos, houve quem abusasse dessa expressão, usada para justificar atitudes extremas, ora exclusivistas, ora relativistas. Por isso, a Comissão Teológica Internacional (vinculada à Congregação para a Doutrina da Fé) tratou do axioma "extra ecclesiam nulla salus" e publicou documento de esclarecimento, assinado pelo então cardeal Ratzinger.[85]

O texto esclarece que há dois níveis para compreendermos a necessidade *da Igreja* para a salvação, enquanto sacramento de Cristo no mundo (Ele sim, autor e consumador da graça):

– o nível do mistério da graça: o Corpo Místico de Cristo, que congrega a todos os remidos por quem Ele deu a vida, além da visibilidade institucional da Igreja;
– o nível de visibilidade institucional: a Igreja instituída e organizada como sociedade, presente nas dioceses, da qual participam os que aderem a Cristo explicitamente na qualidade de batizados.

Trata-se da Igreja como "realidade complexa" (LG 8), ao mesmo tempo Corpo Místico e universal e Comunidade visível e local. Considerando esses dois níveis devidamente, admite-se um "tender" dos não cristãos à Igreja, enquanto comunhão universal dos remidos em Cristo: interpelados pela consciência à prática da justiça, respondendo

---

[85] Trata-se do documento já citado da Comissão Teológica Internacional, *O cristianismo e as religiões*, elaborado sob a presidência do cardeal Ratzinger.

10 - Diálogo Inter-Religioso: o que dizem os documentos da Igreja?

aos elementos de santificação presentes em suas tradições e associados ao mistério pascal de Jesus por ação do Espírito, os não cristãos inserem-se misteriosamente na comunidade dos salvos, mesmo sem conhecerem tematicamente o evangelho (cf. LG 8, GS 22, DI 21-22). Eles são "chamados a pertencer ao novo Povo de Deus" (LG 13). Isso lhes ocorre porque Cristo os abraça em sua universal redenção:

> Os membros das outras tradições religiosas são ordenados ou orientados (ordinantur) para a Igreja, enquanto ela é o sacramento em que o Reino de Deus está misteriosamente presente, pois, na medida em que eles respondem à chamada de Deus, sentida em sua consciência, são salvos em Jesus Cristo e, por conseguinte, já compartilham, de qualquer modo, da realidade significada pelo Reino (DA 35).

Ao que a Comissão Teológica Internacional acrescenta:

> Quando os não cristãos, justificados mediante a graça de Deus, são associados ao mistério pascal de Jesus Cristo, são também associados ao mistério de seu Corpo, que é a Igreja. O mistério da Igreja em Cristo é uma realidade dinâmica no Espírito Santo: ainda que falte a esta união espiritual a expressão visível da pertença à Igreja, os não cristãos justificados estão incluídos na Igreja "corpo místico de Cristo" e "comunidade espiritual" (LG 8) [...]. Por isso, pode-se falar não só em geral de um tender dos não cristãos justificados à Igreja, mas também de uma vinculação deles com o mistério de Cristo e de seu corpo, a Igreja.[86]

É nesse nível do *mistério da graça* que a Igreja se mostra presente em todo o curso da salvação, já que a ela se associam *todos* os justificados – sejam não cristãos que desconhecem a Cristo, mas praticam valores evangélicos;

---

[86] CTI, *O cristianismo e as religiões*, n. 72-73.

sejam outros que, por causa de suas convicções profundas e exercendo liberdade de consciência, não ingressam na Igreja mesmo a conhecendo, continuando fiéis a suas tradições religiosas (cf. DA 29). Os documentos desqualificam qualquer interpretação exclusivista e unilateral, quanto aos não cristãos, do princípio *extra ecclesiam nulla salus* – o que seria uma negação da eficácia universal da redenção e da autonomia salvífica da Trindade.[87]

O segundo nível, distinto, é o da *incorporação visível à Igreja* pelos sacramentos – no caso dos fiéis batizados católicos que "aceitam a totalidade da organização da Igreja e todos os meios de salvação nela instituídos" (LG 14). Para estes a pertença eclesial se faz necessária à salvação em sentido expresso, enquanto reconhecem moral e conscientemente *na Igreja* a verdade de Deus e a ela aderem, dispondo-se livre e moralmente à obediência da fé.[88]

Conclusão

a) Tomar iniciativas de respeito e estima, a exemplo de Jesus

Certamente o diálogo inter-religioso sofre os condicionamentos históricos, culturais, psicológicos e políticos que afetam às religiões. Conforme as ambiências, há fatores que facilitam ou dificultam os contatos, ora abrindo-nos chances promissoras, ora pedindo-nos paciência e reconciliação. Em todos esses casos, Jesus é nosso primeiro referencial para o encontro e diálogo com crentes não cristãos. Pois ele tem parentela não israelita em sua ascendência (Mt 1,5); faz brilhar a salvação sobre todas as crenças e etnias (Jo 1,4.9); aceita a adoração dos sábios persas que o encontram em Belém (Mt 2,1-11); cita um samaritano como exemplo de misericórdia (Lc 10,30-37); reconhece a fé da mulher fenícia (Mc 7,24-30); entretém-se com a samaritana, considerada impura e herege pelos israelitas (Jo 4,5-30); é tolerante

---

[87] Idem, n. 62.
[88] Cf. LG 14, AG 7 e *Dominus Iesus* 20, parágrafo 2º.

10 - Diálogo Inter-Religioso: o que dizem os documentos da Igreja?

com outros pregadores (Mc 9,38-40) e evita a violência contra grupos diferentes (Lc 9,51-55). O respeito recíproco que esperamos dos outros cabe igualmente a nós: "Os cristãos que não têm apreço nem respeito pelos outros crentes e por suas tradições religiosas estão malpreparados para lhes anunciar o evangelho".[89]

b) Compreender que o diálogo inter-religioso também é kerigma

O Documento de Aparecida n. 237 nos orienta à "sábia articulação entre anúncio e diálogo como elementos constitutivos da evangelização". É um alerta contra uma dupla redução, quase habitual em alguns âmbitos católicos: primeiramente, reduzir o *kerigma* ao anúncio; em seguida, reduzir o anúncio a sua expressão verbal. Será mesmo que, conforme o Novo Testamento, "kerigma" seria uma mera proclamação verbal? Com efeito, a credibilidade do *kerigma* se enraíza na comunhão com Cristo e os irmãos, realizada no discipulado eclesial e marcada pelo diálogo e pelo testemunho. Examinando as Escrituras, vemos que o "anúncio cristão" não se restringe ao uso verbal de discursos e sermões. Aprendemos isto de Mateus (28,19), dos primeiros cristãos (Atos 2,42-47), de Estêvão (At 7,54-60), de Pedro (At 10,23-35) e de Paulo (At 17,16-21). Nesses casos exemplares, o *kerigma* (proclamação pascal do evangelho) está diretamente comprometido com a *koinonia* (relações de comunhão) e a *martyria* (atos de testemunho). *Kerigma* não é mero discurso, mas testemunho que se oferece ao outro, em atitude de encontro, diálogo e discernimento. Na falta disso, até o melhor sermão perderia crédito, pois o uso verbal é apenas mediação e não garantia para a fé teologal (já que esta nos pede caridade para com todos). Em nosso contato com crentes não cristãos, o diálogo respeitoso e o testemunho da caridade já são *kerigma*, já constituem uma forma de "anúncio" que se tornará cada vez mais explícito com nossa proximidade e interlocução.

---

[89] DA 73c.

c) Desenvolver a sensibilidade e a espiritualidade do diálogo

O diálogo inter-religioso "implica certa sensibilidade pelos aspectos sociais, culturais, religiosos e políticos de cada situação, e também uma atenção aos sinais dos tempos pelos quais o Espírito de Deus fala, instrui e guia. Essa sensibilidade e essa atenção se desenvolvem em nós mediante uma espiritualidade do diálogo. Esta, por sua vez, requer um discernimento interior e uma reflexão teológica sobre o significado das diversas tradições religiosas, no desígnio de Deus, e sobre a experiência daqueles que encontram nelas seu alimento espiritual".[90]

d) Rever os programas formativos e qualificar agentes

Muitos centros de conhecimento em Ciências da Religião atuam neste sentido. Contudo, cabe à Igreja oferecer formação teológico-evangelizadora para que o diálogo inter-religioso *assuma a fé* como motivação e critério. Pois os pressupostos confessionais e teologais implicados no diálogo inter-religioso são competência da comunidade eclesial, e não das Ciências da Religião. Justamente por isso o estudo das religiões (história, fenomenologia, antropologia do sagrado) e o discernimento de seu lugar no plano salvífico (soteriologia, missiologia, graça) merecem integrar o projeto pedagógico da Teologia, Catequética, Missiologia e Pastoral. De que valem a Bíblia, a patrística e os documentos eclesiais, se faltam sujeitos e instâncias dispostos a estudá-los? No Brasil, muitos institutos e faculdades já investem na formação para o diálogo inter-religioso na graduação e pós-graduação. Por sua vez, os institutos, dioceses e movimentos que não incluem o estudo das religiões e o diálogo inter-religioso na formação deveriam refletir sobre isso à luz do próprio carisma e missão, para depois rever o programa formativo e fazer os ajustes doutrinais, pedagógicos e docentes

---

[90] DA 78.

10 - Diálogo Inter-Religioso: o que dizem os documentos da Igreja?

apropriados. Para isso a Igreja dispõe de documentos, projetos pedagógicos, bibliografia, diretrizes e assessoria, acessíveis no Pontifício Conselho para o Diálogo Inter-Religioso, Setor Diálogo e Comunhão do CELAM, Conferências Episcopais, Faculdades Católicas, Casa da Reconciliação e Núcleos de diálogo inter-religioso.

e) Cultivar motivações sólidas

"É preciso recordar que o empenho da Igreja no diálogo não depende do êxito em alcançar total compreensão ou um enriquecimento mútuo. Nasce, antes, da iniciativa de Deus, que entra em diálogo com a humanidade, e do exemplo de Jesus Cristo, cuja vida, morte e ressurreição deram ao diálogo sua expressão última. [...] Assim, [os cristãos] poderão descobrir tudo aquilo que Deus, por meio de Jesus Cristo e de seu Espírito, realizou e continua realizando no mundo e na humanidade inteira. Longe de lhes enfraquecer a fé, o autêntico diálogo inter-religioso a torna ainda mais profunda. Os fiéis terão maior consciência de sua identidade cristã e compreenderão mais claramente os elementos distintivos da mensagem cristã. Sua fé se abrirá a novas dimensões, ao mesmo tempo em que descobrem a presença operante do mistério de Cristo para além dos confins visíveis da Igreja e do rebanho cristão."[91]

Referências bibliográficas

BIZON, José (org.). *Diálogo católico-judaico no Brasil*. São Paulo: Loyola, 2005.

COMISSÃO TEOLÓGICA INTERNACIONAL. *O cristianismo e as religiões*. São Paulo: Loyola, 1997.

_____. *Teologia da Redenção*. São Paulo: Loyola, 1997.

---

[91] DA 53 e 50, respectivamente.

Concílio Vaticano II. *Compêndio do Vaticano II*. 18 ed. Petrópolis: Vozes 1986.

Congreação para a Doutrina da Fé. *Declaração "Dominus Iesus"*. Cidade do Vaticano: LEV, 2000.

El Hayek, S. *Alcorão Sagrado*. São Paulo: Marsam, 1994.

Latourelle, R. *Vaticano II:* balance y perspectivas. Salamanca: Sígueme, 1989.

Lichtenberg, J. P. *L'Église et les religions non-chrétiennes*. Paris: Salvator, 1967.

Paulo VI. *Ecclesiam suam*. 3 ed. São Paulo: Paulinas, 1965.

Pontifício Conselho para o Diálogo Inter-Religioso – Congregação para a Evangelização dos Povos: *Documento Diálogo e anúncio*. SEDOC 24(1991). Petrópolis: Vozes, p. 258-288.

Rehbein, Franziska. *Candomblé e salvação*. São Paulo: Loyola, 1985.